# 脱胎换骨

ON THE REFORM OF ARMED FORCES

## 纵横古今谈军改

观古今战史，军事改革是强军兴邦的时代要求。

徐焰 ★ 著

长江出版传媒　长江文艺出版社

北京长江新世纪文化传媒有限公司
www.cjxinshiji.com
出品

# 目 录 CONTENTS

**前 言 军事改革——强国兴邦之道 / 5**

**第一章 军队从步兵到车兵、骑兵 / 001**

  原始搏杀与"人吃人"的原始社会 ……………002

  卡迭石兵车大战——金字塔民族的衰亡 ………003

  暴力的艺术——亚述帝国的兴亡 ………………011

  何以速胜——武王伐纣 …………………………019

  春秋战国"无义战",华夏大地起骑兵 ………028

**第二章 兵役改革创建的帝国 / 037**

  希腊"公民军队"打败波斯"多族杂烩兵" ………038

  亚历山大大帝远征,造就空前大帝国 …………048

  罗马帝国的兴衰,从公民兵制到雇佣兵制 ……054

## 第三章 从"商君变法"到"秦王扫六合" / 067

"商君变法"VS"胡服骑射" ……………………068

"汉承秦制",马踏匈奴 ……………………078

"投鞭断流""草木皆兵""风声鹤唳"
——兵制变迁 ……………………085

东征高丽、北击匈奴、西伐吐蕃
——大唐的赫赫武功 ……………………091

## 第四章 横扫欧亚大陆的铁骑 / 103

《清明上河图》中的颓废 ……………………104

一代天骄,成吉思汗 ……………………115

朱棣,一个时代的开始与终结 ……………………126

## 第五章 西方的崛起和东方的沉沦 / 139

奥斯曼的崛起与新航线的开辟 ……………………140

# 目录 CONTENTS

技术革命首先用于战场 …………………… 157

逢战必败的近代中国 …………………… 175

## 第六章 机械化思维塑造的现代化战争 / 189

"这不是和平,只是二十年的休战" …………… 190

戴高乐、富勒、图哈切夫斯基、古德里安,

先知都是孤独者 …………………… 202

"二战"一个时代的开始与终结 …………… 215

## 第七章 从"冷战"的铁幕到如今的"核对峙" / 231

"原子弹最大的威力在发射架上" …………… 232

"局部战争"的伊始——朝鲜战争 …………… 242

"帝国之塚"越南、阿富汗 …………………… 252

这就是马尔维纳斯,高科技战争的序幕 ………… 266

**第八章 新中国军队变革的曲折和辉煌 / 275**

  朝鲜战争是平局，抗美援朝战争却是胜利 ………… 276
  国防建设、强军之路、"以我为主" ……………… 287
  在改革开放中实现军队战略性转变 ……………… 298
  根据信息化时代的要求，推进新军事变革 ………… 307

**第九章 面对信息化时代的挑战 / 317**

  美军引领潮流，灭敌于未觉 …………………………… 318
  新时代各国纷纷加快自身的军事变革 ……………… 327

**后 记 面对信息化大潮，国人要抓住机遇 / 333**

# 前言
## 军事改革——强国兴邦之道

纵观人类发展史，战争始终与之相伴。穷兵黩武固然会使国家遭受灾难，强盛国家却需要强大的军队。自古以来，各国之间也讲礼义、缔结协定，这是因为人类集群而成的国家作为地球生物圈中的一个系统，是能够根据特定时代的物质、能量和信息的流动而形成一整套文明规则的。在正常形势下，国家关系可以根据文明的规则运转，不过武力仍然是可以超越所有规则的终极手段。尤其是在文明规则对很多领土争端、经济纠纷等问题难以解决时，经常还是靠"拳头"说话，"谁拳头硬谁说了算"。

《灾难》美国现代油画。20世纪90年代初爆发的海湾战争所带来的巨大灾难，最后多国部队以武力解决了谈判无法解决的问题。

古往今来,世界上出现了许多军事强国,却往往是"各领风骚数百年",昨盛今衰。如成吉思汗及其子孙以武力创造了古代头号军事帝国,不过一二百年就走向颓败并四分五裂。从关外崛起并横扫中原的"满蒙铁骑",后来也堕落成不堪一战的"八旗子弟"。18世纪末,只有300万人口的美利坚合众国,凭借着民兵武装建国立业,不过百多年就成为世界军事头强。清朝末年和民国初年受列强宰割的中国,如今却崛起成为世界第二经济大国和军事强国之一。操纵这一历史变幻的幕后巨手,就是改革,就是国家能否进行改革,军队能否进行改革。

僵则死,变则通,古今一理。现在中国军队正在进行改革,改革的规模之大、涉及范围之广,对中国未来的发展具有非同寻常的意义。本书将回顾中外历史上重大的军事改革,揭示历史规律,寻找现实价值。

**成者为主败者奴,强军变革决定民族生存**

人类生存有两项最重要的需求,一是安全,二是衣食。前者要靠武力自保,后者要靠生产获取,当然强者也可掠夺弱者,于是战争便出现了。据考古资料证明,最早的战争出现在原始社会后期。原始社会的战争在氏族部落之间或部落联盟之间展开,为了争夺赖以生存的土地、河流、山林等天然财富而发生冲突,进而演变成原始状态的战争。

原始社会解体后,出现了最早的奴隶制政权,虽然仍有野蛮性却比过去大有进步,至少俘虏多数可以被当作奴隶而活命。这时有了最早的国家政权(严格讲很多属于部落联盟),有了父死子继的王权,在中国,大

此作品表现了中国古代奴隶制时代对外征战抓获俘虏的画面。

禹的儿子启首开世袭制，并以武力迫使周围部落臣服。在奴隶制时代，无论是中国的夏商还是古希腊抑或是古罗马王国的生存都靠战争来维持，那时出战的概念就等同打猎，只不过捕获的猎物变成了人，中国的夏、商政权都以不断的征战从周边部落抓捕奴隶，让这些俘虏当牛做马供自己驱使。

它们的崛起史，就是对外征服史。雅典城内有自由身份的公民只占总人

《贩奴》法国著名画家热罗姆的作品，表现了罗马帝国时代，奴隶在市场上被出售是当时社会的常态。

口的五分之一，其余大多是奴隶。公元1世纪时，罗马的人口有5000万，与当时的中国汉朝人口相等，其中有公民权的人（包括贵族和自由平民）却不足500万，其余的人除了奴隶还有臣服纳贡的部落族群。

但是，奴隶们也不会心甘情愿地臣服，逃跑、暴动层出不穷。被周朝妖魔化的商纣王帝辛，其实是一位才力过人的对外征战统帅，他抓到的战俘数量最多并送到首都朝歌，结果这些奴隶在周武王来攻城时发生暴动导致了殷商突然覆没。然而虽然迎来了新王朝，却没能抹去奴隶的痕迹。

有了国家政权，有了征战需要，就需要建立军队，这种有严密组织的武装力量的作用便是对内维护权力统治、对外进行战争。我国古代军事学"圣经"——《孙子兵法》在首篇就开宗明义地指出："兵者，国之大事。死生之地，存亡之道。"古代一个国家的军队状况和战争结果，决定着民族的生死存亡，

**脱胎换骨** ON THE REFORM OF
纵横古今谈军改 ARMED FORCES

《兵车行》中国著名画家王可伟的这幅油画,描绘了两千多年前,秦军出征的浩荡阵容。

若是一国军力不振就不能对外掠到人力、物力,自己还会被别国掠夺甚至全民成为奴隶。中国春秋时的越王勾践就是战败后被押到吴国为奴,甚至还要口尝吴王夫差的粪便。公元260年,罗马皇帝瓦勒良率军东征萨珊波斯时不幸被俘,成了波斯王上马的垫脚石,这使他本人和那个西方最强帝国都受尽屈辱!

"成则为主,败则为奴"的残酷法则,使古代各国军队发展竞争十分激烈,军事变革的成功者才能居于强国之位,败者就会跌落到苦难深渊。在中华大地上,秦国能以西方荒凉之域一统华夏,靠的是商鞅变法后的军制改革,从而打造出一支让关东六国胆寒的虎狼之师。

在18世纪欧洲的土地上,腓德烈大帝实行的军事改革使普鲁士从中欧一个不大的国家快速崛起,在很短时间内便跃居欧洲列强之中,为发展成强大的德意志帝国奠定了基础。中国封建社会自宋朝以后就转入僵化和衰落,当权者夜夜笙歌,丧失进取精神,庆历新政、王安石变法相继失败,根本无法进行有效的军事改革。清朝入主中原,却长期抱残守缺,清末和民国初年的军事改革又总不成功，致使中华民族惨遭列强宰割百余年，直至中国共产党领导的军队发展壮大起来，新中国的国防建设取得了伟大成就后，才使我们这个曾经衰落的古老大国重新屹立于世界民族之林。

如今的世界，虽然已进入和平与发展为主旋律的阶段，但军事实力仍然是国家实力和国际影响力的重要因素。苏联在解体前拥有仅次于美国的世界第二位的强大军力，其继承者俄罗斯尽管经济总量在世界上落到第十名左右，但"瘦死的骆驼比马大"。进入21世纪后，俄罗斯进行了有效的军事改革，总体军力仍居于世界第二，这就使它在国际舞台上仍能同美国叫板，其政治影响力远比其经济实力要强得多。

而日本和俄罗斯相比，情况则正好相反。日本经济总量居世界第三，GDP（国内生产总值）是俄罗斯的三倍以上，可是国际上谁承认这个以"经济动物"著称的东洋岛国是强国呢？因日本处于第二次世界大战的战败国地位，至今在军事上仍受美国控制，自卫队没有核武器和远程攻击武器，因而其国际地位仍然远逊于俄罗斯等多个经济水平不如它的国家，这里的主要原因就是当年造孽太深导致军力发展受限制。

**有无进取奋斗的理念，决定军事变革成败**

国无军不立，古代、近代的执国柄者也都清楚这一点，除了极度昏聩的君主外都注重保持国家的军事力量，往往视兵权如命。不过注重军事之国，并不一定能够强军，历史上经常有兵强马壮之国会逐渐变得衰弱不堪，重要原因就在于军事思想僵化和体制腐朽，不能引导变革甚至堕落得一代不如一代。公元前2世纪至公元3世纪称雄西方的古罗马，就因军事体制崩坏落得个瓦解的下场，此后意大利半岛还出现了千年分裂的局面。

从古至今的军事变革，绝不是仅靠换些新武器，或提些新口号，而是需要以下三方面的并举：

描绘公元410年,罗马帝国的首都"永恒之城"陷落于蛮族之手的画面。

1. 提出创新的军事指导思想;
2. 更换新式的武器装备;
3. 实现军队的新编制和结构重组。

了解历史的国人都知道,宋朝在人类战争史上最早开始大规模使用了火器,军队装备上出现了划时代进步的萌芽。然而此时因封建腐朽习气的压制,以宋太宗、徽宗、钦宗为首的朝廷都没有进取性的军事思想,对臃肿无能的军队也未进行改革,武器改进这一"单骑独进"并没有改变宋军的衰弱面貌,更谈不上实现什么军事变革。

19世纪后期清朝搞"洋务"时,购买了外国的先进军舰、火炮和洋枪,却仍维持着腐朽的军事思想和落后的官制、兵制。相比之下,此时进行明治维新的日本在军事变革中却是"三头并取",即在军事思想上引入德国陆军和英国海军的作战理念，全面更换新式武器装备，编制上全面仿照西方军队建设多兵种有机结合的合成军。

中日甲午战争中，双方军事较量形成这样的对峙场面：一方是拿着近代武器的古代军队，一方是作战思想、武器和编制都已是近代化的军队。虽说清军在外购的铁甲舰和克虏伯大炮、加特林机枪等某些单项武器上有优势，在军事变革的总体进程中和日本却已存在"代差"，作战理念和军事体制上的落后，导致了清军在陆地与海上每遇交锋都一败涂地。

如果把军事变革形象地比喻为一个人，军事思想就是头脑，武器装备就是手足，编制体制就是躯干。在三者之中，头脑自然最重要，军事理念的进步才能有效指导变革。

唯物主义的基本原理是"存在决定意识"，一个国家和民族的军事思想与其生活的地理环境有重大关系，中华民族形成的国家意识也是如此。纵观人类古代史，基本上有着三种文明，其生存环境决定了民族特点和军事特征：

河流文明——崇尚和平、文化水平高却又比较保守；

游牧文明——文化水平较低，剽悍善战；

海洋文明——长于商业，却常常进行殖民扩张。

地处爱琴海的群岛之国——希腊，是西方文明发源地之一，连接欧亚非的战略要地，其古代建军便是海陆并重，并对外不断扩展殖民地。希腊本身虽然在中世纪和近代衰落，其历史文化基因却被西方国家包括现在的美国所继承。

作为多民族组合而成的中华民族的主体——华夏民族，在历史上长期处于河流文明状态，虽然北方少数民族在数千年间多次南下，融入了游牧民族的特点，然而在短时间内又被农耕文明影响，被同化。中国古代王朝的文化传统，决定了其在防务问题上崇尚礼义与和睦，鄙夷征服式扩张奴役他国，只有少数民族政权才在短期内热衷于对外远征。如中国从战国时期至明朝的两千多年间一直修筑长城，这便是军事上的防御性理念的突出代表，也是河

古希腊舰队同波斯舰队进行海战的场面,海军优势是当时希腊能取胜并能传播其文明的原因。

流文明的深刻体现。

　　熟悉自然地理的人会发现,两千多年来历朝历代修筑的长城,其走向大致与350毫米等降水量线相吻合。长城以北天气寒冷,降水量少,不适宜种庄稼;长城以南气候温暖,降水丰富,适合农作物的耕作。长城是农业文明与游牧文明的分界线,从实质上看是农业文明防范游牧文明的一道院墙。

　　汉族当政的王朝,直接管辖区大都局限于适于农耕的长城之内,汉朝、唐朝虽有短期向外扩张却也很快退回长城之内。以满族作为最高统治者的清朝,在前期融合各民族,终于形成了我国多民族国家的基本疆域。清朝进入后期,对外开拓的精神完全丧失,加上武器和军制落后,国家防务完全堕落为消极保守的防御型。

# 前言 军事改革——强国兴邦之道

回顾中国自秦汉以后两千多年的民族冲突，经济上是北方穷、南方富，军事上却一般是西强东弱、北强南弱。像诸葛亮的蜀军是以山地步兵为主，北伐时一旦越过秦岭，进入关中平原就难敌曹魏的骑兵，只能落个"出师未捷身先死"这一令人叹息的结局。再观历史上其他朝代的北伐，除了朱元璋利用全民反元大起义而获成功外，其余的没有一次成功。像岳飞那种"驾长车踏破贺兰山缺"的理想，就是没有宋高宗"十二道金牌"的阻挠，也绝无实现的可能。首先我们从军事角度分析，由于北方以畜牧业为主，适合发展骑兵，当地民风彪悍、善战，在冷兵器时代，占据了体力、机动力、战斗精神三项优势。南方以耕种为主，难以养马，军队多以步兵为主，民风也相对柔弱，这也是江南政权最终总是被北方政权或南下的游牧民族所征服的原因所在。

现代的人们总愿意称赞华夏民族的汉朝、唐朝，认为它们开创了值得夸耀的盛世。在军事上，当时华夏民族确实击败了北方的匈奴和突厥。从社会面貌和思想观念上考虑，汉唐前期的统治者还保留着开拓进取的精神，并注重改进军制，打造先进的武器。汉唐两朝的前期，突破性地将农业和畜牧业结合起来，在长城内外的马场上养育了数以十万计的战马，大力发展冶金业，生产大量优质的铁制兵器。汉军同匈奴进行了百年骑兵大战，双方的战马和骑术基本相当，汉军有金属盔甲、尖铁箭头和强弩，匈奴却只有皮甲、骨头制作的箭头和简易弓，武器装备上同汉军有着重大差距，这些决定了双方交锋时的胜负次数。不过

《边关号角》中国著名画家王可伟的作品，表现了汉军将士依托长城进行防御的壮观场面。

《夜袭》中国著名画家王可伟的作品,表现了唐军攻击突厥营帐的场面。

汉军因习惯于农业社会的生活而不能在草原久居,因此无法彻底消灭游牧于各地的匈奴,最后只能以"和亲"的方式求得双方休战,和睦相处。

唐朝初期,战马数量超过汉朝,金属铠甲和铁制兵器也较突厥占优,才能有太宗、高宗时期的辉煌盛世。

不过唐朝中期,当权者和汉族农民普遍厌倦战事,朝廷不得不改征兵制为募兵制,愿意应募当兵的多是擅长骑战的胡人,安禄山、史思明这些少数民族将领由此壮大了实力,从而发动叛乱。唐朝虽然经过七年苦战,借来回纥骑兵平定了安史之乱,而藏族的吐蕃王国却乘机占领了唐朝的陇右马场。塞外养马的肥美草场丧失,导致唐朝后期直至后来的各个汉族政权都无法建立强大的骑兵,由此也丧失了对北方少数民族的军事优势。唐朝后期和宋朝、明朝,内地的尚武精神逐渐衰落,北方少数民族却日益强势。当这些夷狄建成拥有冶金制造业的政权并与原有的畜牧优势相结合时,对南方的威胁日益增强。

北方游牧民族虽说总体经济文化落后,却建立了统辖力较强的辽朝、西夏、金朝和元朝等政权,除了战马的强壮、士兵的彪悍,还得益于较高的金属冶炼和兵器制造水平。虽然成吉思汗是个文盲,却特别重视提升武器质量,到处搜罗制造火器和攻城机械的工匠,蒙古军保持骑兵优势的同时在盔甲制作、发炮装置方面不亚于宋军。再加上蒙古民族强悍的作战精神,富庶的南宋政权就成了北方游牧民族的猎物。

同样的历史悲剧,后来又发生在大明王朝同北方的清朝之间,努尔哈赤时代"满洲铁骑"使明军步兵难敌,明朝的袁崇焕还可以利用"红衣大炮"的优势取得少许胜利。当皇太极招降明朝火器队,建立铸炮业时,军事实力远胜于李自成的军队,明军的优势也就不复存在,这就再次上演了贫瘠的北方征服富裕南方的历史剧目。

总结这些历史经验可以看出,中国历史上出现的贫困打败富裕、野蛮征服文明的赫赫战绩,关键在于富裕的"知识分子们"尚武精神丧失,贫困的"野蛮人"奋发图强,掌握当时先进的军事技术。这一情形在近现代世界上也一再出现过,如"二战"中的意大利也算得上是二流工业国,却打不过希腊这

此作品为描绘蒙古大军远征的油画。

样的落后小国，原因也在于这些罗马帝国的后裔丧失了前人的战斗精神而只重享乐。

## 经济科技落后是灾难，观念僵化更可怕

在冷兵器时代，体力是战场搏杀的主要因素。此时经济落后却擅长骑射的游牧民族对阵文明先进的农耕民族占有军事优势。中国的汉族政权一再败亡于游牧民族军队，西罗马帝国灭亡于北方"蛮族"，是古代社会经常出现的现象。

以火药发现为标志的热兵器出现后，化学能、机械能产生了千万倍于体能的打击力，武士再强的肌肉，穿戴再坚硬的盔甲都不可能挡住枪炮。热兵器的产业基础，又是国家的经济实力特别是工业产能，以及研制新武器的科技水平。工业化的国家对付农业国，在武器方面会有绝对的优势，经济和科技上"落后就要挨打"就成为了基本规律。

政治腐败、经济停滞、科技落伍和军事衰败，造成中国近代陷入一百多年落后挨打的局面，追溯其根本原因是中华大地同西欧相比落后了几百年。自15世纪开始，欧洲走向资本主义后，明帝国便开始落后。清朝入主中原后以落后封闭的理念治国，导致国家愈贫、军队愈弱。

谈论清朝时，有人总愿意说起"康乾盛世"，其实那只是社会相对稳定的回光返照。在此期间，中国同西欧的差距在不断拉大。近年来国内有些人经常引用英国学者安格斯·麦迪森和美国学者保罗·肯尼迪的说法，称"鸦片战争时，中国GDP（国内总产值）占世界三分之一"，这完全是出自臆想。最早提出此数据的麦迪森，面对国外一些严肃学者的质疑，也承认这是靠"猜测"。他依据的是1840年中国人口达4亿，占人类总人口的三分之一，其生产力虽落后于欧洲，却优于亚、非、拉等其他地区，因而取全球的人均中间数值。这种估算法有最明显的经济学错误，就是忽略了工业化的产能和农耕

前言 军事改革——强国兴邦之道

此幅作品表现的是19世纪前期英国工业革命的情景。

生产力水平的巨大"代差"。当时西欧主要靠蒸汽机驱动的工业生产创造的价值，同靠人类手工生产的产品根本不能相提并论。

西方资本主义在工场手工业时代的生产力，就大大超过了以自然经济为主体的东方。据统计，以18世纪70年代蒸汽机问世为标志的工业革命开始后，英国的生产能力在70年间增长了20倍。1840年的英国人口总数虽只有2000万，只相当中国的二十分之一，但其生产总值大大超过中国。当时中国的农业自然经济根本无法进行国内总产值的计算，只有清政府年财政收入为4000万两白银的统计。1840年英帝国的财政收入为5200万英镑，按当时的贸易

# 脱胎换骨
纵横古今谈军改　ON THE REFORM OF ARMED FORCES

日本所绘的《马关条约》谈判签约的场景，前排右坐者为李鸿章（只有背面），其对面为伊藤博文。

汇率折合白银3.46亿两。换句话说，鸦片战争时白金汉宫掌握的钱财是紫禁城的8倍多。1840年的美国刚刚崛起，政府税收很低，年财政收入也达到了2600万美元，按当时汇率比中国多一半，法国、普鲁士、俄国当年的财政收入也都超过了中国。

西方人正是靠雄厚财力、先进的工业化时代的科技生产能力，才能制造出标准化的枪炮和军舰，这与清朝靠手工工匠的经验打造的抬枪、前膛炮和刀矛等武器相比有着根本性的"代差"。因而在两次鸦片战争中，清军同英军以及后来加入的法军根本不能对等交锋，遇到对手后挨上一顿枪炮射击就会溃败而逃，"夷人"以"坚船利炮"轻易打开了贫弱"天朝"的大门。

19世纪60年代以后，清朝搞起了"洋务"，国内却没有近代工业基础，设厂自制的兵船也不过是靠买来外国的发动机和航海设备来组装，质次价高，李鸿章等人就此才感叹"造船不如买船"。此时国家极其贫困，洋务运动中花费最大的北洋海军，在10年间购置装备费不过2000万两白银，如"定远""镇远"这种单价160万两白银的铁甲舰只能买2艘。此时的英法俄等国各自却都保持着几十艘铁甲舰，连新兴的日本在甲午战争前的购舰、购枪炮费都超过了中国。1895年，清朝对日作战陆海两方面均大败而求和，日本勒索了2.3

前言 军事改革——强国兴邦之道

亿两白银,而此时清政府年度财政收入只有8000万两白银,入不敷出,只有借外债付赔款,从此背上了近代始终还不清的高利贷,想搞工业和增强军备就更感缺钱。然而,1871年在普法战争中大败的法国,其境遇则和中国完全不同。德法签订的《法兰克福条约》中规定法国对德国的赔款数相当于7亿两白银,法国仅用了5年便还清了战争赔款,并且保持了经济的恢复和稳步的发展。工业化国家和农业国家的贫富相差之大,由此也可见一斑。

　　清朝末年、民国时期的中国,祸乱交兴、四方离乱,除外国人在沿海地区建有少量企业外,当权者根本无力搞经济建设。民国年间不仅没有统计过国内总产值,就连国内有几亿人都搞不清。抗战时所说的"四万万同胞齐奋起",都是根据清末统计人数以及民国时期卖盐量进行推断的,直到解放后的1953年,首次人口普查才知道国内人口已超过6亿。国家当权者思想守旧,经济

日本所绘的对华作战彩画,日本以坦克应对中国军人血肉之躯的抗击。

# 脱胎换骨
纵横古今谈军改  ON THE REFORM OF ARMED FORCES

《抗联协助苏军挺进东北对日联合作战》我国著名军旅画家李明峰作品，描绘了苏军进军东北的铁甲洪流。

上穷困不堪，又没有工业基础，甚至买武器还要看洋大人的态度，这样的社会基础又怎搞军事变革呢？

　　1925年蒋介石等人建立了国民政府，却将绝大部分财力用来打仗，只是在其控制的部分地区进行工业建设，然而公路、铁路的数量少，修建的工厂规模更是小得可怜，建材和机器绝大多数还要靠进口。对比"二战"前，1936年各国工业建设的基础冶金业钢材的生产总量，中国关内只有4万吨（关外已沦亡于日本），日本则为580万吨，苏联为1500万吨，美国则超过6000万吨。全面抗战前，国民政府税收最高的1936年的财政收入只有11.7亿法币，按当时汇率1法币折合0.33美元计算，仅相当于3.8亿美元，而当时美国的年国民产值超过800亿美元，政府年财政收入接近200亿美元。中国之穷和美国之富，相差又是何等悬殊！

前言 军事改革——强国兴邦之道

《铁血冲撞1950年冬·朝鲜》军旅画家李明峰作品，表现了志愿军在朝鲜击败美军的英勇场面。

民国年间的中国，依然处在"长夜难明赤县天"的黑暗期，也是极其贫困的灾难期，只是个别城市和租界里的极少数洋人和"高等华人"过着奢华生活。国民党方面还曾自吹什么全面抗战前有"十年黄金期"的建设，真是可悲的荒诞吹嘘，而近些年，国内网络上一些敌对势力的应声虫，所谓的"国粉""蒋粉"，还重复这些谰言以图否定中国革命的必要性。直至腐朽无能的国民党政权被推翻时，国内连铁钉、镐头、水泥这些最基本的工业品大多都依靠进口，那时社会上对此的称号就是"洋钉""洋镐""洋灰"等，就更不用说武器装备了。国民党当局的兵工厂只能仿造少量机枪和中小口径的迫击炮，且因钢材质量差导致其性能远逊于原装。即使到了"二战"期间，中国造不出一辆汽车、一架飞机、一艘军舰，步枪、机枪和子弹等轻武器也都主要靠进口，而此时的美国生产了29万架飞机、10.2万辆坦克和142艘航空母舰，苏联生产了13万架飞机、10.8万辆坦克，日本也生产了6万架飞机、2500辆坦克和15艘航空母舰。落后的农业国陷入了落后挨打的境地，饱受工业化日本的欺凌。

中国的经济科技落后已成灾难，但僵化的军事观念将中国拖入了可怕的深渊。在清末民初时，中国陆军搞过"小站练兵"这种仿西式的建军模式，北洋军阀也曾模仿德国、日本的军制建立新军，注重武器装备的近代化和标准化，实施严格的新法训练。但是当时封建社会结构和军阀制度却没有变化，建成的军队非驴非马。手中拿的是近代武器，遵循的却是旧思想观念、旧人事制度、旧养兵之法的封建买办武装，打仗则是"外战外行，内战内行"。抗战期间，中国人民高唱的是"大刀向鬼子们的头上砍去"，苏联在1945年出兵东北靠的是机械化作战，一举投入5500辆坦克和3900架战机，以装甲洪流向鬼子们的身上碾去。

此时的国民党军队依靠美国援助也实行了一些军事变革。然而军事指导思想追随美国，武器装备依赖美制，军队编制学习美军，完全成为美国的附庸。由于国家贫困和缺乏工业基础，无法生产现代化装备，加之美国援助有限，至抗战胜利时，国民党军的285个师中只有39个师实现全美械化（同美军师的装备相差甚远），空军总共只有500多架飞机，装备保养还要靠美国。这样的军事改革，只能形成一支"半殖民地"军队，对外不会强大，对内被人民唾弃。孙中山讲过一句名言："世界潮流，浩浩荡荡，顺之者昌，逆之者亡。"在世界工业、科技和军事变革日新月异的大潮中，中国因从明末、清朝到民国的当权者都思想落伍和受腐朽旧体制的束缚，日益落在后面，中华大地便成了列强竞相宰割的角力场。

"落后就要挨打"，这是近代中国人得出的结论。不过有些人仅仅把落后视为武器装备的落后，却忽视了思想观念的落后，军队体制的落后。若仔细研究一下甲午战争，中国陆海军武器总体水平同日军基本相当，此战是中国对外战争中武器装备同对手差距最小的一仗，却输得极其惨烈。中国共产党领导的军队进行的抗美援朝战争,却是近代以来武器装备同外敌差距最大的一仗,但战果极为辉煌。虽然朝鲜战场上的中国军队得到了苏联的装备技术援助,但远远比不上美军,能够取得胜利的最重要原因是在战火中进行了历史上前所未有的变革,锻造出一支军事思想先进、战斗精神旺盛的革命军队,这支军队打出了国威、打出了军威,找回了从鸦片战争后中国人丧失的民族自尊、军事自信。

历史证明,军事思想和体制的僵化腐朽是比武器落伍更可怕的落后,军事变革必须是全方位的。这种变革概括起来就是——军事思想要先行,武器装备做保障,体制重组当推手。

## 以变革实现腾飞,用强军确保发展

进入20世纪50年代之后,美苏发展核武器形成了"核毁灭平衡",使得世界大战难以发生,和平与发展成为世界主旋律,国力竞赛主要是经济和科技竞赛。但是,一个国家在世界上的地位,获得的发展机遇,仍然同自身的军力息息相关,适时地推进军事变革,保持和发展一支强大武器力量十分重要。

从20世纪开始,美国一直是世界第一经济强国,科技居于领先地位,同时军事变革也走在世界前端。第二次世界大战中,美国凭借最雄厚的经济实力,率先实现了全军机械化,而苏军至20世纪50年代中期才完成了军队机

表现美军发展历史的绘画作品。

械化。在核武器和远程导弹方面，美国同苏联竞争几十年，美方一直占据着核打击力量上的优势。1991年的海湾战争中开启了信息化战争的序幕，依然是美军独领风骚，把世界上的其他军事强国抛到了后面。

美利坚作为一个由跨洋闯荡的移民组成的国家，国民历来有一种开拓进取的文化基因。虽说美国文化有其粗俗、鼓吹极端利己主义的一面，却也有注重改革、鼓励科技创新的特点，这使它能在雄厚的物质基础上，造就一支技术水平超强的军队，以"独霸"的姿态充当"世界警察"，维护"世界和平"。我们反对美国的霸权主义政策，不过这个国家的改革精神、科技创新、体制探索还是值得学习借鉴的。

《畅想》苏联画家拉斯考冈的油画作品，表现了新中国成立初毛泽东对国家工业化的设想。

新中国的发展壮大，其实每一步都离不开改革。解放初期，中国学习苏联模式。20世纪50年代，依靠自力更生和苏联的援助，奠定了工业化和国防现代化的基础，并开启了"两弹"的研制，虽说这个模式后面暴露出许多弊病，但同旧中国相比还是先进得多。

1950年，首次统计出国内总产值为426亿元人民币（新币），同年美国国内总产值为2862亿美元，按当时美元对人民币1∶4.2的汇率计算，中国经济总量只相当于美国的3.5%，占全世界总量的1.4%，名副其实的"一穷二白"。面对这样的烂摊子，中国"边打边建"，解放军也从一支"小米加步枪"的部队迅速变成现代装备的合成军。

前言 军事改革——强国兴邦之道

中国出兵朝鲜，力挫美军，改变了近代一向挨打的局面。周恩来总理在内部承认，中国"软骨动物"的状态并未改变，那就是没有独立的工业和国防体系。此后中国集中力量建设工业包括军工业，国家财力主要投入城市和矿山，加速进行工业化建设，长此以往，结果形成了一个"二元化"建构，广大农村在"人民公社化"后仍然贫困。20世纪50年代末，中国完成了苏援的"156项"重点企业的建设，有了完整的工业体系，虽不算先进却能保障常规武器实现国产化，60年代又研制出了"两弹（导弹、核弹）一星（卫星）"，跻身世界五个核大国之列。此时的中国虽然还算穷国，却也算是世界强国之一。如今，有些人抱怨改革开放前人民生活提高很慢，若细想起来那时的领导人也有其苦衷，若是不勒紧裤带建成较强的军力，如何能保障日后有一个和平发展的环境呢？

中国的建设也走过弯路，如"大跃进"那种违反经济规律的冒进，还有以空想社会主义进行的"文革"干扰了建设进程。军衔和许多条令的取消，导致军队在正规化的进程中出现了倒退。自20世纪70年代末实行改革开放后，国家发展转为外向型，军事上也面向世界。

《天边，很遥远》著名军旅画家陈坚作品，表现了改革开放后军事建设的新面貌。

# 脱胎换骨
## 纵横古今谈军改　ON THE REFORM OF ARMED FORCES

现代世界格局下，打仗也就是打钱。国防建设的基础，正是国家的经济实力。1980年中国的GDP为3600亿元人民币（当时折合2200亿美元），在全球经济生产总量中只占1.8%。此时，邓小平利用美苏之间的对峙，争取中国以稳固其世界地位的机会，让军队"忍耐"大幅削减军费，确立以经济建设为中心，利用廉价劳动力的优势吸引了大量外来投资，从而迎来了经济腾飞。2015年中国的GDP达到67万亿元人民币，折合美元高达10.8万亿，在世界总量中已占13%以上，中国成为仅次于美国的世界第二大经济体。

中国在经济上的崛起，引起世界瞩目和惊叹，也为国防建设带来了新的挑战。2009年以后，中国的进出口量超过GDP的30%，这已超过了美国经济的对外依存度，这使得海外市场和原料地的作用空前重要，海上通道安全和维护海外利益成为国防建设的重大问题。2012年以后，美国高调宣称要"重返亚太"，东海的钓鱼岛危机和南海的摩擦随之升级，明显是对华实施遏制的战略性措施。崛起的中国，不仅被美国视为最大的挑战者，也引来周边几个国家的不安，遏制和打压呈现了某些联合之势。现在的中国要保持发展势头，面临的挑战可谓是改革开放以来前所未有，想韬光养晦求平安已不可能，只能大胆迎对。

高科技时代，现代武器都是金钱的堆积，只

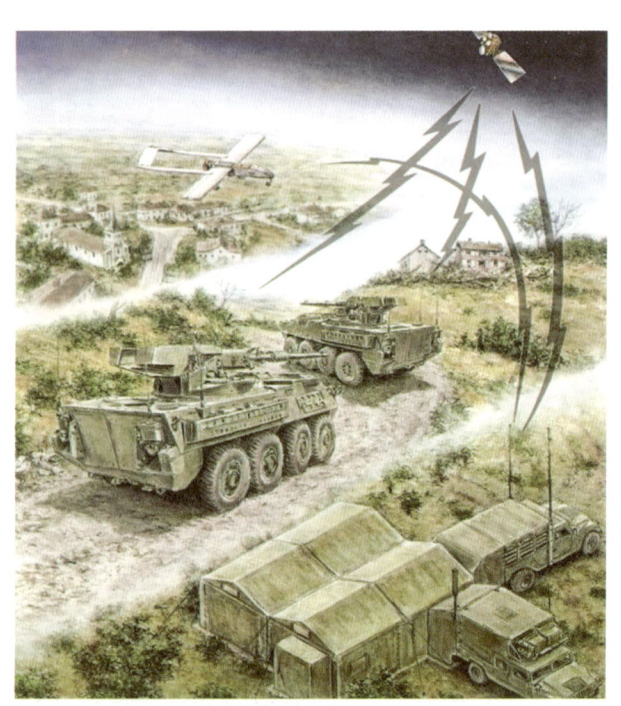

美军在伊拉克战场上信息化作战的示意图。

前言 军事改革——强国兴邦之道

《金属结构——集结》军旅画家李明峰作品，这幅油画表现了向信息化迈进的中国军队的雄姿。

有国富，国防才有可靠的人力、物力、财力基础。中国的国防费已从1980年的170亿元人民币增加到2015年的8800亿元人民币，按可比价格也增加了5倍以上。20世纪90年代初，中国的国防费在世界上的排名还在第10左右，在2009年以后都仅次于美国居世界第二位。

1991年海湾战争后，人类战争已开始迈向信息化时代，如今的战场，已经超越了传统的空间，扩展到陆、海、空、天、电磁的多维空间，美国军队在信息化领域又居于世界领先地位。未来的战争和军事斗争，将由信息化的高科技武器主宰战场。近十年来，中国军队建设正在实现外向型的转型，海军由近海防御增加了远洋防卫任务，空军由国土防空转变为攻防兼备，神秘的"二炮"部队于2015年12月31日正式更名为中国人民解放军火箭军，成为中国军队的新军种，担负起远程常规打击的任务。2015年开始的新一轮军事改革，从国防建设和指导思想、武器装备更新以及全军的编制体制等方面深化国防和军队改革，建设具有中国特色强军之路。强兵是富国的重要保证，虽然现在军费开支只相当于美国的四分之一，中国依然以和平发展为中心，不过解放军也在大力推进军事改革并以此加强国防建设，这正是保障持续发展和彻底实现小康和富裕目标所必需的。"中国梦"也是强军梦，圆梦又要靠改革。

历史积淀了无限沧桑，创造了无尽辉煌的中国，历来是求稳容易，变革却较难。若是回顾历史，我们可以看到不进则退，军事变革是强国所必需。今天的中国已经有了从未有过的雄厚经济实力和科技水平，有了正确的领导和有志于改革的亿万军民，在国防上建设实现腾飞的目标也一定能够完成。中国人民为之奋斗的理想前景，现在已经在眼前出现，即如同毛泽东当年在《星星之火，可以燎原》一文的结尾中所说的那样——

"它是站在海岸遥望海中已经看得见桅杆尖头了的一只航船，它是立于高山之巅远看东方已见光芒四射喷薄欲出的一轮朝日，它是躁动于母腹中的快要成熟了的一个婴儿。"

让人们以改革创新的精神迎接这一前景吧！

# 第一章
# 军队从步兵到车兵、骑兵

人类进步的灵魂是创新，军事进步的灵魂在于变革。人类建立了最早的国家形态后就有了军队，经济和技术的进步又使兵器和作战手段不断变化。按照中国科学泰斗钱学森的概括——人类过去有两种战争形态：靠体力搏斗的冷兵器战争，靠化学能和机械驱动的热兵器战争。现在就要进入第三种形态——核威慑下的信息化战争。冷兵器战争，就是靠体力挥舞刀枪剑戟的厮杀，在后人看来似乎简单，其实这其中也经历了由步兵向车兵、骑兵为主的进步，武器也有"代差"（如金属武器同石、骨武器），变革快的军队就能称雄一时，像古代的赫梯、亚述能打败可修筑金字塔这种宏大工程的古埃及，就是因为在发展车兵、骑兵方面领先。中国古代的周王伐纣能一战取胜，也是利用了车兵对步兵的优势。"秦王扫六合"能统一华夏，首先是靠收编的义渠人并建立秦军骑兵打败了搞"胡服骑射"的赵国。

透过让人眼花缭乱的古代战争记载，读者可以抓住一个主线，那就是注意变革军制和采用新武器者军强，忽略此者就要败亡，真如近代中国思想家严复所说的名言——"物竞天择，适者生存"。

## 原始搏杀与"人吃人"的原始社会

不迷信"上帝造人"者都知道,人是由猿进化而来,当年作为无神论者的共产党人进行社会发展史教育的第一课就是"猴子变人"。现在看过《动物世界》的人都知道,哺乳动物族群间为争夺资源和领地会经常发生流血厮杀,同人类亲缘关系最近的猴子和猩猩的群落争斗还特别激烈,而这种动物的本能自然会遗传。考察发现人类原始部落的生存环境,最危险的敌人早已经不是凶猛的野兽,而是来自相邻部落的威胁。

距今 6000 年前的西安"半坡遗址",那是一个原始的母系社会氏族公社形态的典型代表。作为军人的我,特别关注的并不是它聚落的布局、经济的发展、文化和生活,而是那个原始部落周围修建了很深的壕沟工事,目的显然是想防范相邻部落的进攻。原始人发明的石刀、石斧和弓箭是狩猎工具,给人们提供衣食,同样也是同类搏杀的武器,保卫家园的安全或者进行对外掠夺,当然,原始社会还不存在军队,而极其落后的生产力水平决定了当时

这幅表现原始部落生活的绘画,描绘的是人相食的场面。

几乎没有剩余价值，其他部落的人成了俘虏往往会被当成食物吃掉，这正是社会还未从野蛮时代进入文明时代的表现。

距北京城约 50 公里的周口店遗址，是世界上材料最丰富、最系统、最有价值的旧石器时代早期的人类遗址。在挖掘出土的古猿人化石中，却有一个令人沉思而未得解的秘密，那就是 1921 年发现和发掘的"北京人"化石中骨头 6 具、头骨碎片 12 件、下颌骨 15 件、胫骨 1 件、肱骨 3 件……以及一些头骨和面骨破片，这些"北京人"遗骨分属 40 多个个体。从这些数字中您是否也发现了只有集中在一起的头骨却几乎没有肢体骨？这究竟是为什么呢？如果再仔细想想，我们大致能构画出一个可怕的图景——这些极有可能是由被抛弃的俘虏的头颅堆砌而成，而肢体则因当时没有多少肉可食用早已被分解吃掉并分散抛骨。尽管原始氏族公社时没有剥削、没有贫富，财产共有，却是一个名副其实的"人吃人"的社会，一个极其可怕的愚蛮社会。

## 卡迭石兵车大战——金字塔民族的衰亡

学过历史的人都知道，中国是世界上最早的文明古国，后面还要加上"之一"。若从建立国家形态的夏朝开始，距今约有 4000 年，从发现的最早文字甲骨文的商朝开始，距今有 3500 年。然而，文明和战火紧密相连，苏美尔人的城池，犹太民族的建立，金字塔的衰亡，无一不在说明古老的大地上烽烟四起，南征北战。

### 金字塔民族的文明

考古学家发现，世界上最早的文明国家，应算是距今 6000 年前的"两河流域"的苏美尔王朝。这一王朝已有楔形文字，有了青铜武器，有迄今所知的世界上最早的一部成文法典——《乌尔纳姆法典》，有了城池，虽说城

墙是泥砖做的，但也具有了一定的防御作用。不难想象，苏美尔人应当拥有一支强大的军队维护自己的统治，然而这一文明却在不久后湮灭在了历史长河中，直到这一文明消亡近两千年后，世界上才出现比它先进的文明。如今我们也只能靠近代考古才能体会人类历史上的这段辉煌。

被淹没的岂止苏美尔文明，修筑金字塔的后人也与过去的历史失联。古埃及文明是继苏美尔文明之后，世界文明之花中绚烂的一支。距今近5100年（公元前3100年），古埃及人在尼罗河畔建立了埃及王国的第1王朝。距今约4500年的第4、第5王朝期间，还修筑了一系列帝王之陵——金字塔，其中的胡夫金字塔高达146米，在1889年巴黎埃菲尔铁塔建成前都一直是世界上的最高建筑。古代埃及人能有这样的设计施工水平，即使现在的建筑学家大都感到不可思议。据估算，在没有机器动力的情况下修筑这样的建筑，至少需要20万劳工持续工作10年，古埃及王朝的人力、物力之雄厚和施工水平之高超令人惊诧。

古代埃及是典型的奴隶制国家，所需的劳工多为对外战争抓捕俘虏而成

古埃及修建金字塔的场面。

第一章 军队从步兵到车兵、骑兵

的奴隶，这就需要一支专业化的军队。在修筑金字塔时，第5王朝就建立了陆军和海军，这是世界上有记载的最早的海军。热衷建造陵墓的法老们，为得到更好的建筑材料频繁地对外用兵。埃及北面西亚地区的雪松树是制作棺木的上好木料，古埃及海军舰队便屡屡东进、北上，有一次就出动了40艘舰船组成的舰队前往西亚夺取当地的雪松树。

埃及最早的陆军是单纯的步兵，士兵是从武士阶层和自由的平民（古埃及有种姓制度，分为7个等级）中征发，奴隶自然没有当兵的资格，军队由法老或王子担任军事指挥官。埃及国库向士兵支付粮食作为军饷，长矛、盾牌等武器装备由国家配发。起初这些军队大多是在农闲时征集，士兵在农忙时要下地劳作，只有法老的卫队部队约1万人是脱产的职业军人。

在古王国时代，埃及主要靠驴和牛拉车，这些行动迟缓的车辆只能运货，作战还是以步兵用刀、矛和弓箭交锋为主。海军舰队出战时，遇到敌对船只就凭借自己的船大采取冲撞法，这种海战方式后来都被波斯和希腊延用。

尼罗河流域的富饶土地和农耕文明，使得艺术、建筑、诗歌等方面变得异常发

古埃及同利比亚人作战的第19王朝的步兵形象，当时步兵是陆战主力。

古代埃及的早期步兵，可看出其中还有雇佣的黑人。

# 脱胎换骨
纵横古今谈军改　ON THE REFORM OF ARMED FORCES

古埃及面对海上民族登陆入侵，经常全民上阵参战，不过当时只有牛拉车作战，效果很差。

达，却很难滋养出尚武传统，享乐之风愈演愈烈。法老因迷信死后的生活时间将更长，因此要修筑金字塔这样的"面子工程"和"享受工程"（为了到阴间享受），武士阶层也不注重习武。繁重的苦工劳作使许多奴隶逃亡，在埃及做了400年苦役的以色列族群（最早的犹太人）据传说于公元前1450年在摩西的率领下"走出埃及"，开始了集体大逃亡。这些"翻身农奴"摆脱追兵，经过艰难跋涉到达了如今的巴勒斯坦地区，建立了最早的以色列国。

## 卡迭石之战

公元前1400年，埃及人口达到420万，可能是当时世界人口最多的国家（当时中国商朝人口估计还不及此数），愿意当兵的人却越来越少，因而大量招募异族雇佣兵，他们大多来自现在的利比亚和尼罗河上游的黑人区域。这些人为挣钱来打仗，自然不愿拼命，这就使埃及一度富甲天下却并没有强大的战斗力。

公元前14世纪，即距今3400年前，当埃及的法老们安于享乐的时候，来自北方小亚细亚的赫梯人崛起了，不断地向外扩张，攻占了今天的叙利亚

第一章 军队从步兵到车兵、骑兵

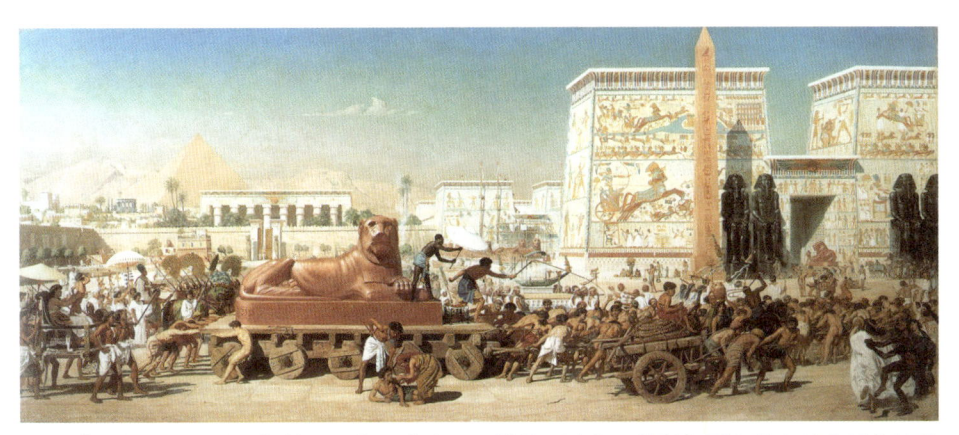

《以色列人在埃及》英国画家所绘油画，描绘了法老驱使以色列人从事越来越多的劳役，导致其被迫出走。

和巴勒斯坦地区，攻陷了巴比伦帝国的首都，成为埃及最大的心腹之患。埃及、赫梯两个军事强国为了扩张领土，进行了长达数十年的军事较量。赫梯、埃及在冷兵器时代战争史上的突出贡献，就是最早使用了战车，从此人类从陆战进入了车战时代。

车战的前提是要有马和车辆以及驯马的技术，同时也要有相应的木工技术和制革技术。埃及人采用了两人战车这种短兵相接的作战方式，埃及人不仅使用战车还改进战车，创造了所谓的"U形结合处"，战车上的孔扣着马匹连接着战车的驾驶座，因为连接处是活动的，可以吸收大量的冲击力。同时，他们将车轴和车轮从战车的中心移到了战车的后部，车轴长约3.5英尺，距战车中心有一定的距离，这样可

赫梯人在战史首次发现并使用了战车。

以获得更好的平衡、速度和机动性。战车的框架是由白蜡树或榆树通过蒸汽弯曲法处理制成的，驾驶座宽约3英尺，深1.5英尺，高2英尺，铺上兽皮或者芦苇，驾驶座的底层是皮革层或者特殊梭织布做成的，能够帮助射手保持平衡，吸收冲击力。埃及人还把希克索斯的四辐轮更换成六辐轮，看似简单的变化，却使得车轮能更好地适应时速达12英里的骨架震动和不同的地势。

此时，与埃及两人战车的轻便灵活相比，赫梯的战车则显得笨重缓慢。赫梯的战车车轴定位在承载平台的中心，这样会降低速度减少稳定性，但是使其具有另外一个很大的优势。埃及人和赫梯人分别提高和完善自己的战车，使之成为致命的武器。多年后，两个伟大的战车之国之间的决战爆发。

赫梯步兵的形象，该国是最早使用铁制兵器的国家，虽数量不多，同还在用青铜兵器的国家作战已具有优势。

公元前1285年，埃及国王拉美西斯二世亲自率4个军团、2万多人、2000多辆战车出征。赫梯国王穆瓦塔利斯也集结了一支2万余人的多民族部队，拥有双马战车3000余辆，进行迎战。双方为争夺赫梯在叙利亚的主要基地和军事要塞——奥伦特河畔的卡迭石展开厮杀，这就是著名的卡迭石之战。卡迭石战役是古代军事史上有文字记载的最早的兵车会战之一。

双方交战的方式是，先以弓箭手列阵射箭，掩护战车集群冲击或撤退。看到这一阵势，会感到第二次世界大战中的坦克集群交战倒与之有相似之处，只是用炮火攻击代替了刀砍杀和发射弓箭。

埃及的战车阵容由三个男性组成，车夫驾驭战马，射手必须熟练地在车子飞驰中发射弓箭，步兵在战车两旁跑动，进行进攻和防御，在进攻时，他

## 第一章 军队从步兵到车兵、骑兵

会把对方的勇士拖下车，屠宰他们，这很像"二战"中的"步坦"协同作战。

战车间的战斗基于旋涡式战斗，成行成列的战车会一个接一个地进攻，但是他们没有真正接触，目标是让每个车上的弓箭手拿下其他战车的弓箭手，或者车夫以及马匹，当他们相互经过的时候，也就是军事上说的途中相遇，他们会转过来互相回旋，同时并不是对着同一个目标。埃及的两人战车作战时，步兵不得不一直跑动，这抑制了它的前进速度和距离，步兵作为防御者肯定会累垮，但赫梯车战则完美地解决了这个问题。

赫梯人通过驯马，发现可以让它们披上皮甲，再拉着轻便战车，赫梯的战车能够承载三名战士，车夫、弓箭手和步兵共同上阵。车上站立的武士可用手中的兵器杀伤敌人，尤其是马拉战车冲击速度大大快于步兵的行进，战车冲击的气势和冲撞力能对步兵战阵形成强大的震慑和打击。一些西方史学家认为，赫梯在此前的战争中，俘虏了一名军事驯马师，将马训练得更强壮，能够拉动更重的负荷，增加战马的耐力。这个巨大的进步，能让人类制作出全新的战车，制定全新的作战方式，可以说这位驯马师改变了战车战争的未来。

双方交锋开始后，赫梯战车占有数量优势，三人战车虽较埃及战车笨重一些，却有更强的攻击力，战车车夫和弓箭手相互配合，竟一举冲到埃及法老的军营中。陷入重围之中的拉美西斯二世在侍卫掩护下左突右挡，几乎陷入绝境。

在生死关头，这位埃及国王突然想起自己平时驯养了一群护身的狮子，出征时关在笼子里携带着，于是将它们放出来投入战斗。赫梯战车的马匹一见狮子冲了过来，扭头就逃，拉美西斯二世趁机突围才幸免于难。

卡迭石之战中马车、车兵交锋时，又出现了动物之战，这倒是冷兵器交锋时的奇观！不过狮子远不如马那样能驯化，埃及法老靠狮子救命突围只是战争中的特例。

赫梯军以战车优势击败了埃及军队后乘胜追击，不过遇到了对方已经排列好的弓箭手队列。这些弓箭手在掩护撤退时发挥了关键性作用，在敌方蜂拥的

## 脱胎换骨
### 纵横古今谈军改
ON THE REFORM OF ARMED FORCES

埃及战车基本都是乘2人的轻便车。

描绘赫梯战车向埃及军冲击的画面，可看出赫梯战车一般能乘3人。

公元前1285年，古埃及与赫梯帝国在卡迭石会战的画面。

战车冲来时发射密集箭雨，使赫梯人伤亡惨重被迫停止追击。随后，统率埃及军队的拉美西斯二世向南撤退，把大马士革附近的广大地区丢给了赫梯人。

这场人类古代战争史上最大的车战，赫梯人算是胜利者，不过其伤亡很大，也难以扩大战果。此役证明了战车的作用超过了步兵已成为主要突击力量，但仍然需要弓箭兵、步兵的协同配合，靠单一兵种难以获得战役全胜。

卡迭石大战之后，埃及与赫梯之间又进行了16年的小规模战争。赫梯军虽战斗力强悍，却处在三面受敌的形势中，国内经济水平较弱，面对稳扎稳打、修筑城堡打持久战的埃及，也不愿再消耗下去。

公元前1269年，赫梯同埃及缔结和平条约，这个和约是历史上保留至今最早的有文字记载的国际军事条约文书。条约规定双方实现永久和平，保持"美好的和平和美好的兄弟关系"，双方承诺不得接纳对方的逃亡者，并有引渡逃亡者的义务。条约签订后，赫梯国王将长女嫁给埃及国王拉美西斯二世为妻，通过政治联姻巩固了双方的和平关系。古代各国之间，打成僵局就议和，采取嫁公主一类"和亲"联姻手法，可谓是中外一理，是人类社会军事和外交斗争中的共同规律。

埃及同赫梯这两个王国签订人类第一个留下完整文字记载的和约后，双方都走向衰落。缔约之前，从欧洲来的一支伊里利安人已经从博斯普鲁斯海峡（土耳其海峡）侵入赫梯北部并逐渐扩展势力范围，小亚细亚和叙利亚各臣属国家也纷起反抗。靠军事征服称霸的赫梯，一步步丧失了大片领土，至公元前8世纪被新兴的亚述帝国所灭。

## 暴力的艺术——亚述帝国的兴亡

亚述，在世界古代史上以全面实行军国主义制度而著名，其残暴也备受指责。不过这个起源于两河流域的军事帝国，在世界军事史上的最大贡献就是首创了骑兵。

## 亚述帝国的军事崛起

最早的亚述国诞生于两河流域北部，以现在的伊拉克北部为中心，国家建立后从公元前 2500 年起延续了近 2000 年，一般分为古亚述、中亚述和亚述帝国三个阶段。中亚述时期（公元前 1500—前 900 年）这个国家首次兴盛起来，却因遭受北面的亚美尼亚人攻击转向衰败。公元前 9 世纪初，从纳西尔帕二世国王开始，亚述才以军事改革的强国姿态向帝国跨越。

西方有的史学家总结说，"在人类历史上，亚述人的最大贡献，就是战争的艺术"。从考古成果看，亚述帝国的政治、经济、文化都带有浓厚的军事色彩，这个古国留下的浮雕作品几乎全与军事有关。公元前 950 年左右，骑兵首先在亚述帝国内发展起来，从而使人类古代战争又有了一个划时代的进步。

自赫梯人在公元前 14 世纪发明了马拉战车后，人类开始有了车兵，这也

亚述宫殿的复原图，壁画都是炫耀武力的图景。

第一章 军队从步兵到车兵、骑兵

亚述国王的形象

是古代的快速机动部队。不过战车受道路限制,一般在相对平坦的战场上使用,速度相对较慢。人类驯化马匹后,也开始骑在马上代替步行,不过要让其成为作战工具还需要解决马缰、马鞍等物件,否则骑在光溜溜的马背上身体保持不住平衡,也腾不出手拉弓、作战。古时没有什么高科技,不过也要有基本的马具技术才能建立骑兵。

亚述人生活的两河流域北部,有着广阔的草原,具有长期饲养和使用马匹的经验,再加上积累了千年的战争经验,终于先发明了马缰,后来又发明了马鞍。虽说这时还没有发明马镫,但有驭马经验的人骑到上面还可以腾出手来射箭,并能挥舞兵器拼杀。

当然,人想真正有效地使用战马,还需要有马镫以保持身体平衡,这一点千余年后才得到解决。

亚述发明骑兵之前,就从邻近的赫梯帝国那里学到了战车技术,利用本国的草场和大量马匹,建立了一支当时可称世界上规模最大的车兵。在《圣经·以赛亚书》中就描绘亚述人说:"他们的箭快且利,弓也上了弦,马蹄硬如坚石,车轮好像旋风。"

亚述战车的数量有多少,后人有很大争议,较保守的估计是 1.1 万辆,最高的估计是 10 万辆(这有些过多)。据考古证实,亚述战车有 4 轮、6 轮和 8 轮的不同规格,车体均较短,左右却较宽,车厢内可容 3 人,至多 4 人。战车乘员中一人为驭手,其他人为战士。车厢上放有箭筒,便于弓箭手放箭。战士还配有短剑和长矛。

亚述国当时又有领先于各国的冶金技术,打造了大量铁制兵器并普遍装

亚述建立了世界上最早的骑兵,应注意到当时还没有马镫。

备军队。亚述的铁矛、铁剑在交锋时远胜过青铜兵器，能以硬金属一击就打断对手的软金属兵器，还未大量装备铁制兵器的国家都不是它的对手。

在冶金水平大发展的基础上，亚述不仅能够制造大量铁兵器，也促进了农具的发展。其国内铁犁、铁锄、铁锹在农耕方面得到广泛应用，加之完善了水利灌溉技术，农业生产力大大提高，谷物生产和储存量的增加为国家设置大量常备军和长期征战提供了充裕的给养条件。

但是亚述人生存的环境远比不上尼罗河流域，对外掠夺获得财富成为国家的军事理念。在他们的立国观念中，"政府就是武力的别称"，生产是服务于对外战争的需要的。为此，这个军事帝国实行严刑峻法，同过去两河流域诞生的《汉谟拉比法典》相比，亚述法律充满了肉刑，公然鼓励将俘虏折磨至死，对不服从的奴隶可坑杀剥皮。

由于战争需要人口，亚述鼓励生育，如果女人故意小产还将被处以炮烙之刑。亚述贵族、平民的孩子，都要从小观看血腥的屠戮场面，增加他们内心的战斗性。女人的地位十分低下，男人可以一夫多妻，国王则有无数的妃嫔。这个国家实行极为残暴的政策，就是要把国家造就为一架巨型的战争机器。

在提格拉·帕拉萨三世任国王的时代（公元前745—前727年），亚述进行了专门的军事改革，靠推行募兵制建立了完全由王室供养的常备军，变半农半军武装为纯军事化专业武装。帝国军队由多个兵种构成，有原来由贵族组成的战车兵，还有骑兵、重装和轻装步兵、攻城部队。亚述军队装备精良，兵士都身穿铠甲，有盾牌和头盔防护，以弓箭、短剑和长枪为武器，还配备了专门攻城用的撞城槌。

提格拉·帕拉萨三世除了加强原有的重装和轻装步兵、骑兵以及战车兵的编制以外，还建立工兵和辎重兵。亚述工兵的职能是"在山中开路，修筑简便的桥和浮桥以及军营"，这使军队在开路、搭桥、筑垒和建城、修造攻坚器械方面的专业技术得到较大提高。在古代历史上，亚述第一次把工兵组建成一个独立的兵种，在世界军事史上也是一个创举。

# 脱胎换骨
## 纵横古今谈军改
ON THE REFORM OF ARMED FORCES

在发展马匹、战车、冶金业和工程能力的基础上，亚述军队成为当时世界上最强大的武装力量，它有先进的装备、编制体制和战术，诸兵种有机配备，加之兵将凶悍，在整个西亚纵横驰骋，铁马啸啸，几乎无坚不摧，无垒不克。亚述国王是军队的统帅，经常亲自出征，乘着战车指挥作战。伴随国王的高官显宦和将领们一般也乘战车作战，而下级官吏或平民充任骑兵和步兵，一些臣服的外族人被征入军队只能担当最下层的步兵或在工兵中服劳役，军中还建立了等级制度。

作为典型的奴隶制国家，亚述在作战中俘获的战俘一般用来补充国内的奴隶队伍，从事耕种和手工劳役。如犹太人建立的北以色列国在公元前705年被亚述攻破，2.7万人当了俘虏，接着就被发配为奴，从此消失，这成为以色列后来讲述历史时刻骨铭心的一页痛史。

亚述人攻城的图景，最前者为国王亲临战场并参战，画面中可看到其军队有先进的攻城器械。

### 长城是有用的，金字塔是无用的

从公元前824年到公元前671年这一个半世纪内，是亚述对外大扩张的时期。这一时期共出现过19位国王，大都热衷于发动对外战争。亚述向西彻底灭掉了已经衰落的赫梯国，向东征服了以巴比伦为中心的埃兰王国，接着还进入非洲，征服了埃及第25王朝。这时的亚述成为一个地跨亚洲、非洲，人口近700万的庞大帝国，估计总人口升至当时的世界第一位。

公元前7至8世纪的亚述对外征服进程中，有着2500年历史的古埃及出现了亡国悲剧。埃及在公元前1269年同赫梯讲和后，国势便日益衰落，沿海地区面临着南欧海盗不断的入侵袭击，本族人不愿习武又只好招募外族雇佣兵作为军队主力。此时尼罗河三角洲的优越地理环境和丰富资源，也吸引了外族人纷纷来此生活、定居和当兵。雇外族人当兵也加重了埃及王朝的军备负担，而且日益形成了"尾大不掉"之势，如利比亚人作为雇佣兵主力就"反客为主"地干预朝政，甚至经常发动叛乱。国家统治集团的衰落，又招致外来入侵越来越严重，古埃及在亚述人攻入时灭亡。

亚述对外征服时表现得十分残酷，如公元前689年利用埃兰国（起源于伊朗高原）内乱攻下巴比伦时，就进行了彻底的屠城，所有神殿化作灰烬。亚述军杀死埃兰国王后，将他的头挂在了高竿上，抓到的将帅则活剥后像宰羊一样放血，或砍头分尸后剁成肉酱。据发现的古籍记载，在攻灭埃兰一役中亚述人掠到7200匹马、11.1万头驴子、8万头牛、80万头羊以及20.8万俘虏。这些俘虏被带回了亚述首都尼尼微后，作为奴隶投入建造运河、灌溉田地的苦役。

靠军事征服而不靠凝聚人心造就的庞大帝国，往往都不能长久维持。亚述在靠武力走向扩张的鼎盛期时，就种下了衰败的种子。同众多的被征服地区的人口相比，亚述人只居于少数，残暴的征服政策造就了仇恨和不断的起义反抗，这迫使亚述帝国只能分兵驻守各地，军事力量分散，原来的军制也受到破坏。亚述只讲暴力不讲仁德的习性，也必然影响到上层，王室和贵族为了争夺权力和战利品，在征服埃及和巴比伦后便出现了尖锐矛盾，后来发展成一系列相互残杀的流血内讧。

在内乱不已的情况下，亚述王室只好任用一些非本族人组成的部队驻守边远地区。公元前 626 年，派驻巴比伦的将领率兵反对亚述，并建立了新巴比伦王国。周边的一些民族也纷纷响应，亚述王国顾此失彼，无法镇压。公元前 612 年，亚述帝国首都尼尼微被新巴比伦的军队攻陷，亚述最后一个君主萨丹纳帕路斯让卫队杀了心爱的马匹、姬妾以及仆人后，接着自杀而亡，这个以武力称雄的帝国就此灭亡。后人对亚述往往只充满咒骂，只是研究战争史的人还称道其首创骑兵等军事成就。

有的史学家推断，亚述的骑兵技术和一些军事制度通过中亚传到欧洲和东亚，不但古希腊人从中受益，匈奴等游牧民族也是从那里学到骑术，再传到华夏地区。此说法虽不一定准确，亚述在古代战史上写下的新篇章却是始终留于史册。

亚述灭亡后，本土的埃及人曾经试图恢复王朝，古埃及辉煌的文明时代却已经一去不复返。当地的民风柔弱和军力衰落，使其在公元前 6 世纪之后又受波斯人统治，接着被希腊的亚历山大大帝征服，后来罗马人又控制了当地。那位埃及出身的女王克娄奥巴特拉（有名的"埃及艳后"）靠色诱恺撒、安东尼这两位罗马统帅以图保存国家，最终却还难免成为一个行省的命运。640 年，埃及被阿拉伯人占领，随之开始阿拉伯化，其传统文化消失，民族血统被同化，到近代已经完全是一个阿拉伯国家。那个有着修筑金字塔辉煌的古埃及，只存在于后人考古的鉴赏之中，从历史传承性来看已是亡国灭种。

将亚述同埃及对比，可看出在保留着弱肉强食法则的古代社会，丧失尚武精神的民族国家定会衰亡，穷兵黩武的国家虽有一时的军事辉煌却也绝不可能持久。埃及留下的教训，既有为保持原有农耕地而专守防御的悲歌（中国古代修长城也体现专守防御的特点），还有修陵墓、建神庙这种劳民伤财之举的灾祸。

对国家而言，长城毕竟还是有用的，金字塔却是无用的，甚至是有害的。

## 何以速胜——武王伐纣

世界古代的西方历史发源于"两河流域"，再辐射到地中海沿岸的希腊等地。印度上古时期被人称为"有悠久历史却没有历史记载的古国"，关于那段历史的记载，已经湮灭，不可考证，而东方历史则世代相传，以发源于黄河流域的华夏文明为开端。

《萨丹纳帕路斯之死》法国著名画家德拉克洛瓦的作品，创作于1827年。描述了亚述帝国末代君主萨丹纳帕路斯因专横残暴，众叛亲离。他行将败亡前命令卫队屠杀嫔妃、仆人和马匹等，自己以冷峻的目光旁观。

**脱胎换骨** ON THE REFORM OF
纵横古今谈军改 ARMED FORCES

### 中国第一女战神

回溯中国历史，大约4000年前建立的夏朝至今还没有发现文字记录，从殷墟遗址出土的甲骨文，证实了商朝的存在，提供了最早的上古兴衰史。无论是传说中的夏朝，还是有甲骨文记载的商朝，都是奴隶制国家。大禹领导黄河沿岸的部落治水成功后，被推举为头领，禹的儿子启世袭了王位，形成了最早的王国"夏朝"。不过严格而论，夏商时期国家形态还不完善，国王仅相当于一个部落联盟的头领。

据夏商周历史断代工程研究发现，商朝的开国之君是汤，大约在公元前1675年灭亡了夏国，被尊为共主。不过当时经济水平十分落后，交通也不便，国王无力对外围部落和小方国直接进行统治，只好采取让其臣服纳贡或者以武力征服的方式维护统治。这些行动都需要用武力完成，因而夏朝时就建立了中国古代史上最早的军队。

从商代甲骨文记载中可以看出，国王在一般情况下充当军队统帅的角色，大臣们不分文武，平时理政战时统兵。那时的常备军主要是国王的卫队，大都由贵族和上层平民子弟组成。平民中的男性青壮年亦兵亦农，即战时当兵，平时务农。商朝的军队基本都是步兵，虽然出土过少量马车，并未广泛使用。

商朝的武力在商高宗武丁时代最盛，武丁通过一连串战争将商朝的版图扩大了数倍，而为武丁带兵东征西讨的大将就是他的王后妇好。1976年在河南安阳殷墟考古发掘时，发现了一座"妇好"

上古时代，华夏地区的武士徒步作战的画面。

020

墓,是公元前12世纪商王武丁的妻子的陵墓。从墓中的发现和甲骨文记载中,可以大致看出商代的军事情况。妇好可能是一个部落或同商关系友好的小邦的公主,嫁过来后深受宠爱,而且这个王后还有封地和自己的3000人卫队,人称她可算作中国历史上的第一个女将军。在一次出征中,武丁让妇好统率出征兵力达1.3万人,约占商朝全部军队的一半略多。那时作战和大规模械斗差不多,妇好虽然贵为主将,恐怕也要上阵作战,从出土文物看,妇好在战场上使用一把重9公斤的青铜大斧,可见这个女人身体强健,武艺超群,力大过人,在妇好之后的中国女将,就再也没有使用大斧的了。这也说明了商代军队已主要使用青铜武器。装备这种初级金属兵器的军队,同周围使用石斧、木棒的原始部落或方国已有"代差",因而绝大多数出征都能获胜。

商朝是一个典型的奴隶制国家,平民因为经常服兵役,农业和手工业劳作主要靠奴隶,而奴隶的来源除了靠原有奴隶繁衍就是靠抓捕外族俘虏,因

殷墟(今安阳)的商朝女统帅妇好墓,当时她一次就能统兵1万多人出征。

而需要不断对外征战。据殷墟出土甲骨文记载，商朝灭亡前的几十年间还曾上百次征伐其他部落。商人又非常迷信，每逢出征必要占卜，而且要举行盛大的仪式求神灵保佑。直到商朝灭亡前夕，纣王（帝辛）还在率军出征，而且此人按《史记》记载是"资辩捷疾，闻见甚敏；材力过人，手格猛兽"，可见是一位亲自上阵的勇猛统帅。

商朝拥有这样一位能征善战的君王，为何在公元前1046年突然国覆君亡了呢？古书上一般称纣王荒淫无道，如宠妖妃妲己、剜忠臣之心、设炮烙、"以酒为池，悬肉为林"……在小说《封神榜》中，更把商纣写成有史以来头号暴虐魔王。其实，"女祸亡国论"本是后世封建文人为昏君开脱的谬论，鲁迅一针见血地概括了几千年古代史都是"吃人"史，君主淫乱残暴者各朝各代俯拾皆是，为何商纣王却偏偏国灭身亡呢？

商纣王妖魔化记述流传了三千多年，古史专家郭沫若为此专门进行考证，并为其做过翻案文章，认为"后人是深中了周人宣传的毒"。郭沫若说："商纣王经营东南，把东夷和中原统一巩固起来，在历史上是有功的。"他的英雄末路"有点像后来的楚霸王"。1958年11月，毛泽东在阅读《苏联社会主义经济问题》后的谈话中表示同意郭沫若的考证，认为纣王是个很有本事、能文能武的人。他又认为，纣王伐徐州之夷，打了胜仗，但损失很大，俘虏太多，消化不了，周武王乘虚进攻，大批俘虏倒戈，结果商朝亡了国。

其实"纣王"并不是正式的帝号，是后人硬加在他头上的恶谥，意思是"残又损善"。再莫名其妙的人，也不会如此不堪地往自己的脸上抹灰吧！他正确的名称应该是商代的第三十二位帝王子辛，也叫"帝辛"；如果抛开周朝为显示伐纣正义性而做的歪曲宣传和后世文学想象，以科学研究和考古成果为准绳，应该肯定纣王开拓山东、淮河下游和长江流域的功绩。商朝疆域的扩展，促进了中原先进文明的传播，有助于华夏大地的生产力发展。

## 牧野之虎贲大战，商朝一战而亡

谁也没有想到，就在帝辛带领军队四处征战，忙着开拓疆土时，维持 500 年的商朝即将走到终点。公元前 1046 年周武王联合一些早怀二心的诸侯在黄河边的孟津（今洛阳附近）会盟，突然发起"武王伐纣"之战。此时周军联合诸侯武装 4.5 万人（这个记载数字也可能有所夸大），其主力是"虎贲三千"，即驾着马拉战车的部队。此时商军有战车的主力在东部征战未归，参战的主要是守卫首都朝歌的步兵，临时又补充了大批来自东夷的奴隶。两军在河南北部的牧野遭遇。

这些过去的战俘自然不愿为仇家卖命打仗，纣王又缺少嫡系骨干监押，结果出现战场倒戈。商军的步兵又挡不住战车的冲击，经过一番"血流漂杵"的厮杀后全军崩溃，周军乘势杀入朝歌，心高气傲的纣王自焚。他的儿子武庚一时被迫臣服周武王，有 500 年国祚的殷商就此覆亡于突然事变。《诗经》对这场战争也曾有过记录，"牧野洋洋，檀车煌煌，驷騵彭彭"。这一仗是

著名画家侯震所绘的这幅表现周武王召集孟津大会的油画，可看出其组织伐纣的军中有许多战车。

中国历史上有记载的第一场车战。

商朝在首都附近的牧野一战而亡，而此前双方并无边境交锋，现代人恐怕会感到奇怪，商朝为何灭亡得如此迅速。若仔细研究历史，从当时的地理环境可以发现，夏、商时期地广人稀、部落林立，统治者还没有"面"的疆土意识，只有"点"的概念。商王朝以首都为统治中心，以向周围部落联盟不断征伐的方式巩固统治和扩大贡赋区。纣王因自恃强大，一直未认真考虑国都设防，将安全单纯地寄托于攻势之上。

在冷兵器时代，筑城是最主要的防御措施，里面有一定守兵和充足粮食，便可坚守待援甚至能拖垮攻城者。河南二里头遗址的考古发掘证实，夏代都城就修筑过用于防御的城墙。商后期在殷墟（今安阳）建都270余年，临近灭亡才迁都到附近的朝歌。然而，殷墟遗址考古发现，商代都城殷墟城区面积达24平方公里，设有宫殿宗庙、洹北商城、手工作坊等，却没有修筑城墙，只有一条与洹水相连的壕沟。朝歌同样没有城墙，一旦在野战中失败，国都即危，即使从远方调兵也缓不应急。

纣王东征南讨连战连捷，获得大量奴隶和财物，位于周原（今陕西宝鸡）一带的周文王又装出一副谦恭模样纳贡，这使他几乎没有忧患意识，征战回来便享受淫乐。商朝人又迷信占卜，出土的甲骨文内容很多是问神鬼讨凶吉，这使当权者不能理智地看待局势。武王伐纣的成功，有效地利用了对手长期总体性用兵方略的失误，掌握有利时机，以弱袭强一举成功。从战术角度看，这也显示了在平原地区的作战中，车兵对步兵具有很强的优势。

## 烽火戏诸侯的亡国之路

"殷鉴不远，在夏后之世"。中国古代兵学，正是在一次次战争的感性知识积累中逐渐发展起来。西周灭商之后以前朝为戒，一方面继续征伐不听命的部落、方国，一方面在各统治中心修筑坚城，进攻与防御兼备的思想就

第一章 军队从步兵到车兵、骑兵

周朝军队使用战车作战的画面，这种战法对徒步的对手有明显优势。

此树立起来，在某些意义上这也是中国古代军事思想的一次大变革。

周朝分为西周和东周两代，西周以镐京（今西安）为首都、以成周（今洛阳）为陪都统治254年。此时的国家机构仍不完备，国王仅直辖都城及其附近，诸侯各管其属地履行贡赋义务。据记载，当时中原常常行百里还只见一片荒野，生产力水平低下使剩余产品很有限，朝廷无法养活大量脱产常备军，只能实行兵农合一。西周诸王平时只保留宫廷卫队，也称为禁军，其他应服役的自由民仍要参加生产，遇战事或"秋狩"即农耕季节结束才编入军队操练或出征。西周服兵役的人均是平民，奴隶只能在监管下服苦役。如商朝灭亡后被俘的殷人就被周朝称为"顽民"，被看押着做筑城修路一类劳作，有不服从者便严惩。

西周出土的周鼎金文记载，周军最大建制为"师"，辖2500士兵、100辆战车。西周鼎盛时有22个师，平时却多是空额。自周成王后几任君主，农闲时都亲自集合军队出征，或讨伐不及时进贡的诸侯，或显示兵威。史籍还称，周穆王曾乘八骏马（八匹马拉的车）从镐京西行万里，直至西王母之邦瑶池（有人考证是新疆天池）。按一些现代人的观点，周穆王恐怕算得上

是长途自驾游的先驱。

在西周多数地区的生活还保留在蛮荒的时代，驾车远征并非旅游而是艰苦的磨炼。周穆王西巡时，没有后勤支援，沿途地广人稀，吃食主要靠卫队狩猎。国君能率队靠捕杀野兽进行远征，足以说明自身保持着尚武精神，这对臣属也是一种激励。此次周穆王所率车队西巡能行驶这么远，可以看出西周养马业、木工和制革水平也很高，在保障战车长途行军的同时还是打仗的主力。

周厉王当政时，为了垄断资源，采取了"专利"和"弭谤"的经济政策，宣布山林川泽为国有，不许百姓渔猎，对发怨言者格杀勿论，这一恶政破坏了寓兵于民的动员机制。公元前841年，生计无着的都城四郊国人自发地集结起来，手持木棍、农具做武器，从四面八方扑向都城的王宫，历史上称这次事件为"国人暴动"，是中国历史上首次有记录的平民暴动。此刻，周厉王身边只有少数卫队，想临时召集的兵士，恰恰又是这些暴动之民，自然无法镇压。厉王狼狈出逃，只在历史上留下两个知名成语——"道路以目""防民之口甚于防川"。

这场中国历史上首次有记载的平民暴动即"国人暴动"后，西周的自由民便不大听从王室征兵的动员，而国家规定奴隶不能当兵，此时周朝的常备军就很难征集。古代王朝承平日久，必然滋生享乐之风，作为奴隶制国家的西周又基本实行"世卿世禄"，指挥官由贵族世袭，这种体制的实行使得后世儿孙养尊处优，丢弃尚武精神。自厉王起几代周王长住深宫不再出征，派贵族统兵征伐分散弱小的周边部落，还能凭借军队数量和战车优势勉强取胜，而对付擅长机动的北方游牧民族就接连失利。

周室的常备军衰落后，主要靠周边诸侯指挥私兵来防御外敌，为此要求各诸侯国建立一套应急动员制度，看到烟火警报马上来援。周朝在镐京外围建立连绵相望的烽火台网，发现入侵者，白天放烟，夜间纵火，称得上历史上最早的预警系统。

然而，在君主和长官意志起决定作用的条件下，纵然有好的制度也会任

## 第一章 军队从步兵到车兵、骑兵

由昏人所废。西周最后一个君主幽王在位十年，昏庸无道，为求得宠姬褒姒一笑不惜"烽火戏诸侯"，平时发警报取乐玩耍，失信于诸侯。周幽王为进一步讨褒姒欢心，又枉顾老祖宗的规矩，废黜王后申氏和太子宜臼，册封褒姒为后，立褒姒生的儿子伯服为太子。公元前 771 年，废太子宜臼借外祖父申侯之兵，并联合西北犬戎的军队进攻镐京。此时，周室已没有多少常备军可动员，烽火发出的警报被各诸侯国视为如同"狼来了"的游戏，不肯救援。几天后，都城便被游牧部落攻破，周幽王逃跑时遇追兵，一刀毙命，美人褒姒被掳去献给犬戎王，繁华的镐京被焚掠成一片废墟。

公元前 770 年，原来的太子姬宜臼为天子，史称周平王。周平王勾结外族，从父亲手中夺回君位，原有统治中心镐京已经残破得无法居住，被迫东迁成周（今洛阳）。周王室直辖区从此大大缩小，诸侯势力超过王权，历史进入了东周阶段也称春秋时期。被尊为天下共主的西周灭亡，重要原因在于君王为一己私欲随意乱制，作为其代表的厉王、幽王也被史学家骂作古代昏君的

《平王东迁》我国著名画家侯震的作品，从中可看出东周之始的王室主要交通工具和作战工具仍是马拉的车。

典型，"名之曰'幽厉'，虽孝子慈孙，百世不能改也"。

若从军事角度进行深层次分析，西周的灭亡，也是厉王、幽王这两个君王的昏暴之政造成了军队动员体制的废弛，对军制不适时进行有效的改革，任其衰败，这也正是丧身亡国之道。

## 春秋战国"无义战"，华夏大地起骑兵

公元前770年周平王迁都成周（今洛阳）后，中国进入了东周阶段，也就是开始了长达570年的春秋战国时代。东周列国时期，其实分为春秋、战国这两个时期，各有200多年历史。春秋时期华夏大地战事频繁，征伐的目的大都是争霸掠夺，因而人称"春秋无义战"。

### "无义战"打出的尚武精神

若仔细考察，春秋战国时代是一个社会发生天翻地覆大变革的岁月，小国林立演进到大国争霸，频繁的宫廷政变、父子相残，奠定了君主集权体制。木犁换铁犁，新兴地主取代了奴隶主……中国社会正是在此时由奴隶制进入了封建制，人口由几百万发展到2000余万，常备军也由奴隶主武装发展为平民为主体的部队。

在春秋时期，士大夫和全体"国人"（自由民）有尚武的传统，儒家也不例外。后世往往将鲁国代理宰相的儒家代表孔丘所创的"儒"家学派视为柔弱之术，认为那位"孔老夫子"只是以文见长。若仔细考证却会发现孔子不仅是习武、讲兵之人，还是有百步穿杨本领的射箭高手。

《孔子本纪》中不仅记载了这位教育家身强善射，其教育体系中"六艺"顺序是"礼、乐、射、御、书、数"，孔子将冷兵器时最重要的单兵训练课目射、御放在第三位和第四位。这种文武不偏的教育思想，使得当时朝堂内外的贵

族们都参与到军事中,这也是中华民族尚武传统的早期精神源泉之一。

读《左传》《国语》,可看到贵族及其子弟都以从军为义务、当兵为荣耀,士族阶层从小要受军训,交战时,即使国君也会亲自领兵到作战一线。春秋头强晋国的惠公在战场上当过俘虏,鄢陵大战时楚王临阵督战被敌箭射瞎了一只眼睛,这同封建社会中后期只知"龙驭深宫"、足不出京的多数帝王有着天壤之别!

战争固然会造成破坏和死亡,但是在一定时期也是社会发展的动力。春秋时期,除奴隶外的青壮年男性基本上都是耕战合一,全民皆兵,这一方面说明国家统治机构还比较简单,一方面也是因战事频繁,全社会都把"兵者"当成"国之大事"。有人想象这几百年应该是水深火热、暗无天日的悲惨图景,其实这正是中国古代史上大进步的黄金时代。战国后期的人口较春秋之初至少增长了几倍,农耕水平也大大提高,估计楚、秦、齐这几个大国的人口都有数百万之多,魏、赵两国的人口也能达到200万。奴隶制的瓦解,生产力的提高,自耕农比例大增,可以服兵役的人也大为增加。

看一下春秋战国时期各诸侯国战场对阵的时间,可以发现那个时期军事基础的变化。春秋时期,两国交战,因为没有稳定的后勤供应,无法坚持长期打下去,多是一次对阵,当日便定胜负。晋国与楚国争夺中原霸权的决定性较量——城濮之战,是春秋时的重要战事之一,投入的兵力也只有2.7万人,决战时间也只有一天。

到了战国后期,各国间的大战通常要动用几十万人,持续数年之久。例如秦国同赵国的长平之战,双方都动用主力军进行了两年对峙。最后赵国因经济实力不行,熬不过对手,赵王又把主张持久战的主将廉颇换为"纸上谈兵"的赵括,导致赵军主力盲目求战而被歼。《史记》记载,秦军战后"坑"(活埋)赵国降卒40万人,显然是夸大数字。从经济、军事和后勤角度看,虽然当年的赵国不可能维持这么庞大的军队,但秦赵两国投入长平之战的兵力均以十万计。

笔者到山西高平的长平之战展馆看当年秦军"坑赵卒"尸骨挖掘坑。可看出尸体多残缺且有刀箭痕，应属先杀后埋，数量也没有《史记》所说那样惊人。

### 决定战国命运的长平之战

长平之战作为战国时期最著名的战例被后人所知。常有人痛批赵王用人不当，赵括"纸上谈兵"，但实际上决定此战胜负的关键是秦赵两国的军事动员能力。

秦军远征上党，赵军依靠天险以逸待劳，本应有主场作战的优势，但秦国能发动大量劳力疏通渠道开辟水路运输，而守天险的赵军后勤供应只能走狭窄的险道，反而在供应上处于劣势。上党地势虽然利于赵军防守，但是由于地形狭窄，其战国最精锐的骑兵不利于施展。当廉颇加固城墙主张防守，秦军重步兵站稳脚跟后，赵军骑兵便再无可乘之机。等于在错过了最佳求战机会的同时，也丢掉了己方的骑兵优势落入了秦军最擅长的阵地战。

自三家分晋之后，中原便没有国力能与秦国抗衡的国家。廉颇死守战法的初衷是寄希望于韩魏可以先出兵攻秦牵扯，自己便可率军大破秦军。然而虽然魏赵韩三家此时是同盟，但毕竟各为其主，连军力最强的赵国都避而不战，又怎能期待早已分家的友军牺牲自己的利益率先进攻！

秦国有着全战国最厚实的国力，而赵国军力虽强国力却不强，加上供应困难，长期前线大量驻军，久而久之必然国困人乏，赵王用赵括更换廉颇求战也是无奈之举。当赵军被围，秦国强大的动员能力再次成为决定战局的关键性筹码。秦国发动国内所有15岁以上男性参军，集结十余万人由

第一章 军队从步兵到车兵、骑兵

太行道北上截断了赵军的后援,而被围的赵军却无法从外部组织起有效的反包围攻势,只能让被围将士接受被活埋的悲惨命运。

在春秋时期小国寡民的情况下,交战规模不会大,哪一国也无法进行统一战争。战国时华夏大地最后归于一统,除了经济实力的发展外,在某种意义上也是各国尚武精神的竞赛。在徒有天下共主虚名的周天子时期,诸侯国割据各自为政且杀伐不休,想结束这种阻碍社会进步的裂土局面,除了靠文化和经济交融外,还必须以武力兼并。当年的国君和士大夫大都亲自上阵,自然不能沉溺深宫享乐,很大程度上也限制了奢靡腐朽之风,统治者蓬勃朝气,能够大胆地实行变法。中国历史上兵学的瑰宝《孙子兵法》,正是在这种氛围中诞生并放射出千年光彩。

《国殇》著名画家王可伟作品,表现了春秋末期和战国初期,交战各国都以车战为主。

## "胡服骑射"与"暧昧"联盟间的对抗

春秋战国时期，频繁的战争需求，也推动了军事改革。春秋时期和战国前期，衡量各国的军事实力主要看战车数量，"千乘之国"才算是强国，马拉战车才是军队主力，步兵作为辅助兵力。那些战车少的弱国想生存就要向强国纳贡或充当附庸，还要担心随时可能被强国吞并。史籍中记载的春秋时期几次大规模战争，参战国都是以战车决定胜负。不过在战争实践中人们也看出，战车的冲击力和速度超过步兵，却因道路所限难入山地丘陵，呆板的车战、步战使军事机器运动迟缓。

公元前4世纪末期，地处胡人和华夏民族交汇处的北方赵国，最早实行战术变革。赵国位于今河北中南部、山西北部，定都邯郸，虽以农耕为主，却频繁接触游牧民族习俗，了解其军事优长。当时的匈奴人已经能够骑马拉弓射箭，内地人却因未能解决鞍具而无法驾驭马，只能用来拉车或耕地。15岁的赵雍继位时，军队与其他列国一样仍由车兵、步兵构成，面对"来如飞鸟，去如绝弦"的胡骑袭扰难以招架。这位史称武灵王的国君决定学习匈奴人的长处，让本国精锐全部弃车乘马。赵国工匠模仿缴获的胡马鞍具打造了马鞍，

匈奴骑兵的形象，当时还没有马镫，主要以弓箭和短剑为武器，赵武灵王正以此为榜样建立骑兵。

第一章 军队从步兵到车兵、骑兵

仿制了马缰绳，终于使马匹可以用于骑乘作战。

有了马这一活兵器，赵武灵王又选择靠近河套的草原训练骑兵，从而建立起华夏民族最早的一支骑兵，改变了延续几百年的军制，实现了由车战向骑战的转变。骑兵同车兵、步兵相比，具有速度、越野和攻击力的绝对优势，当时军队实行骑兵化的重要意义，相当于现代战争史上陆军由徒步跃升为机械化。

《劲风》著名画家王可伟作品，表现了华夏骑兵的雄姿。

为有效建立骑兵，军人装束也要改变。在春秋至战国前期，华夏传统服装是长袍宽袖，不便于骑马射箭。为此，公元前307年赵武灵王下达易服令，让男人改穿胡人的紧袖短衣和长裤。这种全国性移风易俗的改革，对重服饰礼仪的传统观念形成了重大冲击，众多臣属惊呼这是"变古之教，易古之道，逆人之心"。赵武灵王却从作战需要出发，反对法古不变，向中原士大夫看不起的胡人学习，以强有力的行政命令推广服饰改革。他还亲自练骑马弯弓并露宿草原，聘请擅长骑射的胡人充当教练，推广养马、制革技术，开设兽医、筹办草料等完整配套的制度。很快培训出1万名组织精良且射术高超的骑兵，其他列国的步、车兵和北方零散部落在其狂飙般的攻击下一时均非对手。

战国七雄中，赵国开军事变革潮流之先。经过短短十几年，赵国便由一个小小中山国都敢侵犯的弱邦，崛起为唯一能够同秦相抗衡的强国。赵军灭中山国后，又南抑魏齐，北逐三胡，开疆千里，还占领了今陕北一带，对秦

都咸阳构成直接威胁。有一次,赵武灵王化装为本国使节的陪同亲身进入秦国,以觐见为名入咸阳宫观察对手的内情,秦廷在其返国后得知此事惊恐不已。幸好,当时的秦国是由精明的宣太后(出身楚国王族的"芈月")支撑着秦昭襄王执政,国势处在兴盛期,还能抵御赵国的威胁。

赵武灵王一心统军,开疆扩土,便将王位传给幼子,自称"主父"(相当于后来的太上皇)。这种将政权与军权相分离的首创之举,带来的是灾难性后果。封建王权不容分割的特点,导致这位对外征战所向披靡的一代英主,陷入争夺最高权力时你死我活的旋涡。公元前295年,赵武灵王在父子兄弟相残的宫廷政变中,被困沙丘宫(今河北邢台,秦始皇后来也死于此处)活活饿死。对这一悲剧性结局,梁启超曾带着叹息设想道:"使主父而永其年,则一统之业,其将不在秦而在赵。"

赵国新建骑兵,在战争实践的检验中,显示出巨大的优越性,这也刺激了其他列国开始发展这种全新兵种,马拉战车就此退出战场,改为运输之用,中国军事史进入了骑兵起决定作用的新时代。

统一华夏的战争中,"秦之畏害天下者莫如赵",秦国曾持续四十年攻赵,使得秦国拥有如此经济、军事实力,一个女人在其中起了重要作用。看过《芈月传》的人都知道秦宣太后芈月和义渠君之间的那些事儿,他们之间并非单纯的情爱,而是重要的军事战略的结盟。义渠,地处今甘肃庆阳西南,春秋战国时期,建立了强大的郡国,与秦、魏抗衡,并曾参与中原纵横争夺之战,成为当时雄据一方的同源异族强国。芈月靠色诱义渠国君,将义渠范围内陇东和宁夏一带草原的劲马和骑士收归己用。秦国地大财丰,较赵国有很大的优势,马业和弓弩制造方面逐渐占了上风。在公元前262年至前260年的长平之战中,秦军骑兵终于胜过了赵国骑兵。

此后赵国的李牧利用河套地区的草场和马匹,继承了赵武灵王的事业,重振骑兵,使赵军仍然成为秦国统一大业的最大军事障碍。公元前229年,秦国使用反间计除掉了赵军骑兵统帅李牧,结果翌年便攻下邯郸俘虏幽穆王赵迁。赵国灭亡后,秦军东向再无对手,公元前 221 年完成了灭诸国、统一华夏江山这一壮举。

胡服骑射的实行,不仅使华夏民族建立起能够同匈奴相抗衡的骑兵,社会上也培养起剽悍骁勇的尚武风气。赵武灵王作为一个君主,虽然在宫廷斗争中成了悲惨的失败者,他的军事变革未能在赵国结出太大的硕果,却被秦

画家王可伟所绘的秦军骑兵形象。

国全面运用，被汉代发挥到了极致，最终创造出世界军事史上农耕民族以骑兵击败游牧民族的奇迹。后人称颂大汉雄风，吟诵"但使龙城飞将在，不教胡马度阴山"的诗句时，当不能忘记赵武灵王这位军事变革者的奠基之功。

"骑射胡服思雄才"，这是郭沫若当年游邯郸丛台时追念赵武灵王的诗句。近代史学家梁启超曾评价说："七雄中实行军国主义者，惟秦与赵。……商鞅者，秦之俾斯麦；而武灵王者，赵之大彼得也。"他甚至把赵武灵王盛赞为"黄帝之后第一伟人"。

纵观"秦王扫六合，虎视何雄哉"的过程，所拥有的军事技术优势一是强弩，二是骑兵，后者恰恰学自赵武灵王。从此，中国古代陆战的主力历经步兵时代、车兵时代之后，发展到骑兵起决定作用的阶段，古代战争的样式从此发生了根本性的变化。

画家王可伟所绘的秦军步兵形象，此时还跟随战车作战。

赵武灵王塑像

# 第二章
# 兵役改革创建的帝国

细读历史可以发现，上古时代的战争大都是"高层交锋"。在希腊神话中，有特洛伊战争（现在考古证实确有其历史原型）双方著名武士"单挑"式的拼杀。在华夏大地上，也有春秋时期的列国交战，国君、贵族亲临前线，以骑士风度比武决胜负。进入奴隶社会后期和封建时代，国家战争从"高层交锋"演变成"全民参战"。从古希腊城邦兴盛至罗马军团建成，战场上出现了壮观的大兵团交锋。中国自战国后期起，交战双方也是由数以万计、十万计的军阵厮杀来决定胜负的。后方有劳动能力的人，甚至包括妇女在内都要为支援战争服劳役。人类战争形态出现这种变化，除了经济水平提升和人口增加外，重要的一点就是兵役制度有了根本性改变。

## 希腊"公民军队"打败波斯"多族杂烩兵"

现代人大都知道"马拉松"一词，也知道"奥林匹克"运动会，这些都起源于古希腊同波斯的战争。近现代西方文明的精神源泉，主要来自爱琴海边上的古希腊文明，它的军事制度也成了西方职业军队最早的楷模。

### 公民要当兵打仗，奴隶为其当仆役

古希腊的文明可以追溯到三千多年前，发祥于克里特岛，后来文明中心移至希腊半岛，出现迈锡尼文明。不过在公元前1100年左右，被外族入侵所湮灭，只留下《荷马史诗》这样的神话传说。公元前800年左右，地中海东部的爱琴海周围的岛屿和希腊半岛附近出现了成型的城邦。公元前776年，在奥林匹亚运动场进行的第一次奥林匹克运动会，标志着古希腊文明进入到兴盛阶段。这一文明持续了650年，直至公元前146年罗马大军吞并了这个古国为止。

古希腊由众多城邦组成，其中最重要的城市雅典实行奴隶主共和制，斯巴达实行的是君主制。雅典是西方民主的发源地，"民主"一词即"Democracy（原来汉译为"德谟克拉西"）"，起源就是"德谟"，属雅典的一个区，这个区议会里面的决定都是由贵族代表们讨论制定的。

古希腊公民制和民主制的社会基础是将私人财产、公民权利和保卫国家的义务相联系，被后来的西方人所推崇称颂，认为它为近现代的西方社会民主共

希腊著名哲学家柏拉图强调，那时战争全凭肉搏，因此每个士兵都得锻炼好身体，愈强壮愈矫健愈好。奥林匹克运动会也是为锻炼身体而设。

和的制度模式播下了种子。不过从严格意义上讲，希腊公民制是社会上少数人的"民主"和"权利"。据史料记载，公元前5世纪，雅典城内有2万自由民，加上周围城市和农村自由民约15万人，这里面包括了前来经商的2万多的异邦人，而奴隶总数却有40万之多。在雅典的自由民中，妇女也没有权利，只有少数贵族和自由民有参政议政的权利，占人口多数的奴隶只是像牲口一样被奴役或贩卖。古希腊的民主是建立在压迫占人口多数的奴隶的基础之上的，雅典灿烂的文明之下是受奴役者的累累白骨！当然，这种贵族民主制度，比君主寡头专制还是有着优越性，也算是当年人类进步的一种表现。

古希腊的各城邦，公民有义务服兵役，各城邦几乎都实行公民兵制度，全体公民大会是城邦最重要的权力机关，城邦公民既是生产者又是军人。兵力不足时，也会招募一些外族的雇佣兵。古希腊各派军队行动时还要征用奴隶，陆战时他们的任务是为主人背粮食、扛武器，伺候其起居，海战时则被铁链拴着在舰船上充当划桨的苦役。不过，到了打仗时，不论陆地上的冲锋陷阵还是海战时的拼死搏杀，还都靠公民士兵。

这种"公民兵"制度的优点，是让每个公民士兵把个人利益同政权的兴衰联系在一起，保卫城邦也就能保住自己的家园，打胜仗后还能分到缴获的财物和奴隶，这种制度在很大程度上激发了古希腊军队斗志。

公元前5世纪末，古希腊在地中海东部地区的发展已颇具规模。与此同时，它的主要敌人，在西亚兴起的波斯帝国也征服了叙利亚、巴勒斯坦、埃及、马其顿等广大地区。当时，波斯帝国的疆域西至埃及、东括印度、南达波斯湾和阿拉伯半岛，北到里海及黑海一带，公元前6世纪时已成为世界上版图最大的帝国，地跨亚欧非三大洲。能取得如此辉煌的成绩和波斯帝国国王大流士在政治、军事上的改革是分不开的。大流士政治改革的内容包括：采取分权制，将其国土划分为20个郡（也有译为省），各郡每年向中央缴纳一定的贡赋，并在打仗时提供兵员。各郡有自己的自治权，保留各自的语言、货币和度量衡，风格各异的众多文明第一次联合在同一个国家、同一个君主的统治之下，大大加深了相互的交流和渗透。但是，这样的帝国实际上只是一个松散的联盟，表面的稳定下面蕴藏着时刻会爆发的危机。

波斯进行的军事改革，在古代确有许多创新。大流士为了进一步巩固波斯人的统治以及自己的专制政权，而采取了一系列改革措施，将全国划分为五个大军区，严格规定每郡驻防军的规模；国王是最高军事统帅，军队由波斯贵族领导，在腓尼基人的协助下建立海军。每个军区下辖若干郡军区，军事长官和总督互不相属以互相牵制。人类军区制度的起源，应该从古代波斯算起。

波斯军队由步兵、骑兵、战车兵、象兵、海军、工兵等组成，战时还可从各省和各部落征集相当庞大的军队。国王身边1.2万人的"不死队"（即损失一人补一人）是由精锐的上层武士组成的忠诚力量。因波斯的分权制和奴隶制社会结构，帝国时期这些部队分散在波斯各地，因此波斯军队主要由语言不通、风俗各异的多民族部队组成，战前临时集结，相互之间缺乏协调配合，战斗力也参差不齐，军队数量虽庞大却质量不高。而且各郡提供的部队的成分包含不少奴隶或受雇佣者，士气同希腊的公民军队自然有天壤之别，这在使用冷兵器面对面厮杀的年代更是决定胜负的关键因素。

德国哲学家黑格尔有句名言："主人为了尊严、自由而战，而奴隶却为了自己的口粮而妥协。"希腊的公民制军队在当年士气最高，是因为一个国家的主人翁才会愿意拿生命去捍卫自己的家园、自己的利益共同体。

至于当时被强行拉入军中充当仆从的奴隶，他们不仅一无所有，连自身都是主人的，怎么会自愿牺牲生命来保卫他人的东西？打起仗来，希腊军中的奴隶要严格监押才不会逃跑开小差，不临阵倒戈就算不错了！

**奥林匹克比赛为战争服务，斯巴达野蛮后来成纳粹楷模**

希腊小国寡邦的地理条件，经济落后，人口稀少，决定了平时没有财力供养多少常备军,除少数军官和军队骨干外,普通士兵基本都是战时临时征召,而且要自备武器、盔甲等装备,而全套装备价值不菲。

希腊军队最主要的兵种是重装步兵,重装步兵的基本武器是一支长 3 米的矛,外加一柄短剑做辅助兵器。最主要的防护装备是一面直径约 1 米的圆盾,通常挽在左前臂。圆盾是木制结构,呈凸镜形状,外表有一层青铜蒙皮。重装步兵头戴青铜头盔保护头部和双颊,上身穿戴整块打造的青铜胸甲,腰带上悬挂有貌似短裙的青铜片甲保护腹部,两腿穿着胫甲保护脚踝至膝盖的小腿正面。

大约在公元前 7 世纪,城邦开始成为希腊基本的社会组织形式。与此同时,希腊人的军事文化也开始从毫无章法的单打独斗,迅速转换成为有组织的集团战斗,希腊密集阵应运而生。希腊密集阵士兵肩并肩排列,通常有八行纵深,前四排士兵持矛水平向前,后排的长矛叠在前排长矛之上,而后四排则将矛竖立。方阵通常稳步前进到距离敌阵 150 米的距离,然后开始奔跑,逐渐加速,最后 50 米全力冲刺。希腊密集阵战术对士兵的身体素质和战术素养要求非常高,一个全副武装的步兵需要负重四十公斤,进行长距离的奔跑和高强度的冲刺。一个希腊方阵必须在任何情况下保持队形紧密,步调一致,这需要长时间的队列训练才能达到。这种战术思想源于希腊人以神话英雄为楷模的英雄主义情怀,以及将战场视为竞技场的观念,也使战争更加血腥残酷,更具有决定性。

强劲的冲击力是希腊密集阵进攻的诀窍。八行纵深的密集方阵长矛如林冲刺而来,接敌时动能惊人势不可当,防守一方前几排的步兵阵线往往会立刻崩溃,或被洞穿,或被践踏。密集阵前排每一个士兵身后都有 7 名士兵拼命向前推挤,整个方阵如同人肉坦克一样不可阻挡,敌军的阵形通常很快就会瓦解。现代科学家研究过,由于希腊重装步兵 40 公斤的负重和接敌前的高速奔跑,接敌以后 30 分钟以内体力就会耗尽,因此 30 分钟成为希腊密集阵的进攻极限。公元前 198 年,罗马军队就是通过有秩序地后退消耗希腊步兵

的体能，然后利用希腊密集阵因某些士兵力竭而出现的空隙突入肉搏，取得了胜利。

冷兵器时代的战争拼的是体力，在频繁的战争间隙期内，希腊公民们中体格合格的中青年都要参加体能锻炼，如当时奥林匹克运动中的竞赛项目赛跑、投标枪、掷重球都是军事体能培训的项目。

每逢召开奥林匹克运动会时，希腊城邦中相互征战的各方都会休战，让各自的运动员到竞技场上比赛。后来的人们依此解释，称这种体育运动象征着和平竞争，然而追溯其源头其实是为战争服务，只不过在那个弱肉强食的时代也属必然。

在希腊各城邦中，海上军力最强的是雅典，因为它的发达的船舶制造业且靠海上贸易进口缺少的物资。陆上军力最强的城邦，就是希腊最南端的斯巴达，据统计在波斯战争期间只有8000名公民，兵力最少却异常强悍，"斯巴达式的训练"后来又成为欧洲人形容操练野蛮严酷的代名词。

斯巴达是典型的奴隶制政权城邦，有公民权的本族少数人统治着几倍于己的奴隶阶层——希洛人，靠这些奴隶部落缴纳粮食养活自己。斯巴达成年人平时的主要精力不是生产，而是进行军事训练，整个城邦就是一部战争机器。

斯巴达重步兵是古代战争史上的一个传奇，它是第一支完全职业化的军队，每一个斯巴达男人都是战士，拥有顽强意志和严格的纪律性。

希腊的城邦全民皆兵，兵役是公民的神圣义务，斯巴达人从小就接受军事训练。据记载，斯巴达人的婴儿呱呱落地时，先要抱到长老那里检查，不健康就被抛到荒山野外。男孩子 7 岁前由双亲抚养，父母从小就注意培养他们不爱哭、不挑食、不吵闹、不怕黑暗、不怕孤独的习惯。7 岁以后的男孩被编入团队过集体的军事生活，练习跑步、掷铁饼、拳击、击剑和殴斗，对首领要绝对服从，每年在节日敬神时还都要被鞭挞一次，皮鞭落下时也不许求饶、不许喊叫。更残酷的是，斯巴达少年的教官常在孩子面前鞭打作为奴隶的希洛人，甚至带他们参加"克里普提"活动，即到野外埋伏袭击并杀掉强健的希洛人。

斯巴达男子年满 20 岁后正式成为军人，年轻士兵先派到一个堡垒守卫一年，然后加入预备役直到 49 岁，一旦战事爆发就上阵杀敌。49 岁至 60 岁称为老兵，只担任驻守要塞的任务，除非紧急情况不再参战，直至 60 岁时退伍却仍是预备军人。严格的兵役制度使军事训练成为斯巴达生活的一部分。

斯巴达女孩 7 岁后虽仍然留在家里，却不是整天织布做家务，而是从事体育锻炼，学习跑步、竞走、掷铁饼、搏斗等。斯巴达人认为只有身体强健的母亲才能生下刚强的战士，而且要求妇女不怕看到儿子在战场上负伤或死亡。一个典型的例子是母亲送儿子上战场时不是祝平安归来，而是给他一个盾牌说："要么拿着，要么躺在上面。"意思是说，要么拿着盾牌光荣胜利归来，要么光荣战死被别人用盾牌抬回来。

只崇尚武力的斯巴达人轻视文化教育，认为青少年只要求会写命令和便条就可以，对文学艺术、自然科学更不重视，因而他们没有一件精致的艺术品传到后世。这种靠蛮力维持的政权，虽能称雄一时却不可能维持长久，不过 300 年就在内战和奴隶起义中彻底衰败。

后来欧洲有民主、人道思想的人都谴责斯巴达的野蛮，希特勒却对其欣赏不已，纳粹在德国掌权后，马上模仿斯巴达式的训练方法，结果培养出大批的冷血杀手和只知黩武的官兵。

## 希腊对波斯以少胜多,夺取制海权是关键

公元前 494 年,已经地跨三大洲的波斯王大流士一世派兵首次进攻希腊,第一次希波战争爆发,希腊派到北方的军队同波斯军首战失败,国家形势危急。公元前 490 年,波斯军直接进攻雅典,却在决定性的马拉松之战中被打退,从此在世界体育史上留下了"马拉松"一词。

此次波斯军一路从北线绕道进攻雅典,乘舰船在距离雅典城邦 42 公里左右的马拉松海湾登陆,目的是把守城军队引出城来,然后,再上船前行。不过,1 万余人的雅典军队赶到马拉松的速度超出对方预想,其到达后立即进攻尚未登船的波斯军队的后卫,形成了一个"半渡击"。雅典士兵们被保卫家园的热情所鼓舞,迸发出超常勇气,奋起抗击波斯军队,而正准备登船的波斯军精神上出现混乱。波斯军先放箭拦截,他们射出的箭密如飞蝗一拨接一拨地落在高速奔跑的雅典方阵之上,如同雨打芭蕉一般在雅典步兵的盔甲和盾牌上纷纷弹开,根本射不穿步兵的盾牌。没等波斯人放出几轮弓箭,雅典步兵就已经冲到近前展开肉搏,在一片震耳欲聋的金属碰撞声中,两支军队搏杀到一起。没过多久,便将 1.5 万名惊慌的波斯军击溃,未被砍杀者纷纷上船逃走。据战场统计,希腊人毙敌 6700 人,自己只阵亡 192 人,不过总司令卡利民什也在战死之列,这说明他身先士卒冲在最前方。

公元前 490 年,希波战争中马拉松会战的画面。

雅典作为一个小邦迎战当时世界最大的帝国波斯时，城内的人包括军人家属自然都惴惴不安。马拉松海湾战斗结束后，希腊军马上派一名长跑健将费里皮德斯赶回雅典城报信，此人拼尽了全身力气跑回城，大呼了一声"我们胜利了"就气绝身亡。此后马拉松比赛的距离，也就定为这个长跑报信者的中途距离 42.195 公里。

一个民族的自信心一向都是打出来的，马拉松战役后使整个希腊动荡的局势得以稳定，人们收获了前所未有的自信，民族自豪感开始无比高涨。不过，波斯人所遭受的损失对庞大的军力而言并不重，他们在撤退时嚣张地喊出一个有名的口号——"我们一定会回来的！"

十年之后即公元前 480 年，大流士的儿子、新的波斯国王薛西斯果然率主力军来进攻希腊。据夸张的记载，出兵多达 500 多万人，据史学家估算实际兵力约 45 万，其中陆军 30 万、海军 15 万人，但在当时仍是一支空前庞大的军队。

波斯军来自 100 多个民族，语言有几十种，其中有穿着五光十色的长褂和鳞状护身甲，携带短剑长矛的波斯人、米底亚人，有手持亚麻盾牌和木棍的亚述人，有穿长袍的印度人，有穿豹皮或用红白颜色涂身的埃塞俄比亚人，还有帽盔上装饰牛耳并持短矛的高加索各族士兵。这支大军看上去像一次各族军队和军备的大展览，战象、马匹、毛驴、骆驼在行进中拥挤成一团。

此次征讨，波斯出动的战舰数量超过 1000 艘，远超过希腊舰队。不过波斯作为内陆国不太熟悉航海，出海后遇台风便沉船数百艘，这对跨海作战而言是最危险的，是不祥之兆。

庞大的波斯陆军通过船只搭成的浮桥，通过了如今土耳其海峡，进入了希腊北部。在那个多山的半岛上，波斯骑兵的优势发挥不出来，只好靠步兵打先锋，沿着有限的道路向前推进。波斯军前进到温泉关前，又遇到了斯巴达王李奥尼达亲自率领的 300 壮士为首的约 8000 人的希腊联军阻击，出现了后来扬名世界的一仗。

从作战地形来看,温泉关傍山靠海,地形极为险要,面对这样的地形,波斯军队的数量优势发挥不出来,只能在狭窄的山路上以前锋的少数步兵格斗,其轻型部队还不是希腊重步兵的对手,推进一时受阻。后来靠着内奸的引导,波斯最精锐的"不死队"绕到温泉关后,两面夹攻才夺取了山隘。在希腊其他城邦的军人后撤时,担负掩护的斯巴达人留下死守,鏖战竟日,全部战死。

表现斯巴达国王率 300 勇士坚守温泉关的油画。

这场并不算大的温泉关战斗,为希腊全军树立了榜样,鼓舞了整个民族的战斗意志,其精神力量之伟大远胜于具体关隘的得失,成为西方人宣传希腊人勇武精神的千年话题。2007 年美国好莱坞还拍摄了大片《斯巴达 300 勇士》,更是把希腊武士塑造成象征西方精神的英武之士,如今伊朗人的前辈波斯人在银屏上则被刻画成青面獠牙的邪恶群体,这真成了利用电影借古讽今的政治宣传!

温泉关一战以希腊联军失利告终后,波斯大军席卷中希腊各邦,攻占雅典,把全城付之一炬,倾泻愤怒而得意之时,却不知道等待他们的只是失败。希腊人放弃该城撤到南部,在民族存亡的关键时刻,雅典海军在萨拉米斯海战中绝地反击,歼灭了波斯海军主力,决定了希波战争的成败。

公元前 480 年秋,希腊和波斯的海军在萨拉米斯海湾展开决战。此地位于雅典西南,萨拉米斯岛和大陆之间形成的狭窄水域。虽然波斯舰只数量上占优势却发挥不出来,只能以前锋交战,损失后再以后卫替补。"海上民族"的希腊虽然只掌握 300 多艘战舰,但战术灵活,并采取了冲撞、弓箭压制和接舷战等"陆地民族"波斯人不熟悉的战法,连续粉碎了对手三拨进攻,击

第二章 兵役改革创建的帝国

毁了约 600 艘敌方战舰，击杀和溺毙了数万敌军，希腊仅仅损失 40 艘战舰。战斗结束后，在海边山坡上观战的波斯国王薛西斯，看到被冲到岸上的一堆堆己方战船残骸和大片尸体，惊愕之余只得下令马上撤军。

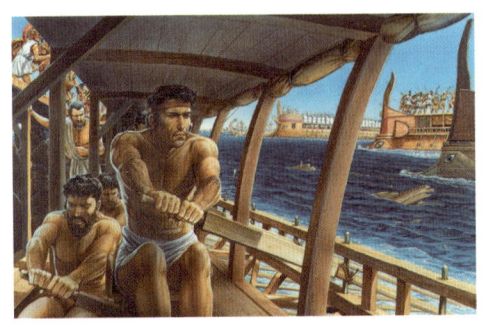

希波战争中萨拉米斯海战的情景，此战为希腊人赢得了一切，从此迈入了历史上的鼎盛时期。

薛西斯在拥有陆上绝对优势时做出这一决定，是因为他明白进入希腊这样一个多山的国家，没有海军运送补给就无法维持一支庞大军队的生活。不过他还是在希腊半岛北部留下了一支约 10 万人的陆军，保持军事压力并伺机再进攻。

波斯留下的军队，在数量上还较希腊方面占有优势，但士气已很低落。公元前 479 年，希腊联军进攻波斯驻军，陆军由斯巴达国王普萨尼亚斯率领，在决定性的战役——普拉提亚之战中击溃了对手。起初，波斯以骑兵优势迫

公元前 480 年，波斯国王薛西斯观看萨拉米斯海战。

使希腊人后撤，当双方进行近战和混战时，波斯统帅马多尼乌斯被杀，战场形势发生逆转。波斯军队是各个民族组成的乌合之众，指挥核心一旦受损，全军随即溃散，希腊人就此肃清了境内的波斯军。

至公元前449年，波斯同意缔结和约，希波战争正式结束，希腊的胜利不仅使希腊各邦得以继续发展，尤其使雅典达到空前的繁荣。希腊军队能打败貌似强大的波斯军队，除战斗灵活外，从军队体制看是公民兵役制度的胜利，同时也是海战技术占优势的成果。波斯人建陆军、海军只重数量不重质量，最终"多兵"仍不能胜"精兵"。希波战争，在世界历史上影响深远。此后，世界文明发展的格局便逐渐形成东西方并立共存之势，一直延续至今。

## 亚历山大大帝远征，造就空前大帝国

希波战争以后，希腊各邦得以继续发展，尤其使雅典达到空前的繁荣，成为希腊的霸主，其奴隶制下的上层民主制度也达到了黄金时代。外部威胁消除后，希腊半岛上另一个强大的城邦国斯巴达又想以其黩武的传统征服邻近邦国。公元前431年，斯巴达军队率先向雅典进攻，引发了伯罗奔尼撒战争，这一仗持续了10年。"螳螂捕蝉黄雀在后"，北面的马其顿出来收拾了希腊的残局。

## 亚历山大·马其顿20岁为王，希腊武士都拜在其麾下

伯罗奔尼撒战争刚爆发时，雅典陆军战斗力不如强悍的斯巴达人，海军却占绝对优势。雅典处于一个三面环海的半岛上，于是在狭窄的陆地防线上抵挡住斯巴达步兵，再以海军的机动性不断向斯巴达后方发起进攻。按这个打法，雅典肯定要占上风，然而第二年一场可怕的瘟疫在雅典城内蔓延开来，竟然有一半以上的居民和四分之一的士兵死亡，连雅典的领导人伯里克利也染病去世。

## 第二章 兵役改革创建的帝国

被西方尊为"医学之父"的古希腊著名医生、欧洲医学奠基人希波克拉底，主持了当时的救治，疫情得到了控制，不过雅典城因受到病魔折磨元气大伤，海军也难以有效出动。病菌不会区别对待，斯巴达人攻到雅典附近也有不少染上了瘟疫，战斗力大为降低，双方都已筋疲力尽无力再打下去，希腊文明的辉煌就此走向了衰落。当地一些武士，看到城邦已破败不堪，深感自己前途渺茫，竟然跑到波斯去当雇佣兵。据记载，公元前401年，波斯御弟、小亚细亚的总督居鲁士起兵反叛他的皇兄时，他的军队中就有1万多名希腊雇佣兵。过去为国荣誉而奋斗的武士，此时却成了"有奶便是娘"的职业杀手。

当希腊半岛出现精神堕落现象、公民权利已丧失时，世界古代战争史上，第一位堪称伟大统帅的人在此时诞生了，他是继波斯后，第二个开创了地跨欧、亚、非三大洲的伟大帝国的人。这个人就是公元前356年诞生于希腊半岛北部马其顿的王子亚历山大，史称亚历山大·马其顿。

亚历山大·马其顿算不算希腊人？有人以他的出生地不属于半岛范围而加以否定，却被希腊后来人和了解世界史的人普遍肯定。如果单纯按出生地、民族属性来定君主代表哪个国家，那么出生于科西嘉的拿破仑就不该算法国人，出生于奥地利的希特勒也不是德国人了！亚历山大·马其顿不但应该算希腊人，而且他把希腊文明传播到最广阔的空间，并在军事上创造了前所未有的业绩。

亚历山大从小兴趣广泛又聪明勇敢，12岁时曾驯服全马其顿无人能够驾驭的烈马布卢法卢斯。目睹此景，其父腓力二世惊叹道："我的孩子，征服属于你的领土吧，马其顿对你来说实在太小了！"。后来，希腊文明在雅典衰落时，马其顿国王腓力二世请了著名哲学家亚里士多德作为儿子的导师，学习哲学、逻辑学、伦理学、政治学、几何学等，接受了系统化教育。少年亚历山大最喜欢的书，是描绘古希腊特洛伊战争的《荷马史诗》《伊利亚特》和《奥德修记》。他一心向往《伊利亚特》中的英雄阿喀琉斯的丰功伟绩。腓力二世培养儿子的军事才能，从小就带他出征，14岁的亚历山大就表现出

了惊人的才能。

腓力二世去世后，20岁的亚历山大被推举为新国王。他利用希腊各城邦的破败和刚经历混战希望强人政治的形势，率军南下统一了希腊半岛，并把各邦的精锐武士都收到自己麾下。

这时的希腊经济衰落，国库只够供应亚历山大的部队一个月的给养，对外扩张成了振兴经济和富国的急需。亚历山大·马其顿实行的军制改革，除了重振过去公民军队的传统，又放大殖民扩张的意识，以对外开战聚集全体希腊武士，让官兵认识到只有征服才能建功立业并满足自己的经济欲望。

## 亚历山大创造"马其顿方阵"，战术居于时代颠峰

亚历山大在少年时代，便参与父亲的作战指挥，青年为王时，发展了古希腊的军事体制，独创了马其顿方阵战术，创建了既能乘马又能徒步作战的"龙骑兵"。过去希腊多山，不注重发展骑兵，而亚历山大却重视发展这一兵种，自己还带头骑马，使用长矛。

马其顿军建立的重装骑兵，是由年轻贵族组成的精锐部队。他们自幼刀马娴熟，又富有希腊式的骑士精神，具备向亚历山大效忠的赴死斗志，因而是突击力量的骨干。后来战场的实战证明，波斯轻骑兵和步兵都不是其对手。

"马其顿方阵"，是亚历山大在战术上的一大创新，这一重装步兵方阵起源于希腊方阵，经过改造后更为严密。希腊士兵经常进行体育锻炼和注意严格协调的传统，使这种长矛阵具有其他步兵不可比拟的优势，就是对方的骑兵向着这种长矛挺立的方阵冲击时也会胆寒。

亚历山大·马其顿（前）身先士卒的冲击画面。

亚历山大·马其顿在战略上善于利用有

第二章 兵役改革创建的帝国

利态势孤立和打击敌人，战术上重视步骑协同并发挥骑兵的突击作用，善于出敌不意和大胆穿插、迂回包围。他把古代军事学术发展到一个新的阶段，其战术几乎成为以后欧洲千年冷兵器战术的楷模。

**以小国少兵征服波斯，首次建立跨三大洲帝国**

公元前334年，亚历山大·马其顿开始征服东方的行程，所率的军队只有步兵3万人、骑兵5000人和战舰160艘。他的对手波斯有军队几十万人，其国王大流士三世却是一位昏庸之帅。波斯军队又由各民族、各属国组成，相当于一个"联合国军"，其中又缺乏骨干部队，

马其顿在武器方面最彻底的改革是舍弃古希腊传统的大盾和短矛，改为使用长矛以及小圆盾。

马其顿军团的长矛阵。

导致其战斗意志薄弱，这个外强中干的大国遇到亚历山大这支精干且强悍的军队重击必然崩溃。

首战立威，鼓舞本军士气并在精神上压倒敌人，这是亚历山大最注重的一点。他率军出征后同波斯军有四次会战，每场战斗初期在后方坐镇指挥，发动决定性进攻则身先士卒。在第一次会战中，亚历山大就战折两条长矛，亲手斩杀波斯皇帝大流士三世的女婿和另一名高级

将领，自己的头盔也被砍掉一块险些丧命。在战斗中他屡次受伤，士兵们看到统帅与自己生死与共，对鼓舞士气影响巨大。

亚历山大出师后就在会战中击溃波斯军，大流士国王落荒而逃，接着连连乞和。亚历山大没有穷追，而是向南征服地中海沿岸港口，并在埃及当地上层欢迎下进入那里修整。随后他率军返回亚洲，向波斯腹地进发，在阿贝拉会战（又称高加米拉会战）中，亚历山大率 4 万步兵和 7000 骑兵，一举击溃了大流士亲征召集的帝国各部族倾国之兵数十万（保守估计是 20 万）。

这次胜利后，亚历山大率军进入巴比伦，又占领了波斯的两座都城，国王大流士三世在逃窜中被手下军官杀死。公元前 330 年以后，亚历山大用了三年时间占领了波斯帝国的整个东部疆域，又继续挥军进入印度，首战击溃了对手的象军。

过度的远征加上水土不服，使进入阿富汗、印度的希腊武士们开始厌战，亚历山大不得不停止远征西归，在巴比伦建立了首都。这时他的理念是将希腊、波斯两个帝国相融合，为了实现这一计划他还在新首都举行了一次盛大的"东西方联合"宴会。在宴会上，几千名马其顿官兵同亚洲妇女正式结成夫妻，他自己也娶了一位波斯公主为妻。

公元前 323 年 6 月初，正在筹划巩固大帝国的亚历山大·马其顿在巴比伦突然发热病，十天后就死去了，其时不满 33 岁。他以军事征服建立的庞大帝国，还没有形成一个稳固的统治阶层，便被手下的将领瓜分了。希腊本土也发生了内战，亚历山大留守在那

亚历山大征服波斯后，大流士三世的家属向其投降的场面。

第二章 兵役改革创建的帝国

里的母亲和其他亲属也遭杀身之祸，希腊的武力发展到顶点后就此急剧跌落。此后希腊半岛仍以马其顿为霸主，却不再是一个强国，后来被称霸地中海的罗马吞并。

古希腊对波斯的远征在古代战史上空前地展现，却又在短时期内盛极

亚历山大（前）远征印度的画面。

而衰，这证明单纯靠军事力量建立起帝国而没有相应的经济和文化基础，其必然会是短命的。

亚历山大·马其顿在古代战争史上实现了军事制度、战术的重大改革，却没有相应完成征服区内的文化融合和经济密切结合，加上天不假年，吞下巨大战果消化不了，结果把自己的肠胃撑破，本国还出现了文明的倒退。

亚历山大远征地图。

053

## 罗马帝国的兴衰，从公民兵制到雇佣兵制

在世界古代史上，取代希腊辉煌的是盛极一时的罗马。有的史学家说罗马人就是希腊人的分支，建国先祖是《荷马史诗》中的英雄伊利亚特，他在特洛伊战争失败后从海上流浪到意大利半岛，后代就是建罗马城的罗慕洛兄弟。有的史学家认为罗马人的主体还是亚平宁半岛（意大利半岛）上的土著，只是混合了希腊和亚平宁半岛北方的部落而已。

### 公民兵胜于雇佣兵，军事天才汉尼拔终败于罗马

从公元前753年罗慕洛兄弟建罗马城，到公元前509年罗马共和国的建立，这一阶段被称为"王政时代"，是从氏族社会向阶段社会过渡的时代。此时罗马有300多个氏族部落，元老院即长老议事会由300个氏族长组成，执掌最高权力，带有"军事民主制"特点。公元前8世纪中叶，罗马由每个部落或胞族各征集一定数量的人组成的军队，是一个具有氏族特色的军队联合体。公元前6世纪时，随着奴隶制的出现，罗马氏族军队基本由共和国的统一军团取代，其性质同早期希腊军队相似，也属于奴隶制下的公民军队。

罗马军团的军官，此时成为奴隶主贵族的重要职业，士兵由自由民担任，即平时务农、战时出征，境内的奴隶担负劳作而没有服兵役的权利。此时罗马军团的征战，目的主要是扩张领土和抓捕战俘充当奴隶，并让意大利半岛和周围的部落臣服纳贡。

罗马共和国是相对较大的国家，军队数量也多，且不像联邦军队那样松散，能够统一指挥，因此可以进行大规模战争，其征服与扩张大致分为"三步走"。

第一步，从公元前477年到公元前272年，征服意大利半岛（迫使各城邦臣服），并遏制了高卢人（今法国人祖先）的进攻，成为西部地中海地区的一个强国。

第二步，征服称霸西地中海的另一个强国——迦太基。从公元前264年

到公元前 146 年，罗马人先后发动了三次针对迦太基的战争。因罗马人称腓尼基人为"布匿"，因此又称为三次"布匿战争"。

第三步，在征服迦太基的同时，罗马人通过西班牙战争、四次马其顿战争和叙利亚战争完成了对西班牙、希腊、马其顿和小亚细亚的征服，从而使地中海变成自己的"内湖"。

在这些战争中，罗马打败迦太基最为艰难，这也是取得地中海霸权的关键。迦太基的疆土主要在北非，即今天的突尼斯一带，是一个由元老院执政的奴隶制共和国，其公民擅长航海并一度掌握了地中海的大多数贸易，对罗马开战前可称西方国家的首富。迦太基人将主要精力用于经商，其军队主要靠雇用外国人，同主要由本国公民组成的罗马军交锋在组织、指挥和士兵勇气上都要逊色。

第一次布匿战争开始后，罗马在陆战方面占有优势，迦太基却拥有强大的海上力量，不断袭击意大利沿岸地区。随后罗马以最大的力量迅速发展海军，聘请希腊技师建造出成百艘大战船，再由希腊教官帮助训练划桨手和海军士兵，并创造出名为"乌鸦"的吊桥。双方舰只遭遇时，罗马船舰就将小吊桥搭到敌方的甲板上，像乌鸦嘴般钳住对方，再由士兵趁机从这种"活跳板"冲上敌舰，发挥近战搏斗的优势，终于打败迦太基舰队，掌握了制海权。公元前 242 年，经历了 23 年战争的迦太基被迫向罗马求和，缴付大量赔款，并割让西地中海的岛屿。

随后，决心复仇的迦太基通过向西班牙扩张，发展了军事力量。公元前 219 年，罗马为遏制这个对手向迦太基发起进攻，第二次布匿战争开始。此时迦太基出现了一位世界古代战争史上的名将汉尼拔，他以出敌不意的远征一度让罗马陷入危急关头。

在罗马以海、陆两路进攻迦太基时，汉尼拔率领驻西班牙的军队和争取到的仇恨罗马的高卢骑兵，去远袭对手本土。他率军翻越阿尔卑斯山，创造了古代战史上艰难行军的纪录，随后突然出现在意大利平原。进入半岛后，

组织完善、训练有素的罗马军阵。

在第一次布匿战争中,迦太基人的造船技术虽高,却挡不住罗马人接舷格斗。

汉尼拔争取到过去受罗马压迫的许多城邦部落站在自己一边,使自己的军队扩大了一倍达到6万人,并一再取得胜利。

公元前216年,汉尼拔以4万步兵、1万骑兵在坎尼同罗马军主力7万人决战。迦太基军首先将正面部队后撤,引诱罗马军进入半月形的地带,再以骑兵突然迂回对手后方将其包围。被围的罗马军因队形密集,在箭矢如雨的攻击下全军溃乱,只有1万多人逃生,其余基本都被杀死,汉尼拔方面仅损失6000人。

"坎尼"一词,后来在西方成为包围歼灭战的代名词,显示了汉尼拔卓越的军事才能。罗马在坎尼战后一度陷入极其危险的境地。意大利中部和南部的一些部落与城市纷纷臣服于汉尼拔,西西里岛、马其顿王也主动与迦太基结盟。罗马的公民兵役制此时发挥了起死回生的作用,适龄青壮年迅速参军补充了损失,并使首都成为汉尼拔不敢攻击的目标,接着又避免同迦太基军决战而持久周旋。汉尼拔的军队多是雇佣兵,时间一长便想归家,给养、金钱枯竭难以补充。地中海边的许多小国和部落通过同迦太基人打交道,感到这个只重商业的国家太贪婪,只顾短期收买效益而无长远之计,也纷纷与之分手。

第二章 兵役改革创建的帝国

美国艺术家所绘的汉尼拔率军翻越阿尔卑斯山的场面。

汉尼拔在意大利转战 15 年，越战越弱，而罗马军却攻下西班牙，并于公元前 204 年以 3 万军队远征北非。迦太基元老院只得调回汉尼拔保卫本土，而在公元前 202 年随他返回的军队只有 2 万人。汉尼拔临时招募新军，凑到了 4 万人，在扎马同罗马军决战。此前曾受雇于迦太基的北非最强悍的努米底亚骑兵（生活在现在的利比亚一带）此时投靠了罗马人，结果罗马军依靠骑兵优势击溃了迦太基军，自己以 1500 人阵亡的代价，杀死对方 2 万人，并俘虏了 2 万人。"战神"汉尼拔逃回首都，迦太基被迫向罗马求和，接受了苛刻条件——放弃非洲以外的全部领土，交出战象与战船，并付出巨额赔款。汉尼拔后来逃到马其顿等地帮助建军，却受到罗马追捕和索要引渡，被迫自杀。

罗马人对已经一蹶不振的迦太基并未放过，于公元前 149 年到前 146 年发起最后一次布匿战争。经三年围攻攻陷迦太基城，随即将其夷为平地，投降者皆被卖为奴隶，

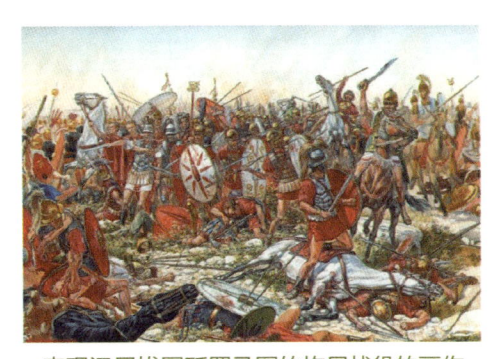

表现汉尼拔围歼罗马军的坎尼战役的画作。

这个罗马最大的敌国就此被彻底消灭。

在历时百年的布匿战争中,罗马获胜的主要原因是平民获得了一定的政治权益,平民特别是农民能在一次次惨败后补充罗马军团,而且有持久战斗的坚韧性,罗马兵也很少有投降者。迦太基以商贸立国,主要靠雇佣兵组成部队,一旦打持久战,财源不济就导致兵源补给困难,逃亡和叛降也甚多。可以说,罗马建立的公民军队,保障了早期对外战争的胜利。

表现迦太基的雇佣兵们向政府要钱场面的油画,这种军队的士气明显不如公民军队。

## 马略改革建立职业军,"兵"与"民"脱节促成帝制

罗马共和国进入中后期,奴隶制中酝酿的各种矛盾充分暴露出来,爆发了古代史上最著名的斯巴达克奴隶大起义。斯巴达克率领的起义军队最多时达到10万人以上,并模仿罗马军团建立自己的军制。不

汉尼拔最后战败的扎马之战的场面。

油画《迦太基的最后时刻》，表现罗马军最后攻陷迦太基城的场面。

过起义的奴隶来自不同国家，打了胜仗就想返回各自的国家，内部意见不一，斯巴达克经常管辖不住部下，队伍行进方向也游移不定。罗马上层和自由民在镇压奴隶暴动时却有着一致性，军队动员补充迅速，指挥严密划一，又有军事技能训练的优势，经过三年战争终于将这些暴动奴隶镇压下去。

罗马奴隶制经济的发展，使公民普遍服兵役不再适应社会需求。公元前107年左右，著名将领马略主持了军事改革。此前每个拥有土地的男子都要服一段时间的兵役，变革后当兵逐渐成为一种职业。服役的士兵领国家军饷，服役期至少长达16年，完全变成了职业军人。在军队编制上，马略实行新的军团编制，把重步兵作为军团编制的主要单位。

马略的军事改革在罗马发展史上有重大意义，这使传统型的公民普遍服役的国民军向职业军队转变，公民没有服兵役的义务也丧失了很大的权利，皇帝权力就要代替过去共和制。这种职业化军队平时不从事生产，一心训练，战斗力更强，使罗马获得更大的武力进行扩张，建立横跨一个欧亚非三洲的大帝国。

**脱胎换骨** ON THE REFORM OF
纵横古今谈军改 ARMED FORCES

公元前 71 年，克拉苏指挥的罗马军歼灭了包括斯巴达克在内的角斗士起义军，30000 多名奴隶战死，7000 名俘虏被钉死在十字架上。

不过事情往往具有两面性，马略的变革使"兵"与"民"彻底分离，职业兵的生活一直要依附于军官和统帅，往往就不是为国家尽义务而是为长官尽忠，从长远看必然会带来军阀势力的扩大。同时，职业化军队使军队统帅掌握了最大的权力，元老院主宰社会传统就无法维持。公元前 27 年，屋大维获得了对罗马的最高统治权，从此开始帝国时代，皇帝又靠直接掌握军队维持统治。

在帝制初期，罗马帝国进入了一个相对繁荣的时期。当时帝国范围内有约 6000 万人口，其中 500 万人有公民权，30 至 40 万人服兵役就能维持疆域内外稳定。罗马有公民权的人，能过着不劳而获的生活，可以心安理得地享受着奴隶的侍候服务，在角斗场内欣赏着血腥的格斗，泡在温暖的浴室内谈天说地。不过这种腐朽的生活方式，不可避免地导致了上层人物乃至公民阶层尚武精神的丧失。

罗马军队职业化之后，军队统帅就能左右国家形势，建立帝制后君主如同走马灯一样被更换，被弑也是常事。新皇帝为防止被推翻，只得亲自指挥军队并率领其出征。对实行奴隶制的罗马帝国来说，对外出征才能掠夺财富和奴隶，并树立本国以及皇帝的威望。

当时罗马帝国是以地中海为内湖的农业国家，南面是不可逾越的撒哈拉

第二章 兵役改革创建的帝国

沙漠，北面是野蛮善战的日耳曼人，其所居之处又多是暗无天日的森林，罗马军团进入后就以游击战来应付，何况那里也没有多少物资可掠取。对罗马帝国而言，只有东方的两河流域有经济价值，因而在300年间同波斯进行了一系列战争。

法国画家热罗姆的油画《姆指向下》，表现的是罗马人观看角斗士表演时的残酷场面。

早在公元前53年，刚刚指挥镇压了斯巴达克起义的罗马"三巨头"之一的克拉苏就指挥4万人的罗马军团，向两河流域的帕提亚帝国进攻，结果他的军队陷入包围，2万人被杀、1万人被俘，克拉苏的头颅被斩下后也成了对方君主的玩物。公元114年至117年，罗马有名的皇帝图拉真又亲率10余万大军进攻两河流域，虽一度占领部分地区却无法巩固，在对手反击下只得退回。

公元226年，伊朗高原至两河流域建立了一个面积很大的萨珊波斯帝国（中国古籍称其为"安息"）。萨珊人的最重要装备是弓箭和马匹，从贵族到平民从小就练习骑马和射箭，同罗马军队比占有骑兵优势。公元243年春，罗马皇

日耳曼人的祖先哥特人生活在北欧森林中，是罗马人难以对付的强悍敌人。

公元260年，萨珊波斯的骑兵冲击罗马军，造成罗马战史上空前的惨败。

帝戈狄安率10万军队东征，遭受波斯军骑兵突袭摔断了大腿伤重而亡，留下的罗马军和波斯军签订了和约，许诺赔偿和让出大片土地才得以平安撤退。

对罗马人来说，此时祸不单行，公元250年有一场瘟疫降临到帝国，史称"西普里安瘟疫"。大灾难持续猖獗了15年，高峰期罗马城每天死亡多达5000人，皇帝克劳第乌斯·哥特库斯也因染病而亡。瘟疫导致罗马城乡一片混乱，许多人逃难又把病菌扩散到各地。由于农村枯竭，城市衰落，内战连绵，帝国政府全面瘫痪，历史上称作"3世纪危机"。

公元253年，军事统帅瓦勒良登上罗马帝位，他为了立威，不顾国内瘟疫大灾，又派6万人的军队远征萨珊波斯，结果全军覆没。公元260年瓦勒良亲自带领7万军队再次来攻两河流域，结果被萨珊波斯骑兵截断了后方粮道，军队全部被歼，自己也当了俘虏。

皇帝被外敌俘获，这是罗马建国后最为耻辱的例子。据说被俘后的瓦勒良皇帝成了萨珊波斯皇帝沙普尔的御用上马石，即在沙普尔出门时要跪俯于地，让这个对手踩着他的后背上马。此人所受之辱，胜过中国宋朝被金国俘虏的徽、钦二帝，却幻想着能被赎回而不愿自尽，然而本国已立新君无心救他，最后只能困死于被囚地。

## 君士坦丁大扩兵使军队蛮族化，外族军灭亡罗马

罗马帝国对东方战争惨败，加上瘟疫造成经济衰退，刺激了各臣服民族的反抗加剧。在此内外交困之时，公元306年被军队拥戴称帝的君士坦丁进行了一次罗马史上著名的军事改革。

油画《罗马的淫乱》，表现了罗马帝国后期上层醉生梦死的享乐场面。

罗马末代都城君士坦丁堡建成时的情景。

## 脱胎换骨 ON THE REFORM OF
纵横古今谈军改 ARMED FORCES

君士坦丁是第一位皈依基督宗教的罗马皇帝，看到故都罗马城的衰败便到原属希腊的拜占庭建立新首都，后称君士坦丁堡（奥斯曼土耳其占领此城后改称伊斯坦布尔，是世界建都最长的城市）。他的军事改革主要是削弱军事高官的权力，解散了多次弑君的近卫军，并把军队重新整编分为卫戍军团和野战军团，其中又分为正规军团和雇佣军团，用以相互牵制。

这时骑兵在欧洲兴起并成为战争的主要兵种，君士坦丁加强了骑兵军团的力量，并将其划分为披甲的重骑兵和没有甲胄的轻骑兵，还有雇佣骑兵，作战时相互配合，使军队机动性和灵活性不断提升。他的这次改革，加强了国家对军队的控制，使罗马帝国有了"回光返照"的一次重振，享受到一段周边稳定的环境，其军制也为东罗马帝国即拜占庭帝国的后来发展奠定了基础。

这次君士坦丁改革，是在罗马政治衰落时进行的，他的军事改革出现了一个无法解决的矛盾——为

君士坦丁大帝建立的宫廷卫队，也是著名的精锐日耳曼军团，此时蛮族人成了罗马军主要成分。

罗马后期的皇帝多为军人拥戴，画中表现了禁卫军推举克劳狄为帝。

求国家稳定大量扩军，扩军造成的财政危机和成分复杂又破坏了国家生存。

经过这次军事改革，罗马帝国的军队数量达到此前的3倍，超过100万人。由于罗马帝国的公民普遍不愿再去当兵服役，只得雇用过去被称为野蛮人的日耳曼人来补充军队，导致了罗马军队的蛮族化。

其实早在罗马共和国时，罗马就雇用过少数外族人从军，主要从事劳役等服务工作。恺撒大帝远征高卢和其他地区时，也雇用一些臣服的外族人到军队中充当辅助作战力量，还承诺对表现好的人给予罗马公民权（这有点近似如今一些国家给效忠自己的外国人以"绿卡"和国籍），不过军队主体一直是罗马本国人。君士坦丁当政时，昔日的罗马军团已经面目全非，是不同民族、不同信仰的武士的"大杂烩"，一些军团的首领也是外族人。尤其是强悍的北欧哥特人（生活在后来的普鲁士地区）起义后，各地被罗马人蔑称为蛮族人组成的军队纷纷造反，加上被中国的西汉王朝打败的匈奴又万里迁徙进入西欧，他们所向无敌被西欧人称为"上帝之鞭"，罗马帝国因外族攻击和内部腐朽最终走向崩溃。

公元410年，哥特军队包围罗马，城内奴隶打开了城门。这支蛮族军队在城内"大掠三日"，昔日欧洲这座最繁华的城市受到毁灭性打击，到处是残垣断壁。接着，西罗马帝国皇帝沦为了蛮族军官频繁更换的傀儡，国家奴隶纷纷逃走，原来的公民变成自耕农，只求谋生无心从军打仗。公元476年，最后一位西罗马皇帝被日耳曼将领废掉，过去称雄西方几百年的帝国到此灭亡。

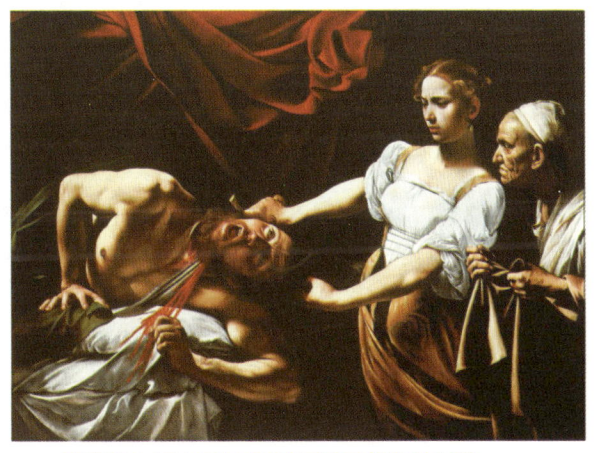

表现犹太妇女反抗并杀死罗马将领的画作。

罗马帝国的崩溃,从人类历史进程来看是一次进步,表明了靠对外族压迫维持的奴隶制国家不能长久,过去的奴隶和普通公民也在此过程中变成了自耕农。罗马由盛极一时而逐步走向败亡,也说明社会的变化必然会带来军事制度的变革。

回顾罗马帝国的历史,有过几次军事改革,军队的性质也发生了质变——可形容为从"国军"(国家公民军队)变成"皇军"(皇帝管辖的职业军),再变成"私军"(军阀和外族自己雇佣组织的私家军)。公民从军和尚武的传统丧失,所谓"文明人"就彻底被"蛮族"压倒,这种军事上的倒退却引发了一种社会形态的进步。

西罗马帝国灭亡后,以君士坦丁堡为首都的东罗马帝国(也称拜占庭帝国)还存在了1000年,却再也不是一个强国,意大利半岛也分裂了千年且再也不能重振雄风。公元5世纪以后,西方世界的战争基本结束了奴隶制的军团交锋,从此进入了封建骑士格斗时代。

西罗马帝国灭亡前,汪达尔人洗劫罗马城的画面。

# 第三章
# 从"商君变法"到"秦王扫六合"

"一将功成万骨枯"。翻阅中国古籍中对战争的记载，通常只看到有显赫功名的将帅们在主宰成败，而很少描述"无名小卒"的状况，小说中的厮杀多是战将们相互间多少个"回合"的刀枪较量。若考证古代真实的大军交战，将领主要职责还是指挥，对阵的浴血拼杀还是靠士兵。只是因帝王将相占领中国历史舞台，文人对士兵的记述稀少，若想把这种被颠倒的历史重新颠倒过来，研究历代战史的重点应转向兵制、兵源、兵饷、兵风等长久被忽视的领域。"兵者，国之大事"。王朝之兴衰，军旅之强弱，主要还是由军事制度变革来决定。

## "商君变法" VS "胡服骑射"

夏、商至西周时期，国家形态还不很完备，王朝还像一个部落联盟。参军打仗是奴隶主和自由民的义务，经常由国君、诸侯直接率兵，这形成只有少数人参加的"贵族战争"。下层臣民同这样的战争没有关系也没有积极性。春秋之间300多年不义之战，只是以大的列国兼并小国。进入战国时期后，奴隶制社会形态基本瓦解，自耕农成为社会主体，能服兵役的人日益增多，战争规模日益扩大。公元前4世纪以后，华夏大地上形成了齐、楚、燕、韩、赵、魏、秦七国争雄的局面，其中谁的军事制度好，谁的军力就强，谁就有一统天下的最大希望。

### 变法以魏国为最早，以秦国为最烈（最烈变法后的帝国崛起）

魏国是"三家分晋"后兴起的强国，疆域从如今的陕西北部，经山西延伸到河南东部。首都原在安邑后迁大梁（现开封）。公元前5世纪，李悝主持变法，在兵役方面实行了自耕农青壮年普遍当兵的征兵制，其军事力量一度居于头强。魏国大将吴起还率军夺占"河西七百里"，即攻占了黄河以西原来秦国的大片土地，威胁到咸阳和秦都雍城。

从地理环境看，魏国位居中原四战之地，除燕国外与其他五大国都接壤，易于四面受敌而多线作战。魏国内部又倾轧严重，像吴起这样出色人才都流失别国。魏国在其他诸国实现全民普遍的兵役制度后，又缺乏激励机制，丧失了优势地位。兵士征战影响农作，出力流血后功劳又归将领和国君，从军的积极性自然不高，因而很快衰落。

楚国地跨如今的云南和江浙，面积相当于其他六国的总和，国都长期设在郢（如今的湖北荆州）。其人口在列国中最多、出现了屈原等著名文人。不过楚地传承几百年的贵族势力太大，上层精神状态一派颓靡，给后人留下的只是古钟乐舞和诗赋。楚国灭小国最多，造成疆域广大，主体民族荆人在

第三章 从"商君变法"到"秦王扫六合"

国内不占多数,族群矛盾尖锐而难形成合力。南方又不适合养马,难以发展骑兵,楚军车兵的马匹数量质量也逊于北方,导致其长期兵多而不强。

齐国位于富庶的山东半岛,以人口而论也算大国,却长期安于自保。燕、韩属于小国,仅有燕国的乐毅有过"东下齐城七十二"的短暂战绩。赵国疆域原来只有晋北和如今河北中南部地区,却学习匈奴"胡服骑射"最早发展骑兵,在关东六国中一度军力最强。不过赵国国小民少,经济水平不高,也没有建立有效的鼓励从军的机制,败于秦国后就难以重振。

描绘赵国骑兵同秦国步兵作战的绘画,起初赵国骑兵占有优势。

秦国在战国期间的政治、军事变革中,成为一枝独秀的异类。这个崛起于西方荒蛮之地的国家因文化落后长期被中原列国视为"西夷",却通过变革成为军事和经济最强之邦。

战国之初秦国有被魏攻灭之忧,于是穷则思变,从孝公起便求贤若渴,结果出现天下人才多向西流的现象——秦国所用丞相和主要谋士,倒是来自那些它攻击之国的"客卿",如来自卫国的商鞅,典型代表还有范雎(魏人)、吕不韦(卫人)、李斯(楚人)等人。他们的才智未能见用于本国,入秦却成为变法革新的主持者或推动者。

秦孝公为富国强兵发布《求贤诏》后,商鞅以一介平民入宫,用几天时间讲解变法强国设想,马上被破格跃升为一人之下、万人之上的左庶长(相当于后世的丞相),这在讲究论资排辈的后世简直不能想象!

商鞅变法的中心,就是耕、战,前者达到粮食丰足,后者鼓励民众打仗。

# 脱胎换骨
## 纵横古今谈军改
ON THE REFORM OF ARMED FORCES

位于陕西省商洛市的商鞅塑像。

秦军按军爵制度以斩首论功，士兵作战后总是带着对手的头颅。

按照这一思路，整个秦国都塑造成只知道耕田和打仗的机器，老百姓的职责要么就是多打粮食，要么就是到前方去杀敌立功。

商鞅非军人出身，以研究"刑名之学"起家，变法主要改变了政治体制，给了草民以立功升迁的机会。在过去的列国中，齐军最善布阵，魏国甲兵冲击力最强，此时秦国"科头"军却压倒了魏国精锐，在西河（如今的陕北）一战便斩首8万。据记载，那些穿布衣、不戴头盔的"科头"冲锋时全不顾性命，一心要取对方首级。立军功者能升官晋爵，又刺激了更多的人投军并拼命杀敌、略地和缴获愈多又使秦廷论功行赏有了资本……如此循环，秦军愈战愈强，成为一支东方诸国闻之丧胆的虎狼之师。楚国曾牵头召集五国之兵两次到函谷关外联合抗秦，然而一见秦军战旗下的强弩劲兵冲来，各国兵马无不吓得望风而逃。

## 特定的华夷混杂环境，使酷烈的秦法得以推行

战国时列国都在变法，唯独秦国能实行严刑峻法和最赤裸的功利刺激，让国人只知追逐功利，这是社会环境所造成的，

## 第三章 从"商君变法"到"秦王扫六合"

正好印证了"存在决定意识"。

秦人出身于大西北草莽,与游牧民族混居,同只讲究骑马弯弓征战的义渠国还能合并。秦国上层学习代表中原文明的"周礼",却从未真正接受其优雅精致、中庸谦让的伦理道德。秦王族通过联姻掺入了许多他国血脉,几百年间同楚国有记载的联姻就多达19次,多位秦王系楚国或魏国公主所生。楚公主嫁秦时往往都带有众多的陪嫁乐工、诗书陪读,相当于一次文化输出,也只是让秦国上层多一点优雅的外表和享乐情趣,根本改变不了急功近利、不顾礼义而渴求征服的特性。

秦王嬴政当政后,韩国公子韩非子被召入咸阳,他初次接触秦人的感受就是,那里的百姓听说要打仗,就顿足赤膊、急不可待,根本不考虑生死,好战习性在列国中独一无二。

关东诸国受周礼影响,习惯于按出身和血统贵贱分配权力财富。公元前359年商鞅推行变法前,秦国也循"世卿世禄"制度,以自耕农为主体的平民从军得不到什么好处。商鞅推动的变法最重要的条款是实行"军功爵",以上缴杀敌首级作为晋爵受奖的依据。此举打破了以出身定官制,士兵斩一敌军官马上可晋一级爵位,这较之魏国只赏铜八两的规定诱惑力大得多,秦国军人也成了最荣耀的职业。

从考古发掘的秦国云梦竹简中,可以看到秦兵上阵最渴求的是求得敌人首级,为此内部竟然经常为争战利品头颅自相残杀。按商鞅规定:士兵只要斩获敌人一个首级,就可以获得爵位一级、田宅一处,整个生活都跟打仗立功挂钩。军功爵还可以传子,若父亲战死,其功劳可以记在儿子头上,真是一人立功全家受益。

长时间对外征战,需要有雄厚的经济基础,其中最重要的是粮食。秦变法后鼓励耕作和修渠灌溉,关

**秦始皇的形象**

中平原成了当时天下产粮最多的地域。如秦以倾国军力进攻赵国三年，在长平僵持，军粮输送源源不断，赵军却因乏食无法持久，军心崩溃导致长平大败。《商君书·兵守》记载，秦国除了招募壮年男子从军，还让女子、老弱为兵负责守城，担任运输、养马、做饭、救护等后勤补给工作，相当于实行国家总体战部署。

秦国有庞大的兵器制造业，长项是超过列国的长射程弓弩。秦军作战时的惯例，先是在远距离发射如雨的弩箭，使对手阵势大乱，再发起冲击以大量斩首。在列国中，秦国兵器制造规定最严，上面还要刻工匠的名字，如有不合格产品就要严惩制造者。

凡此种种严苛要求，虽能有力保障作战，也会让秦国老百姓苦不堪言。自商鞅变法起，秦国实行了最严酷的刑法，目的是不许人发怨言，敢非议者

秦朝军队的形象，弩是重要武器。

轻则发配当苦役,重则斩首、车裂、活烹。靠着军功爵刺激,秦国这一机制才能在征服六国前得以运行,却势必不能持久。

**秦政之暴二世而亡,成为千古戒鉴**

公元前221年,秦国"以兵灭六王,并中国",首次建立了一个以"中国"为称号的民族国家。号称"千古一帝"的嬴政设郡县、统一货币和度量衡,书同文、车同轨,对中华民族的形成和统一大业有重要贡献。不过以马上得天下,不能以马上治之,秦王朝坚持商法中的暴虐成分并将其放大,使这个中国历史上第一个统一王朝成了短命王朝。

商鞅变法尤其是其军事变革促进了秦国强盛,却带来残酷的负面影响。"秦政暴",其民众生路狭隘而酷好斗,士兵以斩首级计赏必然导致滥杀严重。从商鞅变法至统一实现的130年间,秦军十几场大战统计的斩首数便达190万,其中定有不少是处决俘虏,或对他国百姓"杀良冒功"。如秦军统计在长平之战杀赵军45万,对方根本不可能有那么多兵力,这里面必然有一大半是当地民众。

自古有识者想加快战争胜利,必须以政治争取与军事打击并用,秦军一味施暴,使许多敌军见形势无望仍死战不降,既增大了战争破坏又推延了时间。当初商鞅不听"恃德者昌、恃力者亡"的劝告,以峻法严刑积怨甚多,落得个五马分尸。秦惠文王杀商鞅却仍实行其法,将秦国社会变成一个极端尚武的战争

表现秦军拼命冲杀的油画。

机器，最终虽兼并了六国，却因坚持不讲以德服人而专恃暴力的思路，把全国都变成兵役、苦役营，自然播下了"二世而亡"的种子。

以杀戮为封赏基础，势必又会带来另一个难题，那就是一国爵位有限，斩首太多，杀敌就能升迁的规定到战争后期大多无法兑现。在征服六国前，秦军士兵还抱有希望，仍能保持冲杀劲头。待到天下统一后，内战停止，获取军功爵的渴望随即被失望所取代。

秦国摒弃道义，一味追求以暴力解决问题，其最高统治集团内部遇到矛盾也要血腥争斗。那个一味恃强，到周天子居所秦武王举鼎被砸死后，诸公子为争位展开了为时三年的内战。由楚王家族嫁来的芈八子（电视剧《芈月传》中的女主角）得到强势将领和剽悍的义渠武装支持，扶植其儿子当上了秦昭襄王，把非她所生的先王公子全部杀光。秦昭襄王的曾孙嬴政为王后，为争位又杀掉自己的弟弟，他统一天下成为始皇帝，十二年后在巡行到沙丘行宫（赵武灵王当初被困死处）突然死亡，据分析是被其第九子胡亥勾结赵高、李斯谋害。胡亥为二世皇帝后，因得位不正异常恐惧，将自己的兄弟姐妹共26人杀掉，三年后他又为宦官赵高所杀。嬴氏皇族内部实行自我血洗，不仅使其血脉所剩寥寥，在秦始皇死后又丧失了指挥核心，最后秦军纷纷投降的一个原因就是因为不知自己应该忠于谁。

大战过后，正常的国家都会注意休养生息，减轻民负，让士兵同家人团聚。秦律令曾规定，凡17岁至60岁的男子都需服兵役，当兵两年可回家，此后每年再服一个月劳役，遇特例（如发生大战）才再次从军，战事平息可马上回家，这些制度使本国经济在战时还有所发展。兼并六国的惨烈战争结束后，秦王朝本应轻徭薄赋，与民休养，始皇帝却被"席卷天下，包举宇内"的胜利冲昏了头脑，有30万人到长城边防范匈奴，50万军人和民工又进军开拓五岭之南，在荒蛮之地归家遥遥无期。

"秦王扫六合"的征战刚结束，自立为"始皇帝"的嬴政就上马各种浩大工程，其中如"直道"（算是古代的高速路）、长城等算是用于维护统一

第三章 从"商君变法"到"秦王扫六合"

表现秦国依托刚修筑的长城实施防御的画面。

和战备，阿房宫、骊山墓等纯属用于享乐和奢侈迷信。修建阿房宫和骊山墓就动员劳力70万，现代考古学者对发掘的兵马俑研究证明，按当时生产力水平制造一个俑便需一万个工时，在骊山墓中只起殉葬作用的这种兵马俑有近万个。建陵耗费如此巨大民力，真可谓中国历史之最！这个后来世界考古史上的奇观，在当年只是苛政猛于虎的生动体现。

自秦汉起的2000多年间，中华大地上的农业靠手工操作，生产力水平基本停滞，遇丰收时人均年产粮都不过300公斤。在此物质条件下若想保持正常再生产，脱产军队和行政官员超过总人口2%至3%便难以持久负担。秦始皇征发兵役劳役的比例，却令历代后人瞠目结舌——服兵役、劳役者超过200万，还要有至少数目相当的人为其运输粮物，等于征发了全国2000人口中的五分之一！这必然使简单再生产都不能维持，当时路人所见是"死者枕藉于途，刑者相伴于道"，全国必然形成干柴烈火之势。

不修德政、滥施暴虐的秦政，也得罪了国内绝大多数知识分子。秦国不重文化教育，战国后期"百家争鸣"的学术风气在军事征服中被一扫而空，只剩下公文流动。虽说实行"书同文"属有益措施，学堂却大都废除。秦朝"以吏为师"，长官意志就是教科书，识字的人能学的就是当官统治民众之道而废学术，进而发展出"焚书坑儒"这一中国文化史上的大灾难。此举引发了千古谴责，倒是江青为首的"四人帮"在"文革"中讲所谓"儒法斗争"时对此加以称赞。由此可以想见，若不将这伙人粉碎，后果将何等可怕！

秦法中苛刻的一面被发挥到极致时，刺激下层的一面却基本丧失，人们当兵没有好处而只有背井离乡的痛苦。面对军民怨声载道，秦朝当权者只知使用严刑峻法。公元前209年，即秦始皇刚死不久，900名被强征到北疆的楚地"戍卒"走到大泽乡遇洪水难行，按秦法误期就要处死刑。他们中间的陈胜、吴广振臂一呼，被暴政逼上绝路的"戍卒"们揭竿而起。这一小小的火星，居然在一个月内就燃起遍及天下的燎原烈焰。

著名画家张红年所绘的这幅历史画，描绘了秦朝"焚书坑儒"的恐怖场面。

## 第三章 从"商君变法"到"秦王扫六合"

大泽乡起义半年后,陈胜、吴广因兵败而被部下杀死,以恢复故国为旗号的楚、齐、赵、魏等地起义军却日益壮大。秦王朝这条惊涛骇浪中的危船又由昏庸的二世帝嬴胡亥掌舵,更导致全国失控。原来被征服的列国中义军的战斗力与秦军相比,此时简直颠倒过来,如楚军项羽在巨鹿一战大胜,秦军竟有20万人向他投降。刘邦率兵从武关攻向咸阳,如入无人之境,兵不血刃就占领秦都。最后的秦王子婴因无人为他卖命打仗,只好在脖子上吊着传国玉玺跪地请降只求保命,最后还是被项羽族诛。

这时秦朝统一天下刚刚15年,便"二世而亡"。成就与罪恶,辉煌与黑暗,都同时凝聚到这个异常短命的王朝身上,正可谓"其兴也悖、其亡也忽"!

后人也许会惊诧,刘邦、项羽进攻咸阳时,昔日秦国的虎狼之师到哪里去了?其实秦人犹在,关中平原富庶地区当时也未遭破坏,只是本地军民对嬴氏王朝及其暴政已极度憎恶。入咸阳的刘邦宣布"约法三章","关中父老"

戴泽油画《陈胜吴广起义》

即当地带头人马上拥护他。

凡事过犹不及，事物发展到顶点就要向反面转化。商鞅之法鼓励尚武又一味黩武，最后导致秦国人心、军心丧尽。正如杜牧所写的千古名篇《阿房宫赋》的结尾所感叹："族秦者秦也，非天下也。""秦人不暇自哀，而后人哀之；后人哀之而不鉴之，亦使后人而复哀后人也。"

## "汉承秦制"，马踏匈奴

汉朝可谓中国古代史上最伟大的时期，"汉族""汉语""汉字""汉仪"……这一系列凝聚中华民族成就的词语都是在这个阶段形成的。

秦王朝在公元前206年覆没后，又经过3年楚汉战争，刘邦建立的汉王朝打败了反秦时战力最为强悍的"西楚霸王"项羽。从军事角度看，这又是有序的军役制度打败了无序的流民军的胜利。

### 刘邦及文帝、景帝减轻兵役、徭役

千百年来，中国象棋都以"楚汉之争"相比附。古代文人墨客往往同情出身将门、最后演出"霸王别姬"悲剧的项羽，而嘲贬出身平民、在家乡只是"亭长"（村干部）的"刘三"。汉臣司马迁写《史记》时，就把刘邦的最大敌人楚霸王描绘成"力拔山兮气盖世"的英雄，同时也说明他是性情暴戾、

刘邦的汉军骑兵在秦国故地的形象，当地人拥汉而憎楚。

优柔寡断、不谙机谋的武夫。

过去史书上称赞项羽的"八千江东子弟"如何英勇，他们确是楚霸王起家并在后来征战八年的骨干力量。不过据考证，这伙人在江南（如今的江苏南部）多是些流浪、乞盗的江湖不逞之徒，勇武好斗却破坏性极强，属于后世所谓的流氓无产者，古代又不可能有先进思想对其加以改造。他们打仗有蛮力却破坏性极大，坑秦降卒、破坏骊山墓、烧秦故宫（后人常误传为阿房宫，考古发现此宫当时仅打好地基，是古代最大的"烂尾楼"）都是这伙人所干。项羽受身边依靠力量的影响，一直不注重后方建设，军队所到之处大都就地掠取给养，所征官兵大都是投奔来的无业者，感到不如意往往又叛离。如刘邦所征用的韩信、英布等主将，都是在楚军中失意后投汉的。

《乌江边》军旅画家李明峰的作品，表现出项羽最后在此走投无路的情形。

研究楚汉三年交战史，可发现一个奇怪现象——楚军虽屡战屡胜却愈战愈衰，汉军屡败却实力日益增强，可见双方的后方支援起了决定作用。刘邦获胜的关键，是有一块巩固且富饶的关中后方，也就是秦国旧地，当地民众被项羽入关时的烧杀激怒，希望刘邦获胜。关中虽是汉军征兵、征粮的基地，税收和徭役、兵役却较此前大大减轻。如刘邦改秦朝对民众的"税其大半"为"十五税一"，即让老百姓交农业税的额度只占收获的十五分之一，兵役也按秦国旧制只有两年。结果汉军兵力、物力补充源源不断，父归子继，能在洛阳以东持久作战。

项羽直属封地只有彭城（如今徐州）一带，地域不大，当地又组织不好供应支前，只能速战速决，相持日久就会出现"汉兵盛食多，项王兵罢食绝"。楚军对周边各封国强征或掠夺，搞得心怀怨恨的各地实力派纷纷投向汉军。

在垓下关键一战中，楚军又因"兵少食尽"军心动摇，饥兵听到"四面楚歌"声便随之瓦解。项羽只能率 28 名骑兵突围想回江东，冲到乌江（今日安徽和县境内）边临上船时，又感到无颜见江东父老而自杀。"霸王别姬"的悲剧出现，从深层次讲是楚汉双方政策和制度较量的结果。

刘邦建立汉王朝后，为对付分裂势力和匈奴还要继续作战，因而在兵役制度上承袭秦制，规定不分贵贱，男子 20 岁就要服 2 年兵役。他们复员回家如遇战争需要，还须随时再应征入伍到战事结束，至 56 岁才能最后免役。此时刘邦率军出征大都有年度的间歇性，就是考虑到尽量少征用农夫。刘邦死后继位的文帝、景帝在中国古代史上以"轻徭薄赋"著称，农业税减到最低限额的"三十税一"，被后世盛赞为"文景之治"。此间不仅人口倍增，农业大增产，而且养马业也发展起来。

刘邦像

汉朝初年江山残破凋零，据载"将相或乘牛车"，马匹奇缺可想而知。刘邦以 40 万步卒抵御单于所率 10 万劲骑，遭大败后求和，此后汉室主要依托长城消极设防，并以假冒公主和财帛"和亲"。经文帝、景帝两代近 70 年的休养生息，仓储充实，牲畜大增。汉武帝登基时官马即达 40 万匹，并出现"庶众街巷有马，阡陌之间成群"之繁荣景象，这才有了建立骑兵集团与匈奴决战的基础。

## 汉武帝建立强大骑兵并实行募兵制

汉朝通过"文景之治"奠定经济基础，建立起一支 20 万人左右的骑兵。

西汉初年，除大力养马，又发展了马甲、马鞍，使战马能得到护甲保护。

汉朝骑兵强盛，又是相应的社会风气促成。此时上层崇尚骑射之风，从皇家上林苑伴驾至民间聚会，豪门子弟都以驱骏马竞风头为荣。汉武帝在他的皇家禁苑内，就聚集了一批青年军官终日骑马习武并研讨兵事，皇帝如此热衷征战自然带动了社会尚武之风。

有了马匹、兵器的物质条件，再有了精神准备，公元前133年汉武帝不再对匈奴"和亲"，开始了持续了百年的汉匈大战。经汉朝几代皇帝治下的征战，至公元前36年汉军攻陷郅支单于城，匈奴一部投降一部远迁，对长城以南农耕文明的致命威胁至此消除。

汉匈战争期间，汉军骑兵在速度、冲击力、载动力和骑术方面都不逊于对手，数量还多于匈奴，从而改变了此前以步对骑、以慢应快的被动局面。当时匈奴的国家政权形态还不健全，属于松散的游牧部落联盟，生产力水平很低下，缺少冶金业。此时骑兵还没有马镫，骑马后挥舞长兵器并不方便，所用的主要武器是弓箭。汉军的箭头由金属制成穿透力强，匈奴的箭却基本

表现汉军同匈奴作战的画作，匈奴人主要使用弓箭，汉军有金属兵器的优势。

由兽骨制成，很难穿透汉军的金属盔甲甚至是皮甲，其用的青铜兵器同汉军的铁兵器相搏时又容易折断。虽然双方都使用冷兵器，汉军同匈奴已有"代差"。

汉军兵器虽有优势，在骑术上还需要抗衡从小就精于骑马的匈奴人，这可不是临时所征的农民兵所能办到的。汉景帝时的名臣晁错和名将周亚夫在军队改革上提出了一个重要意见，就是将汉朝的骑兵由义务兵改为职业兵。

在长城边缘的农牧业交会区域，汉朝精选熟悉畜牧业的青年人当骑兵，以20年为服役期，而且能世袭，并赐予优厚军饷。这些被挑选为世家兵的家族长年生活在边境，熟悉经常入长城内劫掠的匈奴骑兵的战术，且因遭受过祸害而多与之有深仇大恨，战斗精神旺盛。根据世家兵条例，这些骑兵家庭的孩子自小就接受军训，精于骑射，还以杀敌立功为

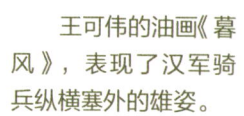

王可伟的油画《角弓鸣》，形象表现了西汉军人对匈奴作战的场面。当时还没有马镫，汉军的弓箭尤其是箭头要优于匈奴。

王可伟的油画《暮风》，表现了汉军骑兵纵横塞外的雄姿。

荣誉。这些中国历史上最早具备国家常备军性质的精锐骑兵，又不同于后来带私家军性质的军阀武装，只用于对外而不会割据造反。

汉军建立了庞大的骑兵集团后，在"北击匈奴"时能通过历来步兵难以逾越的长城外数百公里缺水地带，一再向漠北草原出击。公元前119年，武帝下令实施的最大一次出击，动用骑兵14万，步兵和运输人员数十万，还有运输马10万匹，堪称世界古代战争史上规模最大的骑兵会战。

从当时的作战能力看，汉军骑兵素质强于对手，曾有过一个骑兵击败二十个匈奴兵的战例。汉朝名将卫青、霍去病这次率军出征，一度占领了匈奴生息中心区，迫其逃向"北海"（贝加尔湖）一带。

汉军远征时也遇到两大困难，一是粮食、马料的补给，二是荒原上缺水。汉军只好就地宰杀抓住的牲畜或食用自己

王可伟所绘的油画，表现霍去病率汉军出击的场面。

的运输马，并长途跋涉寻找水源。行军几百里好不容易遇到一条小河，汉朝官兵饮水后却出现了大批染病的现象。据现在军事历史学家和病理学家分析，他们遇到了匈奴发起的人类历史上的第一次生物战，从而在汉军中出现了一场人为制造出的瘟疫。

匈奴人虽然没有现代科学知识，却凭着经验大致知道牲畜染病的规律。他们面对汉军攻击采取了前所未有的奇特战术。据史书记载："匈奴闻汉军来，使巫埋羊牛，于汉军所出诸道及水源上，以诅汉军。"

这段话，按照现在的语言解释，那便是匈奴单于在撤退时，命令将染上传染病的牲畜置于水源中，还要胡人巫师对这些染病的羊牛诅咒一番。诅咒

是迷信活动固然没有用处，染病的牲畜却能够污染水源，并对饮水的人有很强的传染性。

果然，进攻漠北的汉军大批人马生病后，不得不班师。据记载，15万匹军马最后只有3万匹能回到长城之内，汉军主帅之一的骠骑将军霍去病获胜回朝不久后也因病不治去世，年仅24岁。这次远征虽获胜却损失巨大，汉朝此后对匈奴也不能再发动大规模攻势。

汉武帝持续征战几十年，晚年派李陵北进时，只能给5000步卒，结果遭匈奴骑兵追攻覆没，这证明汉朝的马匹久经战事消耗巨大，不得不停顿攻势以恢复经济并补充马匹。为取得"汗血马"改良马种，武帝还不惜派兵千里远征大宛，马政已成为当时头等战略产业。

汉朝长期同匈奴交战，汉武帝后期出现了天下"户口减半"的状态。此时内地虽有瘟疫，却不会造成那么多人死亡，主要是兵役、劳役太重使许多人逃入深山或投奔大户为奴而不向官府报户籍。征兵的困难，再加上步兵对付匈奴的作用远比不上骑兵，汉武帝后期便减少对农民的征兵而大力实行募兵制。起初，汉军招募边疆精于骑射的胡人，部队中还有了不少归附的匈奴人，如匈奴王子金日䃅还当上汉朝重臣。后来汉军在本族中也招募奴隶、流民，还将犯罪而持许免罪（弛刑）人补充到军队中。

那位历史地位与"秦皇"并列的"汉武"，在古代军事改革中又迈出重要一步，就是开创了使兵农分离的募兵制。应募从军之人除边塞士兵外，其他多属被赦囚徒、流民、恶少、"降胡"，先秦时期良民当兵的传统就此结束，士兵在社会上的地位也大为降低。

汉武帝的军事改革扩大了兵源，使常备军进一步职业化，也产生了长远消极影响。西汉之后，统治者多视伍卒如犬羊，士兵则视官长如仇，官兵对立和军民对立成为千年痼疾。

第三章 从"商君变法"到"秦王扫六合"

## "投鞭断流""草木皆兵""风声鹤唳"——兵制变迁

汉武帝去世后,汉朝对匈奴的战事和缓,经过两代人休养生息,华夏大地上的人口翻了一番,西汉末期即公元前6年的统计达到了5900万,这是中国历史上第一次有详细记载的全面人口统计。考虑到当时还会有一些为躲避财税而隐漏的人,汉朝总人口会有6000多万,这是中国人口增长出现的第一个高峰。

刘氏皇族在经济发展之时,享乐欲望也膨胀起来,加上其妻妾众多导致后代成几何基数发展,西汉200年间刘邦的子孙发展到8万人之多,成为民间怨恨的目标。公元9年,外戚王莽篡夺江山建立一个新朝,接着国内就发生了历史上前所未有的大混乱、大瘟疫。饥饿的农民和刘氏皇族等豪强组织的武装到处蜂起,最终刘秀于公元25年重建汉王朝,史称东汉。据《后汉书》记载,经过这场中国历史上空前的大浩劫,"海内人户,准之于前,十

新疆喀什市内所塑的班超与三十六位勇士雕像。

才二三"。东汉政权建立 20 多年后进行户口统计，全国人口才 2100 万人，仅相当于西汉最高峰的三分之一强，这次王莽作乱造成全国人口减少了将近 4000 万！

在建立东汉的过程中，"中兴"汉室的光武帝刘秀主要依靠南阳和河北豪强支持，靠他们的私兵打仗。得天下后，在开国皇帝中以仁慈著称的刘秀没有按惯例杀功臣（削弱开国豪强的重要一环），保留和承认了他们的特权。东汉盛行募兵制，只在战事紧急时征兵，常备军长期只保持 4 万余人，这又导致东汉中央集权能力一直很弱，地方势力过强。

东汉的刺史、太守们集地方行政权、财力、军权于一身，募兵往往是自筹经费，应募者对将领形成人身依附关系，很容易演变成私家部曲，为军阀形成提供了方便。汉朝官员在边境地区募兵又多招夷人，如开疆拓土的最大功臣班超曾创造了率 36 勇士西出阳关，主要靠招募夷兵平定西域的兵家奇迹。

班超制敌的诀窍便是利用西域各国矛盾，以归顺之兵打击抗拒者。东汉以夷制夷虽成功，朝廷却缺少可用之兵，虽招募南匈奴之兵打垮了北匈奴，边镇却形成尾大不掉之势。

王可伟的油画《玉门关》，表现了汉军守边的情景。东汉对边疆只重防御而极少出兵。

## 第三章 从"商君变法"到"秦王扫六合"

东汉时期中国内地又出现一个重大的地理环境变化，那就是农耕发展挤掉了畜牧业用地。东汉中期人口恢复发展到 7000 万以上，古人又没有科学的生态观念，从《汉书·食货志》可看出中原的森林、草场多被耕田挤占，内地养马既缺草料又无驯养之场。由于东汉时内地难养适合驰骋的战马（家中只能养耕马），军马主要靠西凉（如今甘肃、宁夏一带）供应，内地以步兵为主的军队战斗力自然下降，西凉军因骑兵力量强成了最强的部队。

东汉对外作战表现明显不如西汉，在西部同羌族的战争持续了将近 150 年，"羌乱"耗费了政府大量开支，滋养壮大了西凉军阀。后来董卓率西凉军进洛阳时，汉少帝在城外与之路遇，发现尽是些羌胡人，面目狰狞，竟吓得大哭。皇帝尚且如此惧怕他们，久不习武的百姓更是任其鱼肉，被募之兵素质恶化成为内乱外患不止的重要根源。

公元 184 年，"太平道"张角以宗教（其实是邪教）在黄河流域建立"三十六方"即众多传教窝点，收罗近百万教徒，然后发动几十万人暴动，其中还有袭击洛阳皇宫的计划。这次中国古代长期秘密结社后的突发性起事，因事先泄露而未获成功。缺少中央常备军的汉王朝病急乱投医，允许地方上自建武装，像曹操、袁绍等原来就是地方豪富出身，又有过官职的人，一举就组

王可伟所绘的油画《三英战吕布》，表现了刘备、关羽、张飞三人起兵的情景。

织起上万人马，由原来的朝廷命官变成自己拥兵割据一方的军阀。

在这个随意建私军的乱世，国人熟悉的刘备也以带有黑社会性质的"聚义"起家。他自称是"汉室宗亲""中山靖王十四世孙"，实际上与当时的皇帝

已经隔了十五代亲，是 300 年前的本家，到自己这一辈已经靠"织席贩履"也就是编卖草席、草鞋谋生。至于关羽原是被通缉的逃犯，张飞是杀猪的屠户。刘、关、张这三个下层人物居然振臂一呼就拉起一支几百人的私人武装，靠给商贾收保护费筹钱，自制武器和招募士兵，其力量增强后朝廷只好承认并给一个封号。

允许豪强建私军，用于镇压地方起事者倒十分有效。像黄巾这类密谋性暴动往往如同赌博，很大程度上要靠运气，即"成也快、败也速"。张角这批乌合之众的起兵，虽鼓动起几十万人参加，仅仅半年就被打垮，东汉王朝却就此失去对新兴军阀的控制。

**古代空前灾难使曹操改兵制，却未能除祸根**

公元 189 年，西凉刺史董卓率军进京（洛阳），废立皇帝，引起天下不满，"十八路诸侯"联合展开讨伐。袁绍等各派军阀都以步兵为主，同西凉军不敢交锋，仅有曹操与之一战也立遭大败。董卓见洛阳三面被围难于久持，将汉献帝作为傀儡并劫持西行，并将洛阳放火烧毁，城内和附近的居民尽遭驱赶和屠杀。袁绍所率的十八路诸侯联军占领当地后，看到的只是百里内几乎无居民的惨景。接着，董卓在长安被杀，他的部将又进行了史称"李郭之乱"的混战，长安全城成为废墟，民众死亡殆尽，据记载关中地区在一两年内几乎看不见行路人。

经过董卓乱朝，随后曹操、袁绍、袁术、吕布、孙坚、刘备等军阀又经历

董卓的形象

了30年混战,整个中原大地全部成为屠场和瘟疫区。其惨状正如称为"建安七子"之一的诗人王粲所记述——"出门无所见,白骨蔽平原。"曹操统一北方十二个州时,据记载其人口"不如往昔一州之民"。220年东汉被曹魏篡夺而亡,国内官方户口统计由汉灵帝时的5648万人减至魏、蜀、吴三国鼎立形成时的总计763万人,总人数竟损失了85%以上!当然,战乱中往往有大量户口隐漏,不过据分析此时天下之人也至少损失了四分之三。

这一中国古代史上空前灾难的出现,东汉末年的各派军阀都有责任,西凉军董卓部堪称祸首。这支武装在"羌乱"的血泊中成长,又招有众多原始民族,野蛮性最强,对社会文明的破坏也最为惨烈。

曹操在东汉末年军阀混战中的最大贡献,就是打垮了北方其他军阀而统一了天下三分之二。他作为一个军事家,除善于用兵,又根据当时经济严重破坏,残剩的老百姓难以养兵,军队也无钱募兵的惨状,实行了军队"屯田制",让士兵平时种地、战时出征。曹操又将人口分为民户、屯田户、军户三部分,其中军户要世代为兵。为防止兵士逃亡,曹魏采用了人质制度,将其家人集

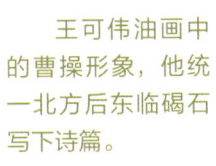

王可伟油画中的曹操形象,他统一北方后东临碣石写下诗篇。

中安置，如果发生逃亡、叛国家人就会受株连。

蜀汉建立后，也采用了屯田制，并实行全民征兵制。东吴军队多属江东大户的部曲，近乎奴隶，战时打仗平时耕作，统治最为黑暗。

那个文才武略俱全，以"魏武挥鞭"闻名的曹操起兵时同董卓首战大败，此后十分重视骑兵建设，设法购马，并在灭乌桓后收编大量少数民族善骑射者。曹军不习水战败于赤壁，此后难于南征，缺少骑兵的吴蜀两国北伐也无法成功。

诸葛亮北图中原时不敢派魏延直袭关中平原取长安，而屡出祁山，便因所部多属西南步兵，想以山地战和长弩优势弥补骑兵劣势。因魏军劲骑一直占绝对优势，诸葛亮的"凛凛出师表，堂堂八阵图"也无法挽回"长使英雄泪满襟"的千古遗憾。

用军事手段强制恢复经济，是曹操在中国军事史上的一个创举，屯田和兵户都是那时的应急之策。不过曹操同他称帝的儿子曹丕为争取豪强支持其篡汉，推行了"九品中正制"，选用官员要按人的等级，这不仅使秦汉时的军功激励机制丧失，又种下了魏晋以后豪门垄断政界军界的恶果。身份如同奴仆且无出头之日的士兵没有作战积极性，社会尚武精神退化又导致西晋时奢靡斗富之风大起。晋武帝司马炎在后宫纳1.5万名嫔妃创中国历史之最，晋军的战斗力却远逊汉代，随后让匈奴等胡人南下直打过黄河而下长安、洛阳。

诸葛亮像。

西晋因腐朽的豪门内争和外族进攻即"五胡乱华"而崩溃，接着出现了国家南北分裂的局面。经过长达400年的割据混战和社会经济大倒退的黑暗时期（南北朝之初曾出现货币弃用而退回以物易物时代），直至隋唐时期才恢复到汉朝全盛时的经济和人口水平。

东汉末年至魏晋出现的中国古代史上最惨痛的灾难，从军事体制看是国家军队蜕变成军阀武装的恶果。朝廷的军权旁落，不可避免地酿下王朝倾覆及天下大乱 400 年之悲惨结局。为祸之烈，莫此为甚！

## 东征高丽、北击匈奴、西伐吐蕃——大唐的赫赫武功

从公元 184 年黄巾暴动造反至公元 598 年隋朝完成统一，华夏大地虽是一片分裂战乱和经济凋零的惨状，征战需求却刺激了军事技术发展，其中重要发明就是马镫。这种骑具最早出现在中国，西晋时普遍装配军队，在冷兵器时代可称一项划时代的发明。马镫的出现使骑兵有了借力之处，易于挥舞长兵器进行近距离格斗战，长距离行军也能减少腿部疲劳，从而能实施快速远征，骑兵在战场上的作用也更显重要。南北朝对峙时，南朝的北伐只要进入黄淮平原就难敌强骑，最后总是北朝克服长江障碍而统一了南方。短命的隋朝后兴起了唐朝，对外武力曾达到古代华夏民族的顶峰，却也因统治阶级的周期率和骑兵衰落而走向了王朝覆败，中国封建社会也就此进入了由盛至衰的转折。

**府兵制振作隋唐军力，骑兵使太宗武功超群**

曹操建立的军户制度，在魏晋和南北朝时期盛行。豪强主政和军阀领军时这一制度弊端很大，军官可以把军户当农奴，抑制豪强后则可以发挥出优势。隋唐之初的府兵制，就是一种较好的国家军户制，能使国家平时少花钱、战时多出兵。

南北朝时，被定为军户的家庭不必向政府缴纳租税，担负的就是兵役，战争结束很多人可以回家种地，当兵是父子相继。这种兵农合一的政策节省了朝廷的军费开支，避免征兵制增加农民负担及妨碍生产。北周政权及继承

**脱胎换骨** ON THE REFORM OF
纵横古今谈军改　ARMED FORCES

它的隋朝利用当时战乱荒地众多的条件，分给军户一定的土地使用（所有权属于朝廷），使普通农民为求授田纷纷投军，兵源状态一度改善。隋军实行府兵制比较彻底，因而能在 598 年灭掉南陈政权，完成华夏大地的统一。

隋朝在中国历史上同秦朝相像，刚完成统一又成短命王朝。隋朝第一位皇帝隋文帝比较重视恢复经济，全国户口统计达到 4600 万人，达到了东汉以后的最高点。隋炀帝登基后对内穷奢极侈，对外频繁用兵，如 612 年征高丽时便出动军队 113 万人，依靠大运河运输还调用随军民夫 230 万人。《隋书》称"近古出师之盛，未之有也"，这确实创造了中国古代战史上用兵数的最高纪录。

隋炀帝第一次征辽大败，死士卒 30 万，却毫不痛惜，只是下令再征兵拉夫补充缺额，此时府兵制已不够用，只得征发全国壮丁。加上修运河、修东都洛阳，炀帝时服兵役、劳役者至少超过 800 万，尽发男性青壮尚不足，竟至"役及妇人"。如此男不得耕，女不能织，农事荒废，逃役者啸聚山林，天下大乱相互攻伐。待李渊、李世民乘乱于 617 年起兵，经几年征战唐朝统一天下时，统计户口只剩下 1500 万人。

高丽军抗击隋军的画面，隋炀帝和唐太宗的东征都遭受了挫败，证明当时高丽军战斗力很强。

## 第三章 从"商君变法"到"秦王扫六合"

在唐朝统一奠定稳定局面时,出了一位名扬史册的太宗皇帝李世民。历来英雄识英雄,毛泽东点评古代兵家时曾给唐太宗以最高评价——"自古能军无出李世民之右者"。

16岁便投军的唐太宗李世民,生于多民族融合且征战不息的时代,祖母、母亲和嫡妻都是长于游猎的鲜卑族人,自己从小随父长期居住边关。他血管中有着不同民族的混合血液,既受汉文化熏陶,又继承了游牧民族的骑射习俗。尽管生于与隋文帝有连襟关系的贵戚之家,李世民却未娇生惯养,自幼驯马张弓,少年请缨投军,在求生和谋位的厮杀中学习战争,正是这个年轻的军事成功人士的家庭环境和生长之路造就了李世民的杰出军事才能。

唐朝前期的战争环境和制度变革,造就了一种激励人建功立业的蓬勃精神和文化氛围。同李世民一样出身太原名门的诗人王维,所写的传世名篇就勾画出那时的社会风貌——"出

唐太宗李世民像。

身仕汉羽林郎,初随骠骑战渔阳。孰知不向边庭苦,纵死犹闻侠骨香。"隋唐时虽科举兴起,诗书礼乐繁盛,但许多有志男儿仍认为"宁为百夫长,胜作一书生"。无论是名门子弟,还是像征高丽时自愿投军的薛仁贵等贫寒之士,大都以建功塞外、万里觅封侯为人生最高追求。

617年李渊太原起兵时,18岁的次子李世民便率军直取长安,随后指挥了平定天下的三次大战,剪灭了王世充、窦建德两个最大的割据势力。李世民常以出奇和勇猛以少胜众,曾忍饥两天以几千人马穷追宋金刚十万之众致其溃散,虎牢关一战又率三千铁骑突袭窦建德中军帐生擒这个"夏帝"。北伐突厥时,唐军曾创造了农耕民族出击游牧民族并获大捷的奇迹。

自击败匈奴之后又称霸北方万里草原的突厥，是唐初最大的军事胜利。李渊起兵之初为求后方稳定曾被迫向突厥称臣，后在长安受其威胁还一度想烧毁都城南迁。二皇子李世民力阻此等怯懦避敌之举，亲率百骑到阵前向突厥军示威。627年，李世民杀兄灭弟迫父让位而夺得皇位，马上向朝臣宣布对突厥专靠防守不能阻止，须将其消灭。太宗在位23年间，唐朝不修长城，改过去在边塞分兵防守之策而转取攻势。太宗利用漠北分裂，首先直捣东突厥腹心以擒贼先擒王，再移兵各个击破其余各部，华夏军旗再度飘扬在大汉开拓过的广阔西域。

突厥被击败后，一部归顺唐朝而被安置在西域及其附近，一部西迁辗转进入西亚，后来还建立了土耳其国。唐初采取积极出击虽耗费一些财力人力，

土耳其军事博物馆油画《突厥军攻打长城》。

第三章 从"商君变法"到"秦王扫六合"

王可伟所画的唐女竞技的场面,反映了唐朝初期宫廷内都盛行骑马。

却使内地发展获得良好环境,出现了古代繁盛的"贞观之治",可谓安全战略的最优选择。

唐朝能建立强大的骑兵,是靠大力发展畜牧业作为保障的。唐初百废待兴,官营牧场只剩母马3000匹,李世民对北方暂取韬晦缓兵之计,尽快发展马政。他日日率身边宿卫和御林军在显德殿前练习骑射,皇家禁苑也成马场,成为第六等嫔妃的才人武媚娘(后来高宗的则天皇后)都成了驯烈马高手。唐初40年间,官马繁殖到70万匹,史称"秦汉以来,唐马最盛"。加之南北朝期间有大批胡人内迁,带来养马和骑射之术,因此"唐宗"就能继"汉武"之后再次建设起华夏民族最强大的骑兵。

**重用少数民族将领,募兵代替府兵又酿大祸**

唐朝骑兵的强劲,还在于从隋末战乱后有一大批官兵久经战阵,又骁勇

唐朝骑兵的形象，当时行募兵制后，少数民族纷纷应募当兵。

善战。如李靖率 3000 精骑在风雪连天的寒冬夜袭阴山，迂回穿插千里直捣突厥老巢，以自身千人的损失斩敌骑万名，并生擒颉利可汗，几十万突厥人马就此崩溃。

李靖创造的这一中国古代战史上罕见的战例，显示出唐军官兵越野、耐寒和骑射能力都不弱于在北方游牧中成长的突厥兵。大唐这一雄风与强汉武功并列，的确引后世无数英雄敬佩折腰。

唐朝连年的征战和经济发展，却使军户式的府兵制逐渐难以维系。由于战乱恢复后政府掌握的田地已不多，不能再分给军户，让他们再服役就难有积极性。作为唐军主力的骑兵又需要长年维持训练，靠军户轮换当兵的农民又显然难以胜任这一兵种的要求。从唐太宗后期开始，唐军的骑兵就改为招募，而且大量吸收精于骑马的塞外少数民族。

作为受多民族尊崇的"天可汗"，李世民的一句名言是："自古皆贵中华，贱夷、狄，朕独爱之如一。"这种观念，恰是中华传统文化重视礼义服人，追求各族和谐的精神体现。太宗对各族军人一视同仁。后来唐将中少数民族者众多，如名将哥舒翰是突骑施人，率大军越葱岭（帕米尔高原）征大食的高仙芝则是高句丽人，此远征壮举在战史上远胜于汉尼拔率军翻越阿尔卑斯山。虽然后来反叛的安禄山、史思明是胡人，但平定其乱的两主帅之一李光弼也是契丹人，多数番将已将大唐视为自身家国，这在古代史上留下了一曲多民族团结的贞观长歌。

唐朝初年，吸取隋朝过量征兵导致民不堪命的教训，一般对外征战每次出兵不超过 10 万人，身为军府的府兵轮流服役，征战有功者可得勋级，死亡者家属可受抚恤，战斗积极性也比较高。不过对归附从军的胡人，显然不能实行这一制度，只得发给定期赏赐，实际上形成招募性。到了唐太宗之子高宗李治统治时，内地均田制被破坏，豪强兼并土地严重，府兵的社会地位也日趋低下。军户中的壮丁又受军官奴役，其妻女常被霸占，导致大批逃亡。另外军户中的军人参战后，家中丧失了主要劳动力，因而一遇战事就会出现

王可伟的这幅作品表现了唐太宗接见各番邦使节的盛况。

**脱胎换骨** ON THE REFORM OF
纵横古今谈军改 ARMED FORCES

唐诗中的场面——"车辚辚，马萧萧，行人弓箭各在腰。爷娘妻子走相送，尘埃不见咸阳桥。牵衣顿足拦道哭，哭声直上干云霄。"

在这种形势下，府兵制走向了难以维持的地步。唐太宗的曾孙玄宗李隆基当政时，因经济发展，政府有了雄厚的财力，便以募兵代替世代为军户的府兵制。这种"插起招军旗，自有吃粮人"的招募办法，必然使军队失去"良民服役"的特点，导致社会恶劣分子充斥。尤其是在唐朝中期社会安宁，安分农民大都不愿当兵，投军者多为习惯骑马射箭的胡人。这些应募者，又往往只识长官不知朝廷，很容易成为边将的私兵。

唐朝中期又在边镇实行集行政、军事管理于一身的节度使制度。当年"精明"的玄宗终日同杨贵妃游乐，疏于军政事务，又认为胡人纯朴而放心任用，

王可伟为唐诗《兵车行》所配的油画，表现了"车辚辚，马萧萧"的征兵引起百姓不满，这也是后来唐朝改用募兵的原因。

第三章 从"商君变法"到"秦王扫六合"

导致各级将领也多由少数民族担任。唐玄宗当政后期,戍边军43万人中一大半是胡兵、胡将,其中骨干又是安禄山的东北军和哥舒翰的西北军,前者有18万兵力,后者有15万兵力。西北方向有吐蕃的强兵骚扰,哥舒翰的部队受

画家刘宇一的这幅画描绘了唐玄宗与杨贵妃游乐的情景。

到牵制且兵力分散。东北方向的安禄山已经镇服了契丹等部落,能够集中15万军队机动,他一旦造反就会对内地空虚的唐朝造成致命威胁。

**安史之乱成为历史转折,汉唐雄风从此不再**

公元755年,早有夺取天下野心的安禄山已经用番将取代汉将,完成了所部私人化,于是率15万官兵造反。这支叛军以胡人骑兵为主,唐军则临时由市井招募的兵卒,上城守备时,听到战鼓竟吓得纷纷坠下,洛阳很快失守。靠着抬出已中风的哥舒翰并调集西北部队,唐军守住了潼关,唐将郭子仪、李光弼部(也是原来的边军)经山西向留守河北的安禄山、史思明部发起反攻。为反抗叛军劫掠,河南、河北兴起的义军虽战斗力很差,也能牵制安、史兵力。可惜唐玄宗对西北部队也不信任,命其仓促出潼关,在灵宝一战覆没,长安随之弃守。

玄宗逃难到长安以西的马嵬坡时,身边愤怒的禁卫军实行兵谏(这相当于古代的"西安事变"),要求惩治祸国殃民的杨贵妃及兄杨国忠一伙儿。

## 脱胎换骨 ON THE REFORM OF
**纵横古今谈军改** ARMED FORCES

著名画家张红年的油画《长恨歌》，表现了唐玄宗在马嵬坡忍痛牺牲杨贵妃以平将士之怒的情景。

唐玄宗不得不忍痛牺牲了美人以保自己，随后留下太子李亨领导抗敌，自己逃到蜀境，国家差一点再次出现"南北朝"局面。

幸运的是，太子李亨此时在灵武（如今的宁夏）登基，史称肃宗，北方有了抵抗中心。这时唐朝能同叛军对抗的部队只有郭子仪、李光弼从山西撤下来的原西北戍边军一部。正好安禄山叛军出现子杀父的内乱，李光弼、仆固怀恩等番将指挥反攻，加上请来的回纥骑兵，唐军才打败了叛军。经过七年战乱，盛极一时的唐朝也走向衰落，藩镇割据取代了中央集权。

从某种意义上看，平定胡人叛乱的主力还是少数民族武装，汉族农民的作用主要是提供粮食贡赋保障作战。昔日骑马驰骋战场的唐太宗子孙，此时只能躲在深宫或西逃避敌，整个民族的尚武精神趋于颓丧。

唐王朝借助外力和招安许多叛将，勉强镇压了安史之乱，却无力驯服那些骄兵悍将和安史余党，只得承认他们拥有私兵并割据各地的现实，换得其称臣达成名义统一。就此，唐朝形成了藩镇割据状态，那些拥兵自重的军阀占据了大半江山。从军制来看，从朝廷到藩镇主要都采取募兵制，而且不少军阀还养家兵和死士打手。"好铁不打钉，好男不当兵。"这句近代社会流行语自此成为制度性积弊，兵民对立又使社会长期难以形成健康武德和爱军之风，乱兵悍将反成致乱之源。

安史之乱的另一个严重恶果，是藏族的祖先吐蕃趁机占领了北方水草最为肥美的陇右马场，汉族政权从此丧失了养马建立骑兵的基础。后来唐朝经常拿出每年一半的税收向回纥买马，购到的却多是劣马，汉朝和唐初华夏骑兵对北方少数民族曾一度拥有的骑兵优势，就此完全丧失，后来宋朝的衰弱并败于辽、西夏、金、蒙的种子也在此时播下。

千古兴衰，百年轮回。在封建体制下，唐太宗虽创立了炫目的文治武功，历史的周期率却注定其子孙会在养尊处优中走向腐败。安史之乱后，西北马场的丧失使华夏民族丧失了建立强大骑兵的物质基础，对北方游牧民族长期

唐军抗击安史叛军的情形。

**脱胎换骨** ON THE REFORM OF
纵横古今谈军改 ARMED FORCES

转入了消极防御,这说明中国封建体制已趋于沉腐,"安得猛士兮守四方"的《大风歌》终成绝唱。对后来那些只知高筑墙缩头防御的懦弱王朝来说,汉唐出击漠北"踏破贺兰山"的战绩,只能在纸面上吟咏追念。

唐朝亡于军阀朱温之手后,李氏皇族后裔所建立的南唐更加颓废。南唐王朝李后主那种以妇女残废为美的缠小脚变态审美观,居然推广近千年,社会风气摧残女性必然又影响了整个民族健康。不尚武的政权和社会,最终只能受强势者欺凌,文化落后的北方草原民族对中原征服必将再次造成中华科技进步的停滞乃至倒退。

唐朝军队后期的形象,此时因缺乏马匹以步兵为主。

# 第四章
# 横扫欧亚大陆的铁骑

人类最早的战争是使用冷兵器，体能强弱是搏杀决胜负的基础，以肉为食且习惯于野外游牧的族群同以谷物为食的农耕民族交锋，往往在体格上占天然优势。中国人在唐末发明、宋代大量使用的火器应用于战争后，人类就开始由体能作战进入以化学能作战，爆炸物和枪弹是任何强健的肌肉所无法抗御的，枪炮制造业开始决定军队的战斗力。中国发明了火药，火器却发展缓慢，关键在于宋代以后封建王朝的保守政策，没有多少文化的成吉思汗及其子孙却很重视火器，又将骑兵战术发展到战争史上的最高峰，开拓出一个古代疆域空前的帝国。不过这已是冷兵器战争史上最后的辉煌，东方人的智慧随后将帮助西方人走出了中世纪的黑暗，中国人自身在发展枪炮技术方面却逐渐落后于欧洲。

## 《清明上河图》中的颓废

作为中国"四大发明"之一的火药，发源于传统炼丹术，如秦始皇、唐太宗等都痴迷于"长生不老"药，因而长期找一些方士为自己炼丹药。通过长期炼丹的经验，方士们发现硝石、硫黄和木炭以一定比例混合在一起就会易燃易爆，荒诞的封建迷信活动倒是促成了一种改变世界的科技发明。

在历史上，任何一项重大的科技成果都往往首先被用于军事，中国人发现硝、硫、炭三种物质可制成具有焚烧和杀伤作用的火器后，首先就用于实战。据记载，唐末的公元904年，盘踞淮南的军阀杨行密的军队渡江攻打豫章（今南昌），就"发机飞火"烧毁城门。北宋天圣元年（1023年），汴京（开封）设置了火药作坊，"火药"一词也正式见诸史籍记载。

**古代经济最发达的宋朝，最早拥有火器**

唐朝灭亡后，经过几十年战乱才建立的赵宋王朝，用"杯酒释兵权"的办法解除高级将领对私军的控制，以高度中央集权消除了割据状态。同时，宋太祖还发誓不杀大臣及进言人，这种政治安定和政策宽松为发展经济创造了前所未有的好条件。

在中国古代史上，宋朝是经济、文化教育与科技创新都高度繁荣的时代，是唯一商业税超过农业税的朝代。四大发明中的活字印刷、火药、指南针，都是在两宋时期创造完成或开始应用的。宋朝文人地位大幅提升，朝臣还可以同皇帝当廷争辩。北宋人口最多时超过1亿而占全球三分之一，汴京（开封）、临安（杭州）是世界上仅有的人口超过百万的城市，瓷器、茶叶、丝绸、书籍和生铁等重要商品可在国际贸易中争雄且有巨大赢利，青苗法、方田均税法还是具有近代国家资本主义特点的法令。只是宋朝武器制造业完全由官府垄断，火器无法投入市场取得利润，不能形成商品经济条件下的良性循环。

历代人看宋史，几乎都为其武力衰弱及对外屈辱而长叹，其对北愈战愈弱、向南愈逃愈远，最后一个皇帝被逼到广东跳海。男子打仗窝囊，剧作者便编出《杨门女将》以找回点感觉。若认真考证，宋朝恰是开始倡导缠小脚的时代，三寸金莲的妇人何能上阵？居于《百家姓》之首的赵氏皇室治军之策大错，实为败国弱兵之罪魁！

宋太祖赵匡胤靠搞阴谋政变"黄袍加身"，他本人及后代最怕别人如法炮制，一直推行重文抑武政策。秦汉以前当兵是荣耀职业，有军功者社会地位提升最快，以至于贵族子弟纷纷从军。宋代同一品级官员中文官待遇、权力却高于武官一档，战时还派素不知兵的儒生来外行领导内行。赵氏皇帝总是在万里之外发来"阵图"指挥，指令与战场实际往往相差甚大，前线将官又不敢违背"圣意"，索性机械地按图布兵，打了败仗就把责任推给上面。

宋太祖赵匡胤像

宋朝取缔唐朝藩镇和五代时形成的"兵归将有"的私兵、世兵制，实行全面国家募兵制，所募士兵又多属灾区流浪饥民，还大量以罪犯充军。这样的士兵地位低下，为防其逃跑又要在面上刺字，形同囚徒。描写宋代社会的《水浒传》中一句骂人的话便是——"贼配军"！

军官和士兵在社会上低人一等，自然导致举国尚武精神丧失，上层人物多留恋于勾栏瓦舍和青楼楚馆。宋朝建立后，疆域远不及汉、唐盛世，北方边界在河北中部和陕西一带，中国传统的马场在辽国、西夏境内，同辽、西夏政权如同一个"三国演义"的对峙状态。宋朝又没有北进夺取马场的能力，虽靠边贸买到些次等马和南方矮马，军马最多时只有17万匹，只是在北方边境有少量骑兵且战斗力很差。宋廷由此只注重消极防御，重视步兵修城挖壕并兴办江湖水师，在武器方面也着重发展远射程守城武器，不重视野战兵器。

## 脱胎换骨
### 纵横古今谈军改
ON THE REFORM OF ARMED FORCES

宋朝步兵抗击辽国骑兵的画面。

北宋军装备有射程达 360 米到 400 米的世界上射程最远的单兵武器神臂弩，还拥有冷兵器时代射程最远、威力最大的重型三弓床、车弩炮，据《武经总要》记载，其射程达惊人的 1600 米！不过这种武器笨重，只适合安装在固定的守城阵地上。公元 1004 年，辽军南下宋境逼近黄河北面的檀州时，其统帅萧挞凛率数十轻骑城外巡视，宋军就以床子弩以数百步外将其射杀。后来《辽史》记载："将与宋战，挞凛中弩，我兵失倚，和议始定。"萧太后和辽圣宗明白了宋军机械的厉害后，才决心讲和订立宋辽为兄弟之国的盟约。檀渊之盟中，宋朝有了点"面子"即被辽国尊称为"兄"，却失了"里子"，要每年付给"岁币"银 10 万两、绢 20 万匹。这点钱虽然只占宋朝年收入的 0.3%，毕竟是花钱求和的怯懦之举。

北宋时朝廷最早建立了火药作坊，开始生产"毒药烟球"和"蒺藜火球"。前者爆炸后能以球内毒剂发烟并起燃烧作用，后者利用爆炸推力把球内铁蒺藜撒放开来杀伤敌人。这些燃烧性、爆炸性火器需要与抛射类的弓弩或抛石机相结合，才能发射出去，一般也用于防守。

第四章 横扫欧亚大陆的铁骑

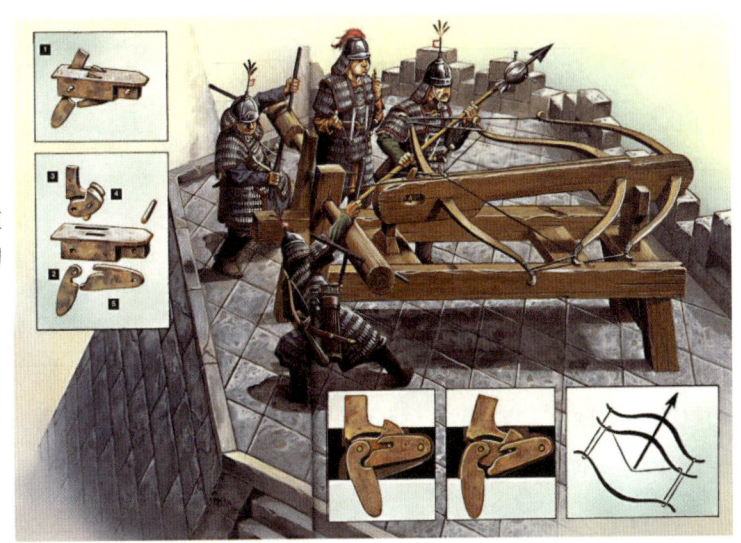

宋军装备的重型弓床，是守城的利器却不便野战。

按照基本的军事规律，真正有效的防御是积极防御，也就是攻、守结合，以攻势为主的防御。宋朝在开国后两次攻辽失败后，就转入只想苟且偷安的消极防御，这不仅是在军事上日益保守，思想上也陷入了只想花钱买和平而忽视武备的麻痹状态。

**宋军经商导致战力颓丧，遂有"靖康之耻"**

檀渊之盟后，辽国百年内再不向南进攻，宋朝更是走上了重经济、轻武备的富而不强之路。《司马法》曾提出"国虽大，好战必亡。天下虽安，忘战必危"。秦朝和隋朝是因"好战"而亡，宋朝恰恰就是因"忘战"而灭。有人总结，秦亡于苛政，汉亡于战乱，隋亡于兵役，唐亡于割据，宋则亡于安逸。

宋代在军制方面的重大改革，是把军政管理机关与指挥系统分离，将动员系统与指挥系统分离，这些都带有近代军事体制的特征，能防止将领权力过于集中。不过宋朝建军中的传统思路是"重内轻外",把防备内部篡权放在第一位,要求首都附近的内防部队数量要大于边境任何方向的部队。由于宋边境对辽、西夏实行消极防御、处处设防需要几十万军队,汴京附近就要有更多禁军。北宋初建之时禁军数量只有 19 万人,此后几十年间增加到 82 万人,加地方厢军,总兵力达 125 万,军队数之多为中国古代前所未有(后仅为明朝超过)。

宋代官员俸禄为历朝最高并为吏员发工资(此前小吏无俸禄,靠吃行政费节余或个人勒索),官吏队伍之大前所未有,募兵也使军费支出巨大。宋朝尽管财政收入远超历朝,每年仍有大量的财政赤字,被称为"冗兵""积贫",便让军队经商以弥补缺口。

军队作为随时准备打仗的武装集团,若开经商之风必然导致其职能严重社会化,会出现训练废弛和习武精神丧失的状况。宋军部队尤其是中央的禁军平日多从事"纲运"(官府长途贩运)杂役,士兵织的毛缎还成了官员的财源。加上募兵后允许大批官兵带家属,内地许多军营又成了杂乱不堪的院落和商业区,里面有作坊、店铺、商号、酒楼乃至妓院。

北宋时张择端所绘的名画《清明上河图》,被称为当时首都汴京(现开封)社会生活的写照。若是让注意军事的人仔细看,就可发现许多防务上的弊端:一是街上马匹极少,拉货的多是牛、驴,说明当年国家的战略产业马业很不发达;二是城墙上没有哨兵也没有工事,完全是不设防状态;三是城墙边本应作为营房的房屋已经成了店铺,门口却放着武器,说明兵卒在里面或是干活或是享受。

宋军大力经商,导致内外关系发生畸变。不少士兵成了长官的伙计,有些贫苦士兵的家属还被迫去卖身为娼。一些将领还与士绅乃至黑恶势力相勾结并参与非法经营,如《水浒传》中描写的张团练、张都监都是开办"快活林"酒家的恶霸蒋门神的入股分赃同伙和庇护者。驻军与当地经济利益盘根错节,又造成上级调度不灵,朝廷遇危机时调兵救命一下,马上官兵怨愤、家属哭闹。

第四章 横扫欧亚大陆的铁骑

从《清明上河图》中的这一局部中可看出汴京几乎不设防。

从这幅《清明上河图》的局部中可看出当时宋朝首都马匹也极少。

金兵进犯汴京时,朝廷召唤救兵的"金牌"道道,各地勤王兵却来之甚少,就在于调动困难。

对宋朝军队的积弊,宰相王安石一度也试图铲除。他主持变法的重要内容之一便是"减兵并营",六年内曾裁军36万人,并实行"保马法"以发展养马,准备日后以精兵劲骑恢复失地。王安石的新法却得罪了既得利益集

**脱胎换骨 纵横古今谈军改** ON THE REFORM OF ARMED FORCES

团，不出几年便被废止，宋军数额再度膨胀，腐败愈演愈烈。

军队不务正业武艺荒疏，宋军对西北小邦西夏也是屡战屡败。为此宋廷又要增兵，经费不足又让各军扩大经商，结果兵越多国力却越衰，形成了恶性循环。1126年金军南下时北临汴京对面的黄河边，迎战的各部一触即溃，防守河防的宋朝禁军听到对面擂鼓就被惊散。宋徽宗、宋钦宗父子随后又幻想，搜罗首都钱财付给金兵就能求得其退兵，没有想到金帛被掠光后自己也被抓去当了俘虏，出现了令人千年感叹的"靖康耻"。

宋徽宗留下的第九子赵构在临安重建朝廷，史称南宋，起初财政十分困难，让岳飞、韩世忠等新建武装各驻守一片区域后就地解决供应和安置家属。后人常凭着义愤指责高宗赵构不许岳飞北伐"直捣黄龙"（黄龙即如今黑龙江的金国旧都），并描述"十二道金牌"如何影响了恢复失地。其实"岳家军"基本是步兵，若过了黄河后在平原地带很难同金军铁骑周旋。这支部队的家属拖累同样很重，而且也在经商，

宋徽宗（赵佶） 宋钦宗（赵桓）

据记载岳家军每年光放贷的利息就多达116万多贯（宋代一贯钱约合一两白银）。岳飞在河南、湖北内地组织防御时打过几次胜仗，如果想出师远征"驾长车踏破贺兰山缺"，就只能是诗词创作中的艺术想象了！

有意思的是，腐败作风历来像一种很强的传染病，谁与之接触多就可能被感染，作战对手都容易被腐蚀。宋朝同辽国出现百年和好及建立经贸交流（包括"岁币"）后，契丹民族便日益宋化，其南都燕京的奢靡风气同汴京相差无几，昔日强悍的辽军同原来向自己臣服的金军作战便一败涂地。金国

占据包括今开封在内的中国北方后，也成了宋文明的仰慕者，其皇宫完全仿照宋宫，皇帝穿的皇服和文官的品级同赵宋一样，也搞科举取士祭祀孔子。现在看一下金朝留存的卢沟桥的建筑风格，说明金人已完全中原化。

辽、金从落后的部落文明进化到封建文明，在享乐生活中失去了曾经极为强悍的战斗力。两国抛弃了熟悉的草原环境后，就丧失了本族兵民合一制的优点，如女真族的"猛安""谋克"军户进入中原就如同后来的八旗子弟那样变成寄生阶层。同时，他们又没有真正学习到中华传统的儒家治国礼义，倒是欣赏模仿腐朽习性，结果比宋朝灭亡得更快。

描绘辽国军队形象的画作。
1.骑兵；2.普通士兵；3.辅助士兵。

**火器最初投入战斗应用，却未改变战争形式**

宋朝面对亡国危难，出版的兵书数量之多为古代历朝之冠，有些军官也将火器投入战斗以救急。不过赵宋皇帝及权臣们并不注重改革军制和采用新武器，少量战斗中使用火器的成就改变不了战略上的颓势。与之相反，文化水平低却注重实用的金军、蒙古军却很注重学习抛石机和火器技艺，使宋军这方面的优势也最终丧失。

女真民族在中国少数民族中历来以善于学习他族技能而著称，其建立的金朝就体现出了这一点。据记载，公元1126年金军首次进攻汴京时，宋军使用了能喷火的燃烧性火器攻击攻城云梯，一度将对手打退。翌年金军卷土重来时，就使用了上千辆抛石车，攻城时还先将护城河填平，而后以雨点般的抛石打击城墙，再辅以大量强弩，一举击溃城上守兵，进而出动与城墙等高、可容纳80人的巨型攻城车展开登城，这使传统城防完全无法招架。

金军首次攻陷汴京后一度撤走，接着在山东、河南一带建立了伪号"齐"的傀儡政权，包括岳飞部在内的宋军退到淮河至秦岭一线防御。为有效守城，南宋初年一位文官陈规发明了竹竿火枪，屡屡挫败为数众多的金军，奠定了其作为那个时代城防第一人的历史地位。

1132年，陈规在守卫德安城时，运用他发明的火枪组成一支60多人的火枪队，有"长竹竿火枪二十余条"，用火药作为抛射药发射石弹，从而在

公元1126年金军首次进攻汴京时，宋军使用了能喷火的燃烧性火器烧毁了攻城云梯。

南宋军用抛石机发射燃烧物防守长江防线。

世界军事史上出现了最早的管形火器。

1161年，宋金双方在如今山东南部唐岛发生了一次著名海战，宋军以火器优势取得难得大捷。当时金主海陵王完颜亮亲统40万大军南下准备灭宋，其水军战船数百艘和兵将7万人集结于唐岛附近，拟由海路直取临安。此时南宋海船副提督李宝率兵士3000人，乘战船120艘主动北上迎击。宋军利用生长于北方草原的金兵不识水性、不谙海道的弱点，利用上风，率船队全速接近敌船，接着弓箭手顺风向敌船发射燃烧性火器——火箭。金船因风帆均用油布做成，一中火箭顿时燃烧，加上风助火威，船队顿时变成一片火海，船上金兵除了溺水而亡便是上岸逃走，宋军又登陆在汉族起义人员帮助下截杀甚众。此役宋朝水军全歼了超过自己十几倍兵力的金国舰队，同陆上的采石之战胜利一起使南宋转危为安，此后出现了南北长期对峙。唐岛之战本身，又作为火药火器应用了战争后的第一次古代海战而永载史册。

南宋政权稳定后，仍坚持重文轻武的祖传思路，杀掉岳飞的重要原因就

**脱胎换骨** ON THE REFORM OF
纵横古今谈军改 ARMED FORCES

是因他军权太大威胁皇权，韩世忠等抗金名将也被解除兵权而闲居。南宋注重海外贸易，经济也很发达，所辖的6000人口所缴商业税还超过北宋时期，因而一直坚持募兵制，长期养兵70万。其军队却只分为步兵和水军，军队经商、训练废弛等弊病也都保留下来，只是靠水军优势还能在相当时间内挡住了金、蒙南下。

宋朝一直担心火器落到敌对政权手中，为此采取了官府垄断、技术保密与原料（硫黄、焰硝）禁外售的办法。不过金军通过缴获武器和俘虏工匠，还是很快了解到火器制造技术。金朝占领区有发达的经济和制造业基础，很快以宋军的火球为模式创制了铁壳火球"铁火炮"，而且还创制了单兵使用的竹制飞火枪。南宋方面也在改进火器，制成第一种开花炸弹"震天雷"，

宋朝水军用火器攻击金军的画面。

可以从城上向下抛掷或和抛石机投射。

金朝、南宋虽制造出不少火器,却难挡北方蒙古铁骑进攻。在技术层面的原因是刚刚发现和应用的火器还不成熟,如"突火枪"射出石弹距离不足百米,射程和精度都比不上弓弩。从军事思想层面看,宋朝和金朝的当权者都缺乏科学思想,没有制订过研制和发展火器的计划,一些技术创造只是少数官员和工匠的自我经验积累,无法大范围推广也难以迅速改进。

历史证明,一种划时代的武器出现,必须有创新的军事思想推动才能使其有效应用。中国自宋代以后封建思想走向僵化,知识分子只醉心于八股而重道义、轻技艺,这就使中国人发明的火药只能"墙里开花墙外红",反而在欧洲结出了丰硕的果实。

## 一代天骄,成吉思汗

当金朝以主要精力对付南宋时,原受它管辖的北部草原上崛起了一个强盛的汗国,也就是让后世惊叹不已的成吉思汗的骑兵帝国。蒙古民族的先人就具有强悍、适应恶劣环境和最擅长骑射的优长,只是因分散为各部落又相互攻伐而无法显现。名为铁木真的大汗统一草原凝聚起蒙古民族,将内耗转化为对外征服,便爆发出惊人能量,并把冷兵器时代的运动攻击战术发展到极致。后世人不论对成吉思汗如何评价,都承认他是古代战争舞台上一颗最耀眼的明星。

### 后人不能以现代文明标准来评价成吉思汗

提起成吉思汗,过去俄罗斯人和东欧他国人将其作为恐怖的"黄祸"象征。他和自己子孙率军进行过史无前例的大规模杀戮,丧生者不下1亿,而此时世界人口总数不过3亿多。冷兵器刀箭的杀伤量竟大于20世纪两次世界大战,

**脱胎换骨** ON THE REFORM OF
纵横古今谈军改 ARMED FORCES

这是由于当时毫无文明气息的战争有着种族屠灭的野蛮性。

根据历史唯物主义的观点,古代游牧民族将对外掠夺视为同狩猎一样的生产方式。蒙古贵族刚由氏族社会进入奴隶社会,生活环境决定的意识是想将征服地变为牧场,除留少数人当奴隶外要杀光所有原住民。马克思在《政治经济学批判》中曾分析说:"蒙古人把俄罗斯弄成一片荒凉,这样做是适合他们的生产、畜牧的,大片无人居住的地带是畜牧的主要条件。"

成吉思汗画像

纵观中国历史,蒙元入主时杀戮的绝对人数也多于此前任何战乱。金朝5300万人口的统辖区内,元初战乱平定时只剩1000多万人。南宋时曾有2000万人的四川,元初户口只剩85万人。这些充满血腥的统计会令现代人心惊,不过在古代那种只尊强力、淘汰劣弱的原始草原上,却无法用农业社会和近现代工业文明的善恶道德标准来要求其行为。

铁木真于公元1162年生于一个蒙古部落首领之家,从小看惯了周围各族、各部血缘复仇的相杀。他刚9岁时,父亲就被仇家塔塔尔部毒死(成吉思汗起兵后为报复,将该部比车轮高的男子全部杀掉),随母流浪时艰辛异常,为争夺食物还将同父异母的弟弟射死。在这种生长环境下,他磨炼出铁的意志,只

表现蒙古军射杀俄罗斯人的画面,当时俄兵在骑射方面根本不是蒙军的对手。

116

相信强者为尊而不知怜悯。

铁木真不识字,从未读过兵书战册,凭着自幼饱经的杀斗和后来无数战争磨炼总结出一套高超的作战艺术。约22岁时,他受本部推举并聚合"十三翼"(13个部落)3万余人同兵力相同的外部落联盟交锋,首战却打了败仗。这说明军事奇才不是天生的,不过铁木真可贵之处在于擅长总结经验,不完全是只识弯弓射大雕,而是满腹谋略。他不惜屈尊拜庸碌者为义父,联合一部打另一部,用十几年时间统一了纵横数千里的蒙古草原。1206年,44岁的铁木真站在斡难河边的大帐前,在群情欢呼下接受各部落贵族参拜,被尊称为"成吉思汗"。

蒙古军强劲的骑兵。

蒙古军实行兵民合一制,15岁至60岁的男子平时牧猎,战时全体出征,对外战争如同打猎,而且捕获的奴隶、财物更为诱人,这越发刺激起斗志。

成吉思汗起兵时的军事力量只有95个"千户",即10万蒙古骑兵,能在野狐岭一仗击溃金国精锐30万并追杀其大部,从此纵横南北中国无敌手。接着,他西征中亚,打败古罗刹,回兵准备灭西夏和金朝时在1227年病逝。成吉思汗的儿子、孙子接续其征服事业,所征服地域之广大创造了世界古代战争史上的最高纪录。这位蒙古民族最引以为傲的民族英雄,在中国史籍上被尊称为元太祖。

成吉思汗起兵之时以劫掠为号召,不过他高于其他蒙古贵族之处是后来部分接受了农业文明的统治方式,懂得保留手艺人和向民户征收贡赋比单一的放牧更好,对农耕区由尽屠改为招降,其孙辈灭宋时使江南经济民生多得

到保全。

在人类历史上，有时巨大的杀戮和灾难也会产生双面作用。蒙古军西征造成过巨大经济破坏，却打开了东西方文明交往的通道，此间中国古代四大发明中的三项——火药、印刷术和指南针传到了欧洲，从而为资产阶级文明的诞生准备了重要物质基础。

**在牧战合一基础上创造出轻骑兵大迂回战术**

成吉思汗的军事艺术，几百年来一直为世界各国军事家所敬佩并悉心研究。不过任何统帅的作用，只能相当于战争舞台的导演，取得成就关键在于很好调配已有的人、物资源。使战争资源得到最充分发掘和利用的方式，按中国近代兵家蒋百里所说便是"生活条件与战斗条件一致"，蛮力与军事科技成果结合在当时便可纵横欧亚无敌。

蒙古牧民特有的生活条件，是狩猎与谋生一致的典型，使其具备古代世界最强的单兵素质。这个"马背上的民族"的儿童，未学走路就先会骑马，三四岁便练射箭，长年在自然条件恶劣的草原上风餐露宿，男子长大几乎个个是纵马日行数百里、骑射每发必中且最能吃苦耐劳的勇士。蒙军主要的武器是弓箭，现代人测试通常要用80公斤的臂力才能拉开（这是农耕民族的人通常做不到的），射程可达130至150米，这超过其他民族的弓箭的射程，而且箭手还能在骑马时准确射击，使对手骑马难逃，纵马追击时未待接近又会被射中。

草原上奔驰的蒙古马体质结实粗壮，远胜于农耕民族圈养的牲口。在古代战争中，马的作用相当于机械化时代的飞机坦克，加上驾驭者最善骑射，便等于在后世拥有全机械化且具备最强攻击火力的机械化突击军团。

史学家曾赞叹："整个世界上，有什么军队能跟蒙古军相匹敌呢？战争时期，他们像受过训练的野兽，去追逐猎物。在太平无事的时候，他们又像

蒙古儿童从小训练骑马射箭的画面。

是绵羊，生产乳汁、羊毛和其他许多有用之物……"像这样不需要专门后勤的军队，能轻易远征万里。

成吉思汗起兵之初，便在仇恨金朝统治的契丹人引导下袭击了金国在长城边的"群牧监"，使那里放养的近百万匹良马落入己手。这一举动导致自己壮大骑兵有了最雄厚的资源，对手的骑兵损失后难弥补，蒙军铁骑对金、西夏作战和西征却有了最重要的保障。

看一下蒙古军远征决战的记载，大都选择在冬季，这时欧亚北部的江河封冻使骑兵能无阻碍地机动，另外蒙军在冰雪草原生活练就的超凡耐寒力更发挥出优势。如蒙军以4万骑兵攻金朝时取得最后决定性胜利的三峰山之战，就选在最冷时节，先将对手拖得疲惫难耐再攻击。当时15万金军在敌轮番攻袭几天后，大都"僵冻无人色，几不能军"，蒙古兵和马匹却保持着旺盛战力。金军最后奔逃时，蒙军再发起总攻，追击就变成一场单方面的屠杀，以最小代价全歼了对手主力。

成吉思汗最突出的战术创新，是实施大迂回方略，与古代其他军队的进攻方式大相径庭。蒙古军大迂回战略的实施体现了速度与距离的对立统一，形成一种飓风式的战场环境。蒙军主要以披着皮甲的轻骑兵为主，一兵有三匹马轮流换乘，蒙古马个头不高却有耐力和速度优势，这使其机动速度大大高于对手，创造了农牧业时代的"闪击战"。

蒙古军队出征时，所遇到的金朝和欧洲的重甲骑兵防护性能好，适合阵前对抗，自己的刀矛、护甲都不如他们，若打硬碰硬的对决战肯定会吃亏。蒙古军便扬长避短采取隐蔽的手段，将草原围猎的经验动用于大范围的机动战，用猎人那双狡黠、深邃的眼睛盯着敌人的后方，通过专门打其薄弱的侧翼、抄袭后方将其包围。随后蒙军往往故意"围三缺一"，待敌溃逃再进行自身损失量最小的追杀。

1241年4月，成吉思汗的孙子拔都所率的蒙古骑兵，就靠这种战法在多瑙河畔大破欧洲最精锐的10万匈牙利国王统率的联军，杀敌7万人，用对

蒙古民族草原生活的画面，这一"马背上的民族"精于骑射。

成吉思汗起兵之初就率蒙古军击败了金军。　　蒙古军西征欧洲的画面。

手的血演奏了一曲红色多瑙河。此时欧洲对蒙古的抵抗力量几乎崩溃。

　　欧洲人庆幸的是,此时拔都忽然得知窝阔台大汗(成吉思汗的三子)驾崩的噩耗,于是急速班师以争汗位,很多史学家认为这一偶然事件让西欧文明得以保全。

## 北方马力将中国火器技艺传到西方

　　铁木真这位文盲大汗统一蒙古部落并开始东征西讨时,通过战场实践,比金、宋朝那些文化虽高却昧于深宫的帝王更懂得实用技术的重要。农耕民族对付游牧民族的传统方式就是筑墙坚守,单纯依赖骑兵的战术对此确实无能为力。蒙古人却积极从金、西夏和宋朝的军队那里学到了攻坚技术,成吉思汗还采纳了契丹籍重臣耶律楚材关于攻下城池不杀匠人的建议,收容了大量汉、回等族的制艺能手,其随军制作营能造出有效的攻城器械,并掌握了抛石机和汉族新发明的火药技术。

　　蒙古军攻金朝时,便建立起世界上最早的炮兵——"回回炮手军匠上万户府"。这支新兵种只能抛射(不是用炮管发射)爆炸物,却能轰开许多城垒。1232年,蒙古军在三峰山大胜后东进猛攻金朝南迁的首都汴京,守军以

**脱胎换骨** ON THE REFORM OF
纵横古今谈军改 ARMED FORCES

牛皮作为城墙屏障，结果蒙古军以抛石机掷入火药罐，造成城上大火。接着蒙古军用牛皮洞掩护士兵挖掘城墙，城上的金军却使用铁罐装上火药制成的"震天雷"，点火后用铁索系着从城上垂到掘城处爆炸，据说当时声如雷震，蒙军牛皮洞和城下挖洞的士兵都被炸得粉碎。金军随后以敢死之士手持"飞火枪"冲出，枪口内装了火药，点火后要向前喷射十来步远。蒙古军出于对"震天雷"及"飞火枪"的惧怕，围攻 16 昼夜后只得暂时撤退。靠着火器，金军取得最后一次对蒙军作战的胜利，不久汴京再度被围，因瘟疫和缺粮被迫投降，城内的火器和工匠都成了蒙古军的战利品。

　　作为野战之王的蒙古军一旦有了攻城利品，真是如虎添翼。金朝亡国的哀宗曾叹道："蒙古之所以常取胜者，恃北方之马力，就中国之技巧耳。"将世上最强悍的骑射蛮力与最高超的军事科技结合，是蒙古军成功的要诀，而且他们的远征又充当了火器技术的传播者。

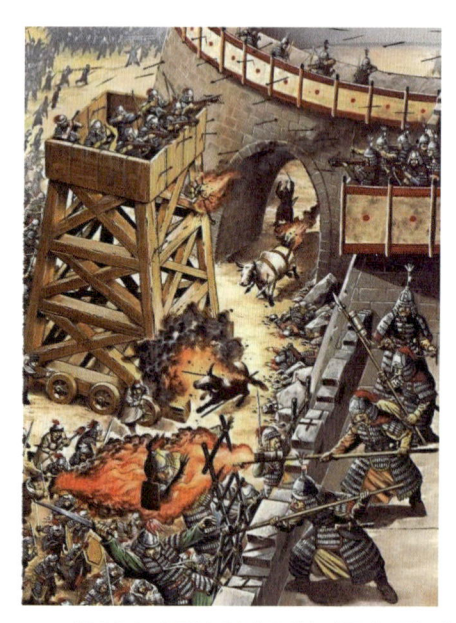

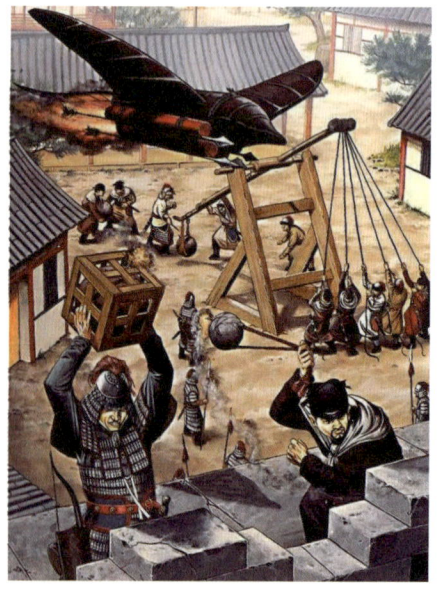

1232 年金军在防守开封时用火器打击攻城的蒙古军的画面。

第四章 横扫欧亚大陆的铁骑

1252年，成吉思汗另一个孙子旭烈兀在率领12万大军出征西亚时，队伍中就有一支由汉人炮手、弩手、火焰喷射手组成的千人队。1258年，蒙古军在炮石、火药箭等各种火器帮助下攻克世界名城巴格达，屠杀了城内80万人，并在此地建立了伊利汗国。随后旭烈兀准备远征埃及，却在1259年得知蒙哥大汗在攻宋时死于四川钓鱼城下。他便率主力东返，留下少数兵力西进，被埃及马穆鲁克军队击退。蒙军未能打进非洲，很大程度是宋朝钓鱼城军民守城战带来的结果。

1258年蒙古军攻陷巴格达的画面，后面的抛石机在攻城时投射燃烧和爆炸物发挥了重大作用。

蒙古军远征的画面。

**脱胎换骨** ON THE REFORM OF
纵横古今谈军改 ARMED FORCES

公元 1273 年蒙元军用抛石炮攻击南宋襄阳的画面。

旭烈兀东返后，见忽必烈已夺到蒙古汗位，便留居两河流域及其东部统治其伊利汗国。在同周边阿拉伯国家的不断作战和交往中，各种火器及其制造技术不可避免地被传输出去。在 1285 年到 1295 年间，阿拉伯人写作的《马术和军械》里，就记载了他们拥有源于中国的烟火、火箭和火枪。很快，这些利器传到欧洲，并得到"青出于蓝而胜于蓝"的发展。

公元 1279 年，南下的蒙古军在涯山消灭了南宋王朝的残余，著名诗人陆游的孙辈陆秀夫背着宋少帝投海，蒙古人建立的元朝最终完成了对中国的统治。

像成吉思汗所率的游牧民族虽然能迸发出强悍武力，可以征服文化先进者并开拓空前广大的疆域，却很快会遇到两个难以解决的致命难题：一是缺乏封建道德规范会导致内部分裂及自相残杀；二是无法抑制富庶地区享乐诱惑而很快出现自身腐朽化。

成吉思汗死后，子辈便各有异心，到孙辈便因争汗位开始了血腥内战，横跨亚欧、面积曾接近 3000 万平方公里的蒙古帝国就此分裂成四个汗国，忽必烈为开国皇帝的元朝只是其中之一。各蒙古汗国又选择了不同的宗教信仰，如中亚地区的汗国信奉伊斯兰教，元朝则以藏传佛教（亦称喇嘛教）为国教。

元朝的开国皇帝忽必烈死后，25 年内竟换了 8 个皇帝，以强权夺权的残酷宫廷之争贯穿始终。那些在位的元帝也大多不懂汉语，不看奏章，终日同"西番僧"（西藏喇嘛）在一起聚众淫乐，政务掌握在只知搜刮不知治国的蒙古重臣手中，其规定的四个民族等级的压迫制又激起下层"汉人""南人"内心的仇恨，并形成干柴烈火之势。

昔日精于弓马的蒙元军结束征服战争后，纷纷住进繁华的农耕区城市，缺少文化积淀所表现出的粗鄙追求立即显露，官兵们很快被歌舞酒肉所征服。由于在内地没有马场和放牧生活，蒙军又继续实行兵民合一、所有男性为兵的世兵制，仅经过两代人就丧失了骑射技能。1351年，15万修黄河河堤的民工拿起简陋的工具发起反元大起义，暴动大潮迅速席卷中华大地，前来镇压的蒙古军此时已大都腐败得拉不开弓、跑不动马，曾出现过36名义军一战击败万名元军的惊人战绩。这些蒙军与不到百年前的祖辈相比，战斗力相差何止天渊！

各路反元义军并起后，很快转入内部争夺，朱元璋以谋略壮大实力削平群雄，1368年在南京建立了明朝，并在同年派兵北伐。没有可战之兵的元顺帝只好从大都（今北京）狼狈逃回草原，从此再不能振作。这一历史现象说明，

忽必烈所率的蒙古军征服西藏的画面，随后元朝将藏传佛教当成国教。

**脱胎换骨** ON THE REFORM OF
纵横古今谈军改 ARMED FORCES

表现1360年起义的红巾军同元朝军队搏斗的画面，此时元军骑兵经常打不过起义的步兵。

文化落后者不可能长久保持勇武，成吉思汗及其子孙的军威虽然耀眼，在人类古代战争史上却只能如同彗星一掠而过。

### 朱棣，一个时代的开始与终结

创立明朝的朱元璋是中国历史上唯一出身赤贫的皇帝（另一位"布衣"得天下者刘邦毕竟还出身"亭长"即村干部），由文盲起兵，打天下途中学了些文化。他具备着重实干、了解下层民众和仇恨官员贪腐的长处，又有着观念落后、眼光短视、异常残酷和极度注重家族利益的弱点。朱元璋对结束元朝暴政和恢复国内经济做出过贡献，却也学习了落后的蒙古军世兵制。他实行"海禁"和绝对君权专制的政策，又导致全面的思想禁锢，使中国在世界发展大潮中日益趋于落后。朱明王朝的黑暗窒息了社会创新的生机，不仅是其家族的责任，而且反映了进入衰落期的中国封建统治阶级已经日益丧失了活力，也不可能进行有效的变革。

朱元璋晚年画像

## "不花钱养兵"的军户制无法持久

朱元璋起兵时最早的兵员是造反贫民和流浪者，后来靠给饭、给零钱的招募法补充，在社会上普遍缺衣少食的情况下聚集起上百万人。建立王朝后，他局限于农耕立国的思维，并参考了蒙元世兵制，将全国的军队分成各"卫所"。各所的军人平时种地、战时由朝廷临时遣将来调兵，就像宋朝那样兵将分离，兵不识将，将不识兵，防止武将拥兵造反。

从小农封闭的观念出发，朱元璋曾设想取消社会上的商品贸易，百姓自给自足，同朝廷只有贡赋关系，这种让社会倒退的主张在当时没有能够实行。不过朱元璋还是把天下人分成军户、民户两类，军户是军人及其家属，种地织布自己养活自己，不必向国家缴税。民户则负责向国家完粮纳税，用于供养政权。军户中的军人数量最多时有312万，创古代史上兵额最高纪录，朱元璋还得意地标榜养这些兵还不用花钱。

在社会分工已很明确的封建社会末期，搞这种兵农合一制不仅是复古，事实上也不能长期实行。国家不向军户发钱让其自给自足，军人及其家属便终日忙于耕织，无暇训练，遇战事集合调动也难。军官负责监管劳作，难免

**脱胎换骨** ON THE REFORM OF
纵横古今谈军改 ARMED FORCES

永乐皇帝朱棣的画像

要占用产品，士兵实际成了他们的农奴。

明朝初年战事频繁，卫所内只好抽一部分精壮供朝廷调遣，并要政府出钱供养他们，留下一部分人耕作。明初还招降和收编了一部分长城边的蒙古骑兵，燕王朱棣把他们当成"靖难之役"即同侄儿建文帝争皇权的作战骨干，再加上有一批此前久经战阵的老兵以及神机营的火器优势，明军在对内对外作战中还显示出较强战斗力。如明朝第三个皇帝成祖朱棣亲率步骑混合队伍五次出击漠北，消灭元朝的残余"北元"政权，自汉唐之后让华夏军旗在长城外草原重新飘扬起来。

## 世界上第一支建制火器部队——神机营

中国作为世界上最早发明火药、火器的国家，在明朝初期的1410年就建立了世界第一支成建制的火器部队，那就是被称为明朝京营三大营之一的神机营。同欧洲于1510年最早成为建制部队的西班牙火枪兵相比整整早了一个世纪。可惜的是，明朝政权对其缺乏应有的重视，因而这一代表新时代武器的部队缺少了发展的后劲。

宋朝最先发明并使用了管形射击武器"突火枪"，是利用火药爆炸的原理向远处抛射石弹，不过因当时技术水平低而只能射出十几步，而且没有多少准确性，远不如弓箭好用，因而没有得到广泛应用。蒙古军征服华夏地区，也注重缴获火器特别是爆炸罐一类为己所用，元朝还集中各地工匠于大都，制造火器并重新调整火药的配方。元朝至顺三年（公元1332年），刻有铭文最早的铜火铳被铸出来，其重14公斤，是当时世界上领先的射击火器。元朝还制造出了早期的"手铳"，相当于人类最早的手枪，只是因威力小、射程低、装填太慢而基本没有使用价值，只能给官员们作为玩物。

## 第四章 横扫欧亚大陆的铁骑

元朝末期爆发大起义，群雄并起，其中朱元璋在长江流域建立了军队。当时有一个名为焦玉的人献上自己所研制的火器，朱部马上采纳并制造，使该部成为江南起义军中唯一拥有较强火器的军队。同割据势力陈友谅进行鄱阳湖大战时，朱元璋部使用了"火炮、火铳、火箭、火蒺藜、大小火枪、大小将军筒、大小铁炮、神机箭"等火器，在战场上占据了优势，并首开在水战中以船载火炮轰击敌船的先例。

1368年，明朝取代了元朝的统治，却长期面临着逃到漠北的蒙古军的威胁，在统一战争中体会到火器威力的朱元璋又对火器比较重视，于洪武十三年设立军器局，生产火铳、将军炮、碗口炮及铳箭等种类火器。1410年南征交趾时，明成祖朱棣在京军中组建了专门的枪炮部队，命名为"神机营"，成为一支"内卫京师，外备攻战"的由朝廷控制和调动的机动部队。

神机营的武器有炮、枪（当时称"铳"）和火箭。火炮又分为轻重两种，轻型火炮以碗口炮为代表，重型火炮以将军炮为代表，发射原理就是在药室里装填火药，炮口"内衔大石弹"，依靠火药的爆燃将弹丸发射出去，射程可达几百步，这就超过了弓箭的威力。此时制作的"神枪"，也是以火药发射石弹，射程和准确性都比宋朝有了很大提高。

此时火器还处于起步阶段，其发射效率、精度及可靠性都不高，尤其是发射一次后的再装填程序非常复杂，以骑兵为主的蒙古军往往能利用这一"空档"时间冲上来。于是，朱棣在1410年指挥首次北伐时亲自编组了神机营在阵列中的位置，其周围都有骑兵、刀矛兵和战车的护卫。在五次北伐的作战中，明军神机营大都在激战高潮中使用，有时也用于伏击，任务是射击密集冲锋的蒙古骑兵马队。当集中火力一齐射击时，不仅会导致蒙古军骑手纷纷中弹落马，被巨响惊吓的战马也会冲乱其阵势，这使明军感到神机营能在关键时刻发挥重大作用。

明朝神机营建立时，其编制有步兵3600人（全配火器）、骑兵1000人、炮兵400人（管理野战重炮及大连珠炮），共计官兵5000人。其配备的火器有"霹雳炮"（火铳）

明朝初期为军队装备了可发射集束火箭的战车。

3600杆,大连珠炮200杆(多管火铳)、将军炮160位(重炮)。在火枪部队外,还有一支称"五千下"的骑兵部队对其进行掩护,有5000匹战马和相应数量的骑兵,这堪称是一支炮、枪、骑合成部队。

神机营的建立,本应成为世界军队发展史上一项有划时代意义的成就,然而在明成祖朱棣死后,这支部队就没有什么发展,火器也迟迟得不到改进,因而也没有能推动整个明军的体制和装备的变革。1449年蒙古瓦剌部进犯时俘虏了明英宗,于谦领导北京保卫战时又动用了神机营,在城外以火器伏击重创并打退了蒙古骑兵。此后,思想僵化和不求进取的明廷对火器发展又丧失了热情,神机营仍然被忽视,中国在火器发展上的领先地位在15世纪后期至16世纪便被西方国家超过。

著名画家崔开玺的油画《明末北京保卫战》,表现了于谦领导京师军队击败了蒙古军。

明军的这一辉煌时光不长,自朱棣死后就失去了主动进攻的态势,蒙古军反而一再进犯关内。1449年发生了土木堡之变,率军亲征的明英宗朱祁镇在北京至张家口之间被蒙军俘虏,50万明军或被打死或溃散。幸亏于谦等人另立新君,并集中20万临时拼凑的部队守住了北京,迫使蒙军退去并交还了英宗。此役成为明朝从盛到衰的转折点,在北方完全以消极防御为主,为此花费百年时间用砖石修筑起2000年来最坚固的长城(此前多用土垒)。

表现明朝修筑长城的画作。

## 戚家军闪耀却已兵为将有，供养皇族用去大半国库

明朝原先设想自给自足的军户制，到此时也无法维持，背井离乡又终生沦为事实长工的士兵纷纷逃亡，卫所中的兵额大都只是虚数。16 世纪后倭寇不断进犯沿海，朝廷竟然在当地无兵可战，只好由官员个人募兵，当时的抗倭名将胡宗宪开始重用戚继光。戚继光深知当时卫所已无法指望，而义乌的农民和矿工对倭寇苦大仇深，恨之入骨，便自己去义乌招募他们，组成了 4000 余人的戚家军。

戚家军训练有素，大量装备火器，发明武器狼筅，并为对抗倭寇创造了鸳鸯阵这一有效利用火器的阵法。在戚继光的带领下这支军队作战勇猛，建军百余战未尝败绩，极大地打击了倭寇，被许多人称为 16—17 世纪东亚最强军，而其本人根据作战经验总结的《纪效新书》也被后人视为军事著作。这支军队直到第一次"抗倭援朝"还能看到他们的影子，在朝屡立战功的吴惟忠便出自戚家军。

然而戚家军的辉煌并无法阻止明朝中后期军力整体下滑的趋势，由于卫所制度的崩溃，各地方都只能像戚家军这样靠募兵维持，朝廷经费不够又要靠当地军官自筹，结果形成了兵为将有的局面。

明朝财政一向紧张，遇战事时紧急招募兵员，战事停止时又匆忙裁掉并不给安置费。后来推翻明廷的李自成、张献忠都是陕北人，二人分别出身驿卒和捕快，都在被募当兵不久后被裁员且未发足饷，因心怀不满而率众造反。

明朝人口最多时达 1.6 亿，超过北宋一半，财政收入最多时却只及宋朝的三分之一，缺钱欠饷是激起兵变的主要原因。明廷税收少，一是不重商业和外贸（郑和下西洋不是为商贸而是为搜寻建文帝的劳民伤财之举），二是供养皇族浪费了天下太多的财富。

朱元璋从小受苦，又做过贼，养成极端狭隘贪婪的变态心理，掌国柄后下决心让子孙都享福。他为官员定下最低俸禄（县令一月仅 5 两白银），却

为后代规定了历朝都没有的优厚供给制度。如明朝各帝所有皇子都封王且代代世袭（他朝通常是过一代降一等），还分给大量良田，他们只接受供养而不可能缴税。这些皇子皇孙都姬妾成群，人数过一代增 10 倍，到明朝中期仅六代便增至 2 万多人。按照没有数学头脑的朱元璋制定的优养后代规定，此时朝廷全部财富拿出来也只能满足其中一半皇族的供养费。后来朝廷减额发放，皇族却越来越多，至明末"玉牒"注册者达 10 万，加上低级皇族估计已近百万人。贫苦农民朱元璋的这些后代，成为掌握最多良田的地主，还是吸食民间脂血和国家财税收入的最大寄生虫。在如此腐朽的皇族统治下，国家经济注定困窘，任何改革也难推进。

**明代后期火器发展落后开始对外引进仿造**

自公元 16 世纪初起，葡萄牙、西班牙和荷兰殖民者的船只相继出现在中国沿海，他们的枪炮的先进对明朝军人产生了重大刺激。1522 年，葡萄牙舰同明朝水师在今日香港屯门附近海面进行了中西方的第一次海战，明军在武器上已明显居于劣势，只是对手因人少和补给困难而退去。后来因葡萄牙人以行贿明朝官员在澳门获得居住权，较先进的"佛朗机"炮、火绳枪和制造火药方法也传入中国。

葡萄牙船和荷兰船接着远航日本长崎，历来长于对外学习的倭人立即购买了火枪、火炮，随后大力仿造，16 世纪的日本内战中便出现了 10 万之众的火枪队，倭寇对华进犯时也享有了火器优势。1548 年明军在抗倭时缴获了日本的"铁炮"（日语"枪"之意），戚继光等将领认为应学习仿制，不久便制造出单兵射击可用的"鸟铳"，其具备了近代步枪的早期特点。

此时的中国缺少科研基础，对外来兵器的先进性还停留在"知其然不知其所以然"的阶段，不过出于战场需求的感性认识也认为应该购买或仿造。明朝对"海禁"政策执行得并不严，对武器购买尤为积极，起初最喜欢"佛郎机"这种16世纪初欧洲最流行的轻型火炮，后来又看好重达几吨的荷兰产的"红夷"大炮（后又称"红衣大炮"）。

葡萄牙看好了中国的需要，澳门一度成为远东最著名的铸炮基地。通过传教士的中介，明朝最多时一次就购买了80多门西洋大炮。面对女真族建立的后金政权的进攻，明军步兵大败于对方的骑兵，坚守辽东的明将袁崇焕便寄希望于火器。1626年后在抗击后金军大举进犯宁远（今辽宁兴城）时，袁崇焕主要依靠11门红衣大炮，将有防火枪蒙皮的攻城梯打得粉碎，努尔哈赤也为炮火所伤。后金军此役死伤3500多人，多为火器所致，被迫退兵，成为其起兵以来最大的一次败绩。

明军在实战中感受到火器的威力，仿制和改进也更为积极。至崇祯三年即1630年，明朝仿制出的大中小型红夷大炮就有400余门，还在仿制基础上改进造出迅雷铳（装五根枪管的火绳

明朝的红衣大炮

明军在防守坚城时用"佛朗机"轻火炮轰击后金八旗军的画面。

133

枪，枪管轮流发射）、连子铳（原始连发枪）和翼虎铳（装三根枪管的短射程轻便火绳枪）等。这些火器的性能同西方武器的差距已不算大，同日本基本相当。1592年至1598年明军进行的"抗倭援朝"战争以驱逐日军获胜，后来南明的郑成功收复台湾时能击败当年世界上最强的荷兰海军，除依靠数量优势外，也是因武器属于同一代水平。

日本人所绘的向西洋人购买枪支的画作。

据明朝末期统计，一些精锐军队中火器手的比例已达到60%，明军已进入冷热兵器并用的时代。当李自成攻破北京时，崇祯皇帝带着一小队太监想突围，手里拿着的也是"三眼铳"（装三根枪管的火绳枪），只是因出不了城门才被迫返回景山上了吊。

1597年，明朝入朝部队向日军反击的画面，从中可看出有些明军士兵已使用火器。

从此时大规模引进和仿造火器的情形看，明末已有实现从冷兵器到热兵器飞跃的一个机会。不过当时国内缺乏机制改革的氛围，加上初期火器因装填速度慢且精度差难以抵挡骑兵，许多老派军人认为

后金（清）八旗起兵时的画面。

还是刀矛可靠，清军也只相信火炮的攻守城作用而在野战中只相信"弓马"。从根源上看，还是由于朱明王朝的昏聩和随后清朝的愚昧，中国丧失了跟上世界武器发展大潮的宝贵机遇。

**徐光启、孙元化等人筹划的军事改革归于失败**

明朝末年虽然改进了武器装备，政治、军事体制却依然僵化，经济陷入混乱，饥荒遍地又导致暴动蜂起，蒙古进袭的威胁消除后满洲的威胁又更为严重。当时一些有识之士有了改革图强的想法，如明末首辅张居正就实行了限制皇族特权、重整税收制度的改革，徐光启、孙元化等人在军事上也进行了一系列宝贵的改革尝试。

明末著名的科学家徐光启，是公元 17 世纪初就在中国最早向皇帝介绍了地球概念和世界知识的人（可惜这一说法直至 260 年后的洋务运动时才被中国最高统治者接受）。他向西方传教士利玛窦学习外语，并翻译西方科技著作，把先进的天文学引入国内，并留下《农政全书》这部农业科学的重要著作。同时，徐光启也是倡导军事改革的先驱者，主持过向澳门购炮，并建议朝廷把制造火器摆到首要地位。

买武器的建议虽得到明廷同意，徐光启提出的最重要的"正兵"计划却未能实行。他有十条有关练兵事宜的建议，其中心就是建立由精通火器的军官指挥的15支精锐火器营，实际上就是近代化军队的雏形。他的学生、一度任登莱巡抚的孙元化，更制定了全副火器装备的营制，并在山东登州、莱州建立起有8000人的主要使用枪炮的新部队。若实施这些主张，明朝军队不仅能全面进入热兵器朝代，编制、战术也会有一个走向近代化的根本变化。

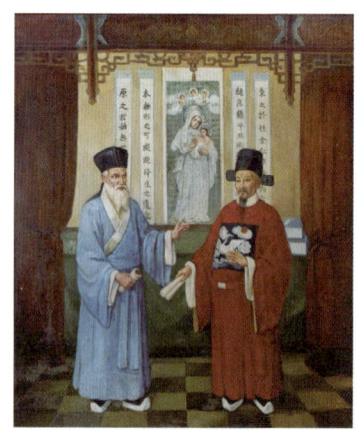

表现利马窦（左）与徐光启（右）交谈的画作。

可惜的是，腐朽体制从来容不得新兴力量的变革，张居正的改革很快被废止后，徐光启、孙元化建新军的主张被陈腐大臣们普遍反对，并以靡费为名不给拨款。更可叹的是，因明朝内部倾轧，孙元化的部将孔有德等人携带红衣大炮等最精良的武器渡渤海湾投奔皇太极，他本人被追究责任而遭受朝廷处决。

明朝历届皇帝一向对臣下严苛，宰相制都被取消，只相信自己的绝对君权。更可叹的是，明朝除朱元璋之外的各帝都依赖太监，认为这些没有后代的阉人才不会有反意。除了明初二帝和最后的崇祯皇帝，其余皇帝又大多只顾玩乐不愿理政，竟然有两位皇帝20年不上朝、不见大臣，国家出现了"无头政治"，靠太监专权。最后的崇祯皇帝朱由检倒是想有点作为，从早到晚忙于批奏章，可是他当政17年间只顾乱杀大臣、名将，滥下不切实际的命令，明朝这艘已经千疮百孔的破船交给这个急躁又刚愎自用的舵手只能沉没得更快。

清朝的前身是努尔哈赤于1616年在东北建立的后金政权，开始实行与成吉思汗相似的全体男丁为兵、八旗世代相袭的世兵制，骑兵又是主力。后

第四章 横扫欧亚大陆的铁骑

金军利用快速冲击的优势，打垮了虽有火器却射速很慢的辽东明军。不过在1626年宁远大战中，后金军领教了炮火的厉害，马上就利用汉族工匠赶造炮、铳等火器，1631年内又仿制红夷大炮成功。八旗军随后利用孔有德等明军将领来降，掌握了国内最先进的火炮，在1641年明清决定性的松锦之战中以炮火压倒了明军，攻陷锦州后又把那里变成火器制造基地。明军的骑兵本来就不敌清军，唯一拥有的火器优势再丧失，靠坚城也挡不住关外的攻击。

1644年清军入关时，明朝最后一支骑兵即吴三桂的"关宁铁骑"因李自成入北京时虐待和劫掠其家属而降清，此时"大顺军"更具有骑兵、火器的双重优势。李自成弃北京逃回陕西打算据守时，清军又集中红衣大炮轰破了潼关防线，大顺军自此奔溃千里都组织不起有效抵抗。明末一点军事装备改革的成果，最终为他人做了嫁衣。

明朝军队守备居庸关抗击突入的蒙古骑兵的画面。

137

**脱胎换骨** ON THE REFORM OF
纵横古今谈军改 ARMED FORCES

　　入主中原的清朝作为一个原本文化十分落后的政权，起初因作战急需也重视武器，却只能仿制而无力搞科技创新。稳定政权后，清廷更为闭关自守，长期迷信"弓马定天下"的传统，火器发展近乎停滞，这又注定了中国在军事上更为落后。

　　若是追溯历史进程，15世纪末可谓东西方文明发展的一个转折点。1492年哥伦布远航美洲开始了地理大发现，接着葡萄牙人又控制了明朝郑和远航后主动放弃的马六甲海峡，开始了西方对东方的征服。在武器和军事制度上，西方与东方的差距也就此拉开，而且越拉越大。

　　这是令人叹息的500年的落后！明朝可谓是其开端，清朝和民国年间的衰败更使华夏大地陷入受西方宰割的地步。直至20世纪后期中国革命的胜利和进行的伟大建设，才弥补上这一差距。

王可伟油画《乾隆射猎》，表现清朝入关后还长期迷信骑马射箭的武功。

# 第五章
# 西方的崛起和东方的沉沦

　　15世纪是东西方历史进程中的一个分野期,文艺复兴后的欧洲开始迈入资本主义的新时代,亚洲经济发达地区还被束缚在封建主义桎梏下。欧洲新的生产关系发展促成了火器进步、战术变化和近代军队的建立。继西班牙、葡萄牙之后,英国、荷兰、法国都凭借着资本主义商品和新式枪炮开始称雄于世界,俄罗斯、美国也靠武力跻身于强国之列,世界战争舞台进入了火器时期。在军事变革大潮中,一度崛起的奥斯曼土耳其帝国因逐步落伍成了"西亚病夫",东方除日本靠维新变法崛起外都成了西方列强的刀俎之肉,过去文明领先于世界的中国也成了受人宰割的"东亚病夫"。

## 奥斯曼的崛起与新航线的开辟

土耳其崛起后向西扩张,最大的障碍就是自称罗马帝国正统后继者的东罗马帝国,西方人又称其为拜占庭帝国。5世纪至11世纪,它还算是一个欧亚之间的强国,却没有罗马帝国时代统一指挥的国家军队,靠封建领主采邑制建立了"军区"制,实际上是世袭贵族控制军区形成代代割据。11世纪以后,拜占庭历任皇帝为巩固王权而解散军区和世袭部队,以雇佣兵取代职业军队。由于君士坦丁堡地处欧亚要冲,经贸发达,拜占庭帝国内形成了本族人经商赚钱,雇外族人当兵的传统。开始来自东方的突厥人成为雇佣兵主力,后来见他们有"反客为主"的野心且宗教信仰相异,东罗马帝国又大量雇用信奉了东正教的罗斯人(来自东斯拉夫)。进入14世纪以后,保卫君士坦丁堡的作战主要雇用海外的威尼斯和热那亚人。雇佣兵只是为钱而打仗,来自外国

奥斯曼土耳其帝国用"乌尔班大炮"轰击君士坦丁堡。

的受雇者更不可能有卫国热情，让罗马帝国又苟延残喘了一千年的拜占庭帝国不可避免地日益衰落。它连续战败导致领土日益缩小，财源减少又难以招到多少雇佣兵，兵役上出现恶性循环，这也决定其必然被东部崛起的奥斯曼土耳其所灭。

1453年奥斯曼土耳其军队围攻千年古都君士坦丁堡时，使用了"恐怖而非凡的怪兽"——匈牙利工匠制造的"乌尔班大炮"。该炮长5.18米，重17吨，762毫米的口径足以装入一位成人。它使用的炮弹是花岗岩实心弹，重达680公斤，是那个时代威力最大的火器。据记载，"有时炮弹摧毁了整段的城墙，有时是城墙的一部分，有时是一座塔楼"。5月29日，重炮炸开了君士坦丁堡的城门，奥斯曼士兵蜂拥而入，东罗马帝国即拜占庭的抵抗崩溃，这座古罗马后期即建都于此的伟大城市最终屈服于新兴火器。君士坦丁堡陷落，并被改名为"伊斯坦布尔"，宣告了中世纪的结束。

## 土耳其建立跨三洲帝国却又因顽固守旧而逐步衰落

当火器于15世纪大量出现在世界战争舞台时，一度占有先机的并非是新生产力冉冉上升的欧洲诸国，而是奥斯曼土耳其帝国。13世纪蒙古西征后，最早将火药技术传输到亚洲西部的伊斯兰教地区，在那里兴起了那个将东方骑兵战术和火器结合的强盛帝国。

追溯奥斯曼土耳其人的先祖，是唐朝时西突厥的一支，他们迁居中亚后又遭受蒙古军打击，于13世纪进入小亚细亚地区，与拜占庭帝国（东罗马帝国）为邻。从1300年奥斯曼帝国建国，到1566年苏莱曼这一强势的苏丹逝世，十代君王不断取得一个又一个开疆拓土的成就。奥斯曼帝国在西亚占据大片土地后又进入欧洲的巴尔干半岛，攻下君士坦丁堡作为本国首都，还占领了北非沿岸成千公里的广阔大地。

从15世纪末至16世纪初，奥斯曼军队是世界上最先全面使用火枪和加

**脱胎换骨** ON THE REFORM OF
纵横古今谈军改 ARMED FORCES

农炮的军队，并保持着使用弓箭、短剑的轻骑兵，让他们骑在土库曼马及阿拉伯马上驰骋。其兵锋曾指维也纳城下，舰队威胁意大利，欧洲多国在陆地和海上组成联军才打退了这一狂飙。土耳其切断了地中海航路和陆上商路，迫使西班牙让哥伦布等人驾船西驶寻找通往东亚的新航路。

奥斯曼帝国好景不长，关键是国内对封建制度没有进行变革，没有建立近代工业，铸炮、制枪、造战船都得依靠雇用西方人才。奥斯曼海军短暂辉煌后最先衰落，1607年西欧军方要人就指出，他们一艘军舰就可以击沉10艘土耳其单层甲板桨划船。

西欧兴起工业革命后，仍靠农牧业经济为主的土耳其更显落后，主要靠购武器并聘请外国教官来训练军队。幸亏英国、法国想利用奥斯曼帝国阻挡俄罗斯南下，一直向其出售军火并提供军援，在1853年至1856年的克里米亚战争中为挽救土耳其还直接对俄开战。奥斯曼这个庞大且虚弱的帝国靠着利用列强矛盾，才苟延残喘了上百年。

想恢复昔日突厥荣光的奥斯曼帝国上层，也曾试图变法强国，却难以冲破黑暗腐朽的体制。建都伊斯坦布尔后的土耳其

奥斯曼土耳其军在17世纪装备的重型火绳枪。

著名历史油画《穆罕默德二世进入君士坦丁堡》，表现了奥斯曼军攻入这座东罗马帝王的千年首都。

142

苏丹都以荒淫残暴著称，每一代差不多都有成百嫔妃，还特别愿意掳来白种女人。在只有黑人阉奴的封闭后宫中，生下的几十或上百王子中只能有一个活着出去，这是因该国为避免兄弟争位有个野蛮习俗，新苏丹继位后就马上杀掉全部兄弟。侥幸的那位继位者，登基后就要以穷奢极欲发泄过去的恐惧，并经常滥杀大臣和平民。

奥斯曼帝国权力包括军事指挥权，主要掌握在一些世袭家族手中。他们容忍的改革很像中国的"洋务运动"，只赞同购买西欧枪炮并让法国、德国的教官来施教，并不想发展科学技术和建立资本主义工商业。直至20世纪初，土耳其仍以中世纪式的农牧业为主，兵役仍主要沿用古老的部落世兵制，被欧洲人蔑视地称为"西亚病夫"。

拒绝体制改革的土耳其军队编制、装备还能靠外购跟随世界潮流，国势

法国19世纪名画家热罗姆所绘的奥斯曼帝国宫廷画，表现其荒淫生活。

却日益衰落。从 18 世纪初到 20 世纪初的 200 余年间，奥斯曼帝国北方面临俄罗斯的不断进攻，西面有巴尔干争取自由的连续起义，南方还有闹独立的埃及以兵戎相见，内部各族、各部落又离心离德。最后一位苏丹重用从德国学到军国主义思想的"青年土耳其"激进派即"愤青"式人物，让他们主持改革以重温"大突厥"梦，导致了在第一次世界大战中对德结盟。随着德奥战败，原来地跨三大洲的奥斯曼帝国瓦解，只在剩下的小亚细亚新建了作为共和国的土耳其。

## 西班牙靠火器，最早建立世界性帝国

在欧洲国家中，西班牙在 16 世纪一度成为霸主。阿拉伯人在 14 世纪一再进攻西班牙基督教政权时，将从蒙古军那里学到的火器技术传到那里。欧洲最早的手持枪（又称火门枪）便在西班牙出现，随后发展成为火绳枪，火炮也随之登场。

14 世纪后期进行英法战争的英国国王爱德华三世看到了新兵器的威力，首次采取就取得非凡战果——"以五六门火炮让法军阵脚大乱，这是他们第一次看见能发出雷鸣的机器。"早期法国记载常常用"地狱"来描述火炮，因为这是那些人唯一能联想到的词汇。

火炮得宠初期，火枪却未受到重视，是因这些早期单兵火器命中率低，射程短且射速率慢，威力逊于原有冷兵器。法国在 1566 年才淘汰了十字弓，靠弓

1470 年西欧建立的炮兵，火炮性能已领先世界。

箭赢得一次次辉煌胜利的英格兰人保留其欧洲最强长弓的时间更长,因为其最大射程可达 360 米,能在 250 米的距离内射穿牛皮或锁子甲。直至 1596 年,英国才正式将火枪作为步兵武器。

最先偏爱火器的西班牙军,一度吞并了葡萄牙,又征服了经济发达的荷兰,向西控制了美洲大片地区,并把东亚的菲律宾当成殖民地,还曾想同当时听说十分强大的中国比肩。

1492 年,哥伦布携带西班牙国王致中国皇帝的一封信,(这封信直至 20 世纪 90 年代西班牙国王访华时才带给当时的中国国家主席江泽民,人称是"迟到了 500 年的国书"。)带领 87 名水手乘 3 艘船开始了横渡大西洋的远航,原想去中华大陆却意外地实现了人类的地理大发现。后来西班牙虽

油画《哥伦布到达美洲》

以"发现新大陆"为豪,哥伦布终其一生都认为自己登陆的是印度。

1992年笔者在美国华盛顿威尔逊中心访问讲学时,正遇当地筹划纪念"哥伦布发现美洲500周年"活动。许多印第安人和拉丁美洲人上街抗议说,"什么发现美洲,我们的祖先原来在这里生活得好好的,哥伦布的登陆只给美洲原来的居民带来几乎灭绝的灾难"。委内瑞拉的大学还建立了模拟法庭审判哥伦布,宣布他犯有种族灭绝、屠杀和平居民、掠夺、强奸(哥伦布航海日记中就记载曾登岸掳来一位9岁的幼女来玩弄)等十几项大罪。

哥伦布登陆美洲之初,当地居民对这些远方来客友善相待,没想到遇到可怕的屠杀。此时美洲估计有2500~5000万居民,最大的印加帝国是一个发达的氏族社会,控制着绵延5000公里的安第斯山脉地区。一个叫皮萨罗的恶棍为实现黄金梦,向西班牙国王申请去征服秘鲁。1531年,他率领仅有180人的远征队在秘鲁登陆,很快消灭了那个有600万人口、17万军队的帝国。以人数相差如此悬殊的比例获胜,堪称世界战争史上之最。

皮萨罗轻而易举地完成了征服,一是靠火器,二是靠白马。西班牙人的火绳枪是早期火器,能发出骇人声响,准确性和射程并不比弓箭高,不过火枪加火炮把印加人吓得目瞪口呆。他们骑着62匹从欧洲带来的白马,也是印加人从未见过的动物,一时被看成天神,就根本不敢抵抗。另外,西班牙人带来的天花病毒还在美洲迅速蔓延和肆虐,短期内造成很多印第安部落灭绝,因为那里的人完全没有免疫力。

1521年西班牙人同印加帝国的阿兹特克武士在神庙前激战的画面,火炮发射吓呆了对方。

从 1502 年到 1660 年，西班牙从美洲掠得 18600 吨注册白银和 200 吨注册黄金，16 世纪末的世界金银总产量中有 83% 被西班牙占有，连中国市场都流入大量墨西哥银币。西班牙虽然以雄厚财力建立起装备火炮的规模最大的"无敌舰队"，其封建王朝却不重视投资发展工业，只热衷于购买国外昂贵商品，导致国内产业萎缩而货币又急剧贬值。

表现西班牙人骑白马征服美洲的油画。

1568 年荷兰工商业者领导发动欧洲第一场资产阶级革命，也称"尼德兰革命"。起初西班牙军队轻易粉碎了一盘散沙的起义者，不到六年时间里造成 15 万人死亡。各自为政的 7 个荷兰省份随即组成军事同盟，欧洲敌视西班牙的国家也援助起义。1581 年荷兰赢得了独立，这个新兴国家还成为"海上马车夫"，抢走了原来统治国的外贸地位。1588 年英国海军打败了西班牙的"无敌舰队"，西班牙陆军又不敌北方的法国，不久便从强国地位上跌落下来成为二流国家，其国内除保持着奢侈的社会风气而没有留下像样的产业。

进入火器时代的战争史说明，只重商贸而不努力发展本国工业，武器研制就缺少基础，在陆地和海上很难建立和维持强大军队，西班牙的速盛速衰就是例证。

西班牙无敌舰队同英国舰队交战的场面。

## 英国以工业科技领先又夺霸主地位

把西班牙拉下霸主之位的是英国,这是个紧邻欧洲大陆的岛国,有海峡成为安全保障,到欧陆仅几十公里的距离又使其容易在经济上、军事上介入大陆,具备天然的地理优势。

1588年7月7日,有130艘战船、8000名水手和2万名陆军士兵的"无敌舰队"从西班牙起航,想登陆并摧毁岛国英格兰。实行这一进攻有充分理由,因为1580年英国海盗德雷克成为世界上第一个亲自完成环球航行的人,在历时三年的航行中掠夺了南美的西班牙殖民地。回程后他有了巨资再造舰船,交给女王的那一份战利品又超过英国一年的财政收入。

西班牙军想依仗人多、船大,先消灭英王收编德雷克等海盗组成的海军,再攻伦敦。没想到经过几天海战,"无敌舰队"一半被英国人打沉海底,一

第五章 西方的崛起和东方的沉沦

表现 17 世纪英国与荷兰进行海战的油画。

半逃回国。英国舰队规模小却灵活机动（这又是海盗风格），并拥有更先进的火炮，海战中反而占据了优势。

英国火炮性能有优势，是由于其国内工业在欧洲已占优势。从 15 世纪末起，不列颠岛上的工场手工业蓬勃发展起来，由毛纺业为龙头，发展到采矿、冶金、金属加工和制硝。这个狭小岛国又需要打开广大海外市场，海盗为其充当了先锋，打败西班牙便扫除了首要障碍。不过，荷兰舰船随后成为最大威胁，经过 17 世纪的三次英荷战争，英国迫使荷兰接受了《航海法》。该法规定输入英国及其属国的货物，必须使用英国船只或输出国船只。从此，荷兰船逐渐退出驰骋了近一个世纪的茫茫海域，"海上马车夫"又将海洋霸主位置让给英国。

英国以商贸立国，发展海军是头号任务，这又以发展科技和工业做保障。1687 年，英国科学家牛顿发表的《自然哲学的数学原理》，标志着以他为代

**脱胎换骨** ON THE REFORM OF
纵横古今谈军改 ARMED FORCES

表的近代科学诞生，此后工业飞速发展。如同马克思、恩格斯在1848年发表的《共产党宣言》中所说，"资产阶级在它的不到一百年的阶级统治中所创造的生产力，比过去一切世代创造的全部生产力还要多，还要大"。

18世纪末之前，英国由于没有发现蒸汽机，工业多属于手工业工场，只好选择了靠近河流的地方建厂，用传统的风车和水排这种自然界动力源。不过它已使用机器制造枪炮，能达到标准化，还能统一供应严格合乎口径规格的枪、炮弹，比手工打造的规格不一的枪炮效能高得多。英国枪的水平也由前膛火绳枪发展到打火击发的燧发枪，射速和精度都大大提高。

此时的法国作为西欧陆上第一大国也在崛起，16世纪以后在重商主义政策下大力发展工场手工业，部分制造业赶上了英国的水平，不过其科技创新和外贸始终要逊一筹。法国陆军枪炮水平也曾长期居欧洲前列，在技术水平要求最高的海军领域却落后于英国。

武器装备的进步，要求军队体制和兵役制实行变革。中世纪欧洲的战争主要是贵族骑士交锋，农奴们与此无关。从15世纪至17世纪前期，因农奴制瓦解，自由民成为社会主体，欧洲各国多采取雇佣兵充当职业战斗员。欧洲陆军编制也由贵族统领骑士，变成步兵、炮兵、骑兵、长矛手（进入18世纪后基本淘汰）和后勤支援兵组合的初步合成军。西欧海军的主要战力是舰炮，其结构内部形成炮手、水手和岸上服务人员的严格分工。

在社会制度发展和武器更新的前提下，1625年瑞典国王古斯塔夫在

瑞典国王古斯塔夫三世（1746—1792）的画像，他主持了著名的军事改革。

第五章 西方的崛起和东方的沉沦

17世纪英国内战中火炮成为决定胜负的武器。

美国独立战争时民兵同英军作战的画面。

三十年战争期间进行了军事改革，主要是废除忠诚度、纪律性均很差的雇佣兵制，在国内采用普遍民兵制并建立精良的职业军，规定男子都有服兵役的义务，这在欧洲首次将职业化和正规化引入了军队。

英国在1640年爆发了资产阶级革命，将国王送上断头台的强权人物克伦威尔组建了近代史上第一支资产阶级国家性质的常备军——模范新军。其兵制属于志愿兵役制，同时英国规定健康的成年男性公民均要服民兵役。实行民兵制在平时节省了军费，还能使众多男性接受军训，战时能有充足兵员供应，就此开创了正规军与民兵相结合的武装力量体制。

英国将这种民兵制推行到北美殖民地，目的是维持当地治安。18世纪70年代美国独立战争期间，华盛顿恰好利用想"美独"的各州民兵同英国派出的正规军作战，在法国派来的"志愿军"支援下迫使英王承认美利坚独立，这也是英国近代对外殖民史上第一次挫败。

## 被西欧视为异类和野蛮人的俄罗斯开拓出最大疆土

当土耳其的星月旗于1453年起在君士坦丁堡飘扬时，北方的俄罗斯却称自己信奉的东正教是基督教正统，要继拜占庭后成为"第三罗马帝国"。俄罗斯崛起后就不断发动对土耳其的战争，目标是夺回东正教圣地君士坦丁堡并改名"沙皇格勒"，俄土就此成为世仇。

罗马教皇早就同东正教对立，服从教皇、信奉天主教的西欧国家一直

俄国画家瓦斯涅佐夫的油画《罗斯受洗》，表现了988年基辅大公强迫斯拉夫人信奉东正教。

第五章 西方的崛起和东方的沉沦

1476年，伊凡三世与拜占庭末代公主联姻4年后，面对金帐汗国索要贡赋，一反常态撕碎国书杀了来使，宣布莫斯科公国独立。

视俄国为异端和"野蛮的东方人"，使其无法融入西方。俄罗斯崛起后，其西方、南方都一直是敌国。

俄罗斯人的先祖是罗马帝国时代的东斯拉夫部落，公元9世纪才建立一些小城邦国家，随后建立基辅公国，并在988年信奉了拜占庭传来的东正教。1236年蒙军西征灭亡了基辅公国，俄罗斯对蒙古人建立的金帐汗国称臣达200余年。1476年，伊凡三世所率的莫斯科公国摆脱蒙古统治，还同拜占庭末代皇帝的侄女索菲娅公主结婚，自称在血统上也继承了东罗马帝国。西方史学家曾概括说——"欧洲科技同蒙古式的剽悍相结合，从而造就了俄罗斯。"

**脱胎换骨** ON THE REFORM OF
纵横古今谈军改 ARMED FORCES

1547年伊凡雷帝当政后，俄罗斯完善了帝国体制，强化农奴制时开始军事改革，建立了常备军——射击军（使用步枪的部队），并设立枪炮厂。至今还陈列在莫斯科的"炮王"于1586年制造，重40吨，口径达890毫米，创造了至今无人打破的世界火炮口径最大纪录，可发射石质炮弹，这说明俄罗斯刚崛起就想在火器上争占头强。

1565年，伊凡雷帝（右坐者）创建秘密组织，随意捕杀人的画面。

俄罗斯从一个小公国很快扩展为世界疆域最大的帝国，很大程度是依靠不断追求控制"新土地"的渴望驱动。"恐怖的伊凡雷帝"异常残暴，还亲

俄国名画家苏里柯夫的油画《叶尔马克征服西伯利亚》，表现了哥萨克用先进火器征服了那里的土著。

手打死了唯一的儿子，苏联领导人赫鲁晓夫清算斯大林时就用了"伊凡雷帝式的暴君"这个特有词汇。这个暴君却奠定了俄罗斯帝国的基础，并在1581年派遣火枪装备的哥萨克开始了向西伯利亚的远征。

俄国远征队是一批探险者和征服者，少量带着武器的毛皮商人就能使寒荒土地上的西伯利亚部落相继归顺，收获了世界上面积最大的土地。除了哥萨克有能忍受苦寒的非凡耐力，也在于他们拥有先进枪炮，对待远东的少数原始部落同西班牙人对付印第安人一样容易。

在半个世纪的东征期间，哥萨克马队常靠捕猎获取食物，不断向乌拉尔山以东前进，沿途建立据点后再引来俄国农民屯垦。1638年的一天，一个名叫莫斯科维奇的小头目率领的30名哥萨克骑兵到达了鄂霍茨克海岸。面对着太平洋，这批首次到达这里的欧洲人狂欢起来，俄罗斯就此成为横跨大西洋到太平洋的世界最大帝国！

看到了太平洋的俄国人，发现鄂霍茨克海沿岸过于寒冷，一年间无霜期仅三四个月，不太适宜耕作。1643年俄国远征队到达气候较好的黑龙江流域，进到正准备入主中原的清朝发源地后院，并建立城堡。1685年，康熙皇帝稳定南方后，调集1.5万军队北进黑龙江，打退了当地2000名哥萨克。1689年中俄签订了《尼布楚条约》，俄国远征军在亚洲出现了第一次退却。

中俄首次交战时，俄军火器水平就高于清军，只是在后勤供应和数量上居劣势。俄罗斯远征队又向东进，在海边造船后闯入库页岛和千岛群岛，在那里又同日本人长期争夺领土。

此时俄罗斯虽有游牧民族向蛮荒地带扩展疆土的习性，总体上还属封建农业国，全国只有几十个手工工场（多属军工），商业

俄国画家谢洛夫的油画《彼得大帝》，表现他访问西欧的情形。

被外国人把持，教育由东正教会垄断，民众基本是文盲。1697年，彼得一世（彼得大帝）隐瞒身份出访荷兰，自称"下士"到船厂学习造舰、学驾船，因手艺出色还被师傅和工友们推荐为"优秀工匠"。接着，他还到瑞典、普鲁士、奥地利、英国等国家参观，深感西欧的先进和本国的落后。

经过一年多学习，那个为恩格斯所赞叹"真正的伟人"的彼得大帝于1698年回国，马上开始声势浩大而又严厉无比的改革，涉及政治、经济、军事、文化教育和宗教各方面。他规定上层要穿西装、学西方礼仪，禁止留大胡子，在俄国出版了第一张报纸，开办了第一批军事学校和技术学校，有了第一个博物馆、第一个公共图书馆和公众剧场，还下达了设立科学院的第一道诏令……这些都使得俄罗斯"从愚昧无知的深渊登上了世界光荣的舞台"。

彼得大帝的改革并非个人行为，其能够成功有赖于一个上层社会集团的支持，那就是新兴的商人、业主和少壮将领，改革重点又在军事方面。俄国聘请西欧技师建立了大规模的兵工厂，开发与军工相关的采矿、冶金业，所制武器很快接近了西欧水平。彼得大帝打败瑞典夺取了波罗的海出海口后，接着创建了俄罗斯海军，使这个过去的内陆国家面向海洋。

为向西方文明看齐，彼得一世向欧洲派出了数以千计的留学生，回国后在新设立的海洋、炮兵、工程等学院任教。这些学校按照兵营方式管理，由退役士官手持鞭子守在课堂上，谁不认真听课就抽打。为了在出海口兴建首都，彼得大帝以强征苦役的方式累死了10万农奴，欧洲进步思想家都谴责这一暴行，法国启蒙思想家伏尔泰却赞叹圣彼得堡的作用说："一座伟大的城市毕竟屹立在那里了！"

彼得大帝用野蛮的方式推进文明，不过俄罗斯的发展带有畸形化，主要是忽视民用产业而偏重军工，列宁后来为沙俄帝国主义就加上了"军事的、封建的"这种前置词。这种重军轻民的思路，以及国家建设"蒙古化"（全面军事化）的体制，虽在一定时间内推进了强军强国的进程，却势必使国家走上穷兵黩武之路，其历史传统还在俄国历史上传承了很久。

## 技术革命首先用于战场

"公民们,武装起来!

公民们,严阵以待!

前进!前进!……

对祖国的神圣热爱,

指引、支持我们为可贵的自由战斗!"

喜欢音乐的人大都熟悉世界名歌《马赛曲》,旋律高亢动人,它的歌词却更有历史意义。1789 年至 1793 年兴起的法国大革命,在人类历史上喊出了"自由、平等、博爱"的口号,社会上人们相遇时都用"公民"称呼代替了"老爷""太太""小姐"这种体现高低贵贱的叫法。有了这种社会气氛,拿破仑就能提出"不想当将军的士兵不是好士兵",给每个入伍的平民以竞争上晋的机会,打破了原来欧洲各国贵族垄断军官职位的传统。法国陆军一度称雄于世界,正是由这种大革命环境中出现的军事制度改革所促成。

军事变革又需要以科技工业发展为保障,18 世纪末开始的工业革命,为全民参战提供了大量武器,同时让蒸汽船、后膛枪炮、电报等新科技成果应用于军事领域,并出现总参谋部一类的全新指挥机构,19 世纪的世界军事舞台也就有了划时代的变革。

### 法国大革命和拿破仑战争,创造了武装人民的新样式

1789 年 7 月 14 日,手持武器的巴黎市民进攻巴士底监狱。虽然监狱里当时只关押着 7 个人,却因为巴士底监狱被认为是专制王权的象征,摧毁它是推翻专制统治最具有象征意味的行动。

法国在经济大发展时期爆发革命,主要是封建王室、贵族和宗教特权同"第三等级"的代表即工商业者的利益冲突激化,争取平等、自由和公布"人权宣言"就是要打破特权,让所有人获得公平发展机会。

**脱胎换骨** ON THE REFORM OF
纵横古今谈军改 ARMED FORCES

法国大革命中平民攻击贵族的情景。

法国的波旁王朝勾结外国想镇压革命，起义者便采取大规模暴力行动，几万贵族被处决，国王夫妇都被送上断头台。当周边国家的干涉军一同进犯时，新建的共和国在1793年动员全民参战，打退了欧洲反法联军并镇压了与之勾结的王党叛乱集团。这一年，内有几十万自愿者参军，有成百万人民参战，是战争史上的奇观，也是革命唤醒了民众的辉煌成果。

在这个法国"光辉的1793年"内，土伦战役中24岁的炮兵军官拿破仑显示出军事才华。原来的指挥官对军港久攻不下，他却有效地组织运用了近百门火炮，轰击打跑了港内英国舰队，逼使王党军队投降。共和国政府从此对拿破仑破格提升，他30岁就担任了法军统帅。

法国大革命在军事史上有重大意义，堪称第一场"现代战争"，它以争取自由和民族主义来动员人民参战，"公民军队"打败了欧洲各国的职业军人。

第五章 西方的崛起和东方的沉沦

法国军队开创了以普遍征兵制、就地补给制和多兵种合成编制为核心的现代军事体制，成为现代军事体制的先导。

由于法国大革命中激进的雅各宾派一味滥杀，自己也被葬送。混乱的政局使人民需要强势领导，拿破仑领导取得一系列征服胜利后于1804年加冕为皇帝。此举背弃了法国大革命建立共和的精神，不过法军仍继承了动员人民参战的精神并以此建立起激励机制。

拿破仑征战22年，亲自指挥战斗60余场，取得了五次对反法同盟战斗的胜利。他的军事思想、军事理论在战争实践中不断完善，被后人称为"真正的军事艺术的巨匠"。

法军在拿破仑领导下，有高于对手的士气，关键正是在大革命的基础上激发起官兵的荣誉感，在多数战争中士气高于对方的雇佣兵或从军服苦役者。从初战土伦，进攻埃及到远征莫斯科，拿破仑都亲临第一线，在炮火中从不退缩，成为对官兵最好的鼓舞。

远征埃及时，法军一度陷入缺粮和瘟疫传染的困境，被迫后撤。在马匹很少时，拿破仑下令只有伤病员能乘，其余人一律步行。执行官认为总司令自然应例外，询问他明天骑哪一匹马，马上招致怒骂——"你不知道我的命令吗？统统步行！"果然，在沙漠地区艰难跋涉时，拿破仑也同其他官兵一样用步行。当年的法军老兵晚年时纷纷说，他们记忆最深的不是哪一次辉煌的战斗胜利，而是拿破仑在行军中与他们同甘共苦。

当时法国建立了最完善的军事训练

表现青年军官拿破仑在土伦战斗中擎旗前进的油画。

**脱胎换骨** ON THE REFORM OF
纵横古今谈军改 ARMED FORCES

体制，拿破仑除了通过军事学校培养军官，在部队又专门设立训练兵营，并坚持从实战出发，反对形式主义的排场和刻板的训练。

拿破仑肯定步兵的作用时，认为战斗决定于炮火，而不是决定于白刃战，甚至提出"制造战争的就是炮兵"。他指挥的战争中主角都是炮兵，并将炮兵独立出来成为一个兵种。拿破仑还强调"步兵、骑兵和炮兵，三者相倚为用，均需相互协作"。他指挥的成功作战，通常先以炮兵实施压制，掩护步兵突破敌阵，在对手崩溃时以骑兵追杀。

出身下层的拿破仑身居高位后，抵挡不住皇权诱惑，滋生了征服世界的野心，并给自己的兄弟乱封王位，这成为失败之源。他让哥哥去当西班牙国王而引发当地反抗，为此派大军镇压而陷入游击战泥潭，激战六年损失了25万精兵，后来自己也感叹这是第一个引发失败的"西班牙脓疮"。1812年拿破仑调集60万兵力进攻俄国，又被广阔的土地、寒冷和当地军民的顽强抵抗

拿破仑在战争中指挥军队作战的场面。

消耗掉九成以上，法军从此一蹶不振。1814年拿破仑被迫退位，翌年复辟仅百日又败于滑铁卢，随即自愿当英国的俘虏，被流放到大西洋的一个岛上直至死去。

恩格斯曾指出："新的军事科学是新的社会关系的必然产物，就如

1812年拿破仑军队从俄国撤退的场面。

像革命和拿破仑所创造的军事科学是革命所产生的新关系的必然结果一样。"（《马克思恩格斯军事文集》第1卷，184页）拿破仑在军事上的成就，是在法国革命的特殊条件下出现的。新兴的民族主义和军事制度随着拿破仑战争传遍了欧洲，改变了人类战争的形态，使得席卷全民的残酷大战成为可能。

## 英国以工业革命成果确立了"海上霸主"地位

1815年，英国和普鲁士联军在比利时的滑铁卢打败了法军。经过22年战争，英吉利"海权"战胜了法兰西"陆权"，关键是两国的工业实力有很大差距。

滑铁卢会战前10年即1805年初秋，那个英国最危险的时刻，拿破仑率15万大军集结在宽度不过20多公里的英吉利海峡己岸，声称"只要有三天大雾，我就能成为伦敦英格兰银行的主人"。此时他望眼欲穿的，是法国海军及纠合来的西班牙舰队能到达岸边，掩护陆军在雾天登上对岸。同年10月21日，英国舰队同法、西联合舰队进行了特拉法尔加海战，以军舰一艘未沉的代价，击沉和俘虏对方22艘军舰，法国海军主力就此覆没。

## 脱胎换骨 ON THE REFORM OF
纵横古今谈军改　ARMED FORCES

描绘特拉法尔加海战的油画。

不少战史专家称："一场特拉法尔加海战的胜利，可抵消拿破仑所有的陆战胜利。"因为法国进入英国本土之梦从此破灭，英军舰队还能以海上机动打击法国控制的大陆任何一点。

近代海军舰只是国家工业和科技水平的结晶，还要依赖良好的训练。英国海军水兵终年漂泊洋面，且炮术高超，素质远胜于长期困在港内和岸上的法国水兵。英国舰炮质量和观瞄器材都优于对手，造船和制械能力也强得多，这是以1784年英国的瓦特发现蒸汽机所标志的工业革命开始为保障。

19世纪初，英国使用蒸汽动力的工厂远超过其他西欧国家的总和，生产的优质武器和商品是法国远不能比的。英国以金钱、商品援助的诱惑，能取得联盟战略之利，拿破仑因其扩张政策和经济力薄弱而成了孤家寡人。

英国击败拿破仑后确立了绝对的海军优势，向全球开拓原料供应地和市场，又极大地推动了本国工业化。1814年，世界第一个蒸汽火车头在英国诞

第五章 西方的崛起和东方的沉沦

生，狭小的英伦岛上至 1851 年的铁路总长度就达 1.3 万公里，密度为世界之最（相比之下，1949 年中国铁路通车里程才 1.1 万公里）。1850 年时，英国城市人口已超过了全国人口的 60%，铁产量超过了世界上所有国家产量总和，煤占世界总产量的三分之二，棉布占全球的一半以上。至 19 世纪末期，

表现英国工业革命的邮票，上面有蒸汽机车和发明纺织机的珍妮。

世界 16 亿人口中有 4 亿是英国殖民地居民，全球陆地面积四分之一属于大英帝国。

工业化进程，又改变了英国军队的面貌。尽管法国在 1849 年首次造出

描绘英国走向海洋和工业化的油画。

163

**脱胎换骨**
纵横古今谈军改  ON THE REFORM OF ARMED FORCES

装配蒸汽机的军舰，但英国也在同年建造了威力更大的战舰，并在几年内实现了全舰队蒸汽驱动。1840年普鲁士人德莱赛首先发明后膛枪（因有膛线当时也称"来复枪"），英军也迅速以此为陆军换装。1844年美国人莫尔斯发明了发送电码的电报机，英国随之运用这一成果率先铺设了全球性有线电线网。鸦片战争时伦敦向侵华英军下达指令，用蒸汽邮船递信也需要一个多月，有了电报（当时还是有线电）后就可实施瞬间发令指挥，真正能达到"运筹帷幄，决胜千里"。

1853年，当俄国南下威胁土耳其生存时，英国联合法国对俄宣战，并在1854年1月以25艘风帆和蒸汽混合驱动的战舰开进黑海。此时俄国还只能从英国进口少量蒸汽机，仅装配了几艘邮船，其黑海舰队拥有的16艘战列舰和4艘60门炮巡洋舰以及大量辅助舰都是风帆船。俄国海军看到自己军舰开出海遇敌不是对手，而且既追不上也跑不掉，只能甘受宰杀，便全部自沉于塞瓦斯托波尔港内，拆下舰炮用于岸上防御。这一可悲的事实说明，军舰

英国和法国的蒸汽驱动的战舰进入黑海，导致无力迎战的俄国舰队自沉。

有了一个时代的差距，交战双方就难以进行海战。

英法联军在克里米亚半岛登陆（土耳其兵又为其充当运输、砍柴、抬伤病兵等杂役），俄军有了本土作战的便利，却暴露了本国社会及工业落后导致的军事机器迟钝低效。由于南俄未铺设铁路，俄军向克里米亚调兵运物资主要靠马车。英法军队却在国内将军队由铁路运到港口，再由蒸汽轮船迅速运到战场，虽由几千公里外运来，到达战场却速度更快。

克里米亚半岛上陆战展开后，双方枪支性能又显示出巨大差距，数量占优势的俄军战斗力反而处于劣势。英法联军士兵普遍装备了后膛的新式线膛步枪——米尼步枪，俄军多数还在使用前装的滑膛枪。

滑膛枪有效射程只有 150 米且精度很低，线膛步枪有效射程达 500 米且命中率很高，双方这一差距导致俄军在野战中根本不是英法联军的对手，只好退到塞瓦斯托波尔这一坚固要塞中坚守。当时对英法联军最大的威胁是部队中霍乱等瘟疫流行，防病成了远征的难题。英国妇女南丁格尔率护士到战

俄国画家所绘克里米亚战争中保卫塞瓦斯托波尔的场面。

# 脱胎换骨 ON THE REFORM OF
纵横古今谈军改 ARMED FORCES

场抢救伤病员,就此在世界上成为护士事业的开创者和楷模。

1856年,俄国在塞瓦斯托波尔失守后被迫屈服,同英法土签订和约,退出了此前夺取的一些土耳其领土,承诺不在黑海保持舰队,英法军队则撤出克里米亚。这一仗显示出英国海军的巨大技术优势和全球性活动能力,同时也显示出科学技术和工业化水平将决定战争的进程。蒸汽船、爆破弹、来复枪、电报、天气预报、战地医院、铁路补给等近代化军事成果在克里米亚战争中都首次登场,导致战略战术乃至于国家发展相应都要进行变革。

通过克里米亚战争,俄国看到了农奴士兵与英国、法国自由民士兵之间的差异,以及本国军队的武器远远落后于英法。战后沙皇宣布废除农奴制,鼓励发展近代工业,军事上也变强征农奴当兵的苦役制为全民义务兵役制,俄罗斯才开始变成一个真正的近代国家。

## 美国南北战争显示了经济实力在持久战中决胜负

当欧洲争霸战火弥漫时,大西洋彼岸的美利坚抓住这一机遇崛起。1775年至1778年的美国独立战争能取得胜利,正是利用英法矛盾,争取到法国以"志愿军"名义派正规军来援。美国史书上曾渲染华盛顿领导的民兵善战,其实对英军大战基本由法军担当。接着美国利用拿破仑战争,"收购"了法国和西班牙的北美殖民地,又西进抵达太平洋。至1860年,美国领土扩展到780万平方公里,较独立时扩大

表现南北战争时期南军向北军阵地进攻的油画。

第五章 西方的崛起和东方的沉沦

美国南北战争中火车用于在战场调运军队的场面。

了 10 倍多，人口也由独立时的近 300 万增加到 3000 万。

美国独立后长期实行民兵制，政府只有规模不大的职业化海军。这个移民国家没有欧亚国家传统的社会结构，靠移民点组成的州具有很大自主性，联邦政府起初没有太大权威。在 19 世纪 60 年代以前，美国又是一个自由和奴隶并存的联邦，南方各州的庄园主普遍役用黑奴实行奴隶制。因反对奴隶制林肯在总统选举中获胜，1861 年南方七个州宣布脱离联邦，北方的联邦政府为维护统一而对南开战。

南北战争开始后，双方都在民兵基础上组建大量正规军。北军共动员 220 万人，南军则动员了 106 万人。在四年战争中，北军死亡 36 万人，南军死亡 25.8 万人，平民死亡数也有数十万。当年马克思曾评价说，南北战争代表了军事史上绝无仅有的大战争。

美国南北战争规模超过此前各次战争，是有新兴工业基础来保障的。此时北方年工业产值已达 15 亿美元（按汇率折合当时中国 40 亿两白银），有

3 万多公里长的铁路。南方经济以农业为主，工业产值只相当于北方的十分之一，铁路长度也不及北方一半，许多武器靠从支持它的英国那里进口。由于美国各家基本都有枪，枪产业异常发达，一经动员士兵往往带枪入伍，军工厂主要制造火炮。发达的铁路网又能保障数以万计的部队迅速集结到某一战场，双方会战时又能得到后方源源不断的补充，向对方倾泻炮弹终于有了可能。

南北交战双方基本都使用后膛步枪作战，机械连发枪也第一次投入实战。北方发展了制造标准化零件组装武器的生产方式，大大提高了生产效率，在军队数量占优势的情况下又使火力也占优势。

为争夺海上优势，南北双方都制造了蒸汽铁甲战舰，并在 1862 年 3 月各出动一艘进行了首次海战。尽管两舰的炮弹都打不穿对方的装甲，却让人看到了木制军舰根本不是其对手，世界各国海军从此进入蒸汽铁甲舰时代。

1864 年南军首次使用潜艇出击的画面，该艇很小且靠手柄驱动，却击沉北军一艘军舰，自己因爆炸产生的漩涡而沉没。

1864年南军在人类战史上首次使用潜艇攻击炸沉北军一艘护卫舰,自己也因爆炸产生的漩涡沉没,从而开创了海战的一种全新形式。

　　近代战争是一种经济力量的竞争,这在美国南北战争中表现得特别明显。北方的经济实力远超南方,加上林肯解放农奴的宣言让南方农场的黑奴大量逃亡。经过四年消耗,南军因后方供应和人力补充都陷入枯竭,最后在1865年投降。

　　南北战争作为工业革命后规模空前的一场战争,确立了近代战争的战术、战略思想,形成了动员、输送、军工保障和战地医疗等现代战争的基本原则。战后美国解散了庞大的正规军,只保留少量职业军队,南北战争的经验却丰富了世界近代各国军队的战略战术思想。

美国南北战争中首开铁甲军舰交锋的画面。

**脱胎换骨** ON THE REFORM OF
纵横古今谈军改 ARMED FORCES

## 普鲁士以铁路网、动员体制和总参谋部的优势打败法国

自 16 世纪起就称雄欧洲，通过拿破仑战争和克里米亚战争号称"世界陆战头强"的法国陆军，在 1870 年至翌年的普法战争中却一败涂地。普鲁士靠胜利雄威实现了德国统一，其陆军在战后也成为土耳其军、日军和中国北洋军等众多国家军队模仿的榜样。

普鲁士"铁血宰相"俾斯麦敢于刺激拿破仑三世，挑动法国首先宣战，马上就以反击获得令全世界震惊的大胜，是因自认为实力占优。战前普鲁士工业水平已赶上并在某些方面超过法国，所产克虏伯大炮性能居世界之冠，铁路网运能也仅次于英国，普鲁士建立的普遍性军训和迅速动员机制在各国又最强。战争爆发时，普鲁士一下动员令就征召了 80 万军人，人口与之相差不多的老牌军事强国法国却只征召了 40 万人。普军依靠铁路网，21 天内将 55 万军队、15 万匹马和 6000 门炮集中到边境，并运送了保障其作战的充足物资。法国却只向前线调运了 26 万军队，物资不足还运输混乱，出现许多枪不配弹、炮缺其药的现象。

两军一交锋，普军就发起令对手难以想象的快速进攻，将法军分割成两块并分别包围起来。拿破仑三世所率的 8 万人因粮弹断绝，很快在色当投降，皇帝都当了俘虏。接着，梅斯被围的法军 17 万人也投降，使法国一时几乎丧失了正规军，普军直逼巴黎并将其包围。幸亏以工人为主的 30 万市民组成"国民自卫军"坚守

拿破仑三世（前左）在色当投降后同俾斯麦（前右）在一起交谈的画面。

第五章 西方的崛起和东方的沉沦

近半年，这些武装随后又成立发动巴黎公社起义并坚持72天的主力。普军开战后就迅速占领了法国一半领土，德意志各邦马上表示愿归附普鲁士。1871年1月18日，德意志各政体代表集合到普军占领下的巴黎南郊20公里的凡尔赛宫，成立了"第二帝国"，并拥戴普鲁士国王威廉一世为德国皇帝。到法兰西旧皇宫成立帝国，这一举动本身就表明了普鲁士军国主义的扩张欲望，并对法国而言是一个极大的侮辱。第一次世界大战德国战败后，法国也在凡尔赛宫召开和会并让德方代表前来签约，就是对此的报复。

法国表现普法战争中巴黎保卫战的油画。

描绘德意志帝国（第二帝国）在法国凡尔赛宫成立的油画。

普鲁士能高效调动和操作战争机器，依靠的是当时最强的大脑——世界上首个总参谋部。拿破仑指挥作战时就建立过"参谋长办公室"，却不参与指挥而只能"严格遵守"和传达皇帝的命令。1807年普鲁士被法国打败后，开始施行一系列改革，包括沙恩霍斯特等人的军事改革，其中一项重要内容是建立"军队总参谋部"体制。虽然国王是普鲁士军队最高统帅，总参谋部却各美其美规划战略战术，并调配部队和主管供应。

1858年，毛奇被正式任命为普鲁士军队总参谋长，他的格言是"行计划，后冒险"。此前军队指挥是靠统帅个人才能，有了总参谋部后就能使工业时代的战争靠统筹规划来科学操作。后世一些军事史学称："总参谋部的建立也许是19世纪最伟大的军事革新。"

毛奇挑选的总参谋部军官，必须是陆军大学毕业，并有2年以上部队工作经历。在他领导下，总参谋部周密筹划了部队动员、编组和铁路运输等，为打败丹麦、奥地利和法国的三场战争制订了详尽计划，作战进程几乎完全契合预定方案，人称"有时像钟表一样精确"。

1866年，普鲁士国王威廉一世颁布命令，明确规定了总参谋长与战争部长（相当于国防部长）是"平级关系"（以前战争部长是总参谋长的上级），甚至在部队中也确立了参谋长与指挥官的"平级"关系。战争部长负责部队管理、行政和人事任命，总参谋长则负责调兵和战时指挥，这又确定了"军政"同"军令"相分的原则，达成了军事权力的制衡。

普鲁士总参谋部建立并得以完善后，总参谋长真正成为战争的指挥者而不仅仅是最高统帅的军事顾问。在普法战争中，威廉皇帝、俾斯麦首相到前线督战，毛奇作为总参谋长具体指挥普军作战，他身边的各级参谋军官则分别提供作战计划、情报、通信和供应方面的资料。相比之下，拿破仑三世还仿照自己伯父几十年前征战欧洲的方式亲自统军，身边没有总参谋部，调兵和指挥都随心所欲，法军的组织和行动都显得杂乱无章。

普鲁士总参谋长毛奇的肖像。

在普法战争中，毛奇成了头号功臣，也被中国崇尚洋务和西洋军事的人奉为偶像。后来毛泽东在长沙第一师范时曾指挥学生军采取过几次成功的护城行动，同学们给他的绰号就是"毛奇"。

1871年2月，德国因法国内地抵抗增强和他国干预而同意媾和，法方则同意巴黎象征性投降（守城军交出大炮，让德军举行入城仪式通过凯旋门并巡行几天）。在巴黎公社起义威胁法国新政府之时，5月间法德正式签订和约，法方同意割让洛林——阿尔萨斯地区（当地原来就是德裔、德语区）并在5年内赔款50亿法郎（当时折合白银7亿多两）。通过这一仗，德国成为世界公认的头号陆军强国，同头号海军强国英国在此后明显形成了竞争关系。

德国的崛起得力于推进工业化和军事改革，普鲁士容克军事贵族又以继承北欧森林蛮族和条顿骑士的黩武精神为荣，在国内培植军国主义精神，这也预示着将来会对外四面扩张，使德国成为两次世界大战的策源地。

## 日本"和魂洋才"的军事变革使其后来者居上

当19世纪欧美殖民者向亚洲东部扩张时，受到震撼的日本采取了"脱亚入欧"即学习西方并欺压邻邦的方式，在明治维新时实行了全面的军事变革，迅速由弱变强。

古代日本长期是中国的文化附庸，不过其国内缺少中国"大一统"的环境及和平思想传统，长期由封建军阀武士割据，有较强的黩武精神和"倭寇"海盗式的掠夺传统。日本还有沿袭千年的武士阶层，这些人有凌驾于平民之上并可以对其随意杀戮的特权，并以打仗为职业，完成国内统一就企图对外扩张。16世纪后期丰臣秀吉统一日本，随即举倾国兵力共15万人征伐朝鲜并想进一步入侵中国。此时的日本通过同航行到东方的西班牙、荷兰人交往，学习引进了西方枪炮并马上仿制，建立了数量多达10万人的火枪队，赶在中国之前就进入了火器交战阶段。丰臣秀吉因而狂妄地提出"将首都由京都迁至北京"，并想征服整个东亚地区。

在1592年至1597年的明朝抗倭援朝战争期间，日军已有部分火器优势，不过其军制还停留在封建武士世袭制和下层农民雇佣制的古老形态，加上水军不敌中朝联军，在连续受挫和内部矛盾重重的情况下被迫撤军。

17世纪之后延续200多年的德川幕府时代，日本出现了锁国，火器发展也停滞甚至倒退。这主要是因幕府封建统治者和武士们认为枪支技术易于被平民掌握（刀剑术要经长期训练），会威胁其特权，便缩小了火器制造业并由少数将军控制，作为特权身份象征的武士刀、盔甲又盛行起来。不过此时的日本并非全封闭，长崎开放了一个外贸港口，允许部分武士到那里了解"兰学"即荷兰和西方的兵学，因而社会上有了一批思想比较开放的上层人物。

1853年美国佩里舰队进入日本港口的"黑船事件"，使日本上层异常震惊地感到自己的落后，在不敢抵抗的情况下签订了不平等条约。随后，一批了解西方的上层人物包括反幕府的武士和商人又推动改革，原来没有实力的天皇又接受了这些人拥戴，在1868年正式全面开始明治维新。

日本一些守旧势力反对维新，不过皇室的态度和支持变法者的势大，决定了最后结局。1878年，萨摩武士的叛乱引发了"西南战争"，被有近代化装备的政府军镇压，这一仗从根本上瓦解了对冷兵器的崇拜以及割据的军阀体系，为明治维新扫除了阻碍。

明治维新的口号体现了同时进行三管齐下的变革——"殖产兴业""文明开化"和"富国强兵"，而且全面改变了政治、经济和军事体制。日本从西方引进技术建立近代化工厂，兴办西式学校并在甲午战争前实现了近全部男性和部分女性的扫盲（此时的中国人80%是文盲），此外还以学习德国、英国的军制建立陆军和海军。后来天皇评价认为对中国、俄国战争的胜利，首功归于小学教师，就是因士兵有了文化和国民意识才大大提升了作战能力。

明治维新时的军事改革除了全面学习西方军队编制、战术、训练方式外，还建立了统一的"皇军"，改变了过去各藩拥兵的分治状态。日军又模仿德国，实行了义务兵役制、预备役制，男性按规定都要服役一年再转入预备役，战时动员令一下便可成倍扩充。甲午战争前日本常备军只保留7万人，开战后一个月就扩充到20万人，而且都是服过兵役的有训练人员，其军事素质同清军临时招募的全无训练的乌合之众真有天壤之别。

日本的明治维新是一次建立资本主义社会的改革，却进行得不彻底，其国内政治和军界还留下许多封建余毒即所谓的"大和魂"，只是在技术即"洋才"方面才全面模仿西方。日本对旧武士制度虽然废除而改为平民征兵制，却仍继续沿用"武士道精神"和学习德国军国主义的军官世家培训制，建立了一种从少年军校起就进行黩武教育的特殊职业军官阶层，这又成为天皇制军国主义的重要基础。在明治维新37年后，1905年日本以打败俄国跻身于世界军事列强之中，却被人称为"披着西方文明的外衣而留着东方专制的野蛮"，其极其狂热的侵略野心不断膨胀，就此将其国家拖入不断发动扩张战争的冒险道路。

## 逢战必败的近代中国

当西方军舰和货轮远航到东方时，北京紫禁城内的清朝皇帝们仍在只讲祖宗"圣武"，不知有英吉利、法兰西，也不知人类居住的是圆形地球。清军初建时对缴获的明军火炮努力研习仿制，江山一统后却丧失了忧患意识，

英国人所绘的1793年乾隆见马戛尔尼的场面，对英使带来的军舰和机械模型清朝君臣不屑一顾。

1793年英国马戛尔尼使团的随行画师所绘的他们看到的清军形象。

终日精于考究满汉全席的菜肴。1793年乾隆皇帝接见英国特使马戛尔尼时,感兴趣的只是"尔国王"有多少姬妾。当他得知英国君主只能有一位王后而无嫔妃,不禁当场感叹如此不重子嗣繁衍!对方的经济、科技和军工,清朝君臣都不屑一问,料想其不过是"蛮夷小邦"!

马戛尔尼来华也担负战略观察任务,看到清军宽衣大袖的佩刀和拿火枪的士兵,发出的只是冷笑。他致英王的报告写道,中国武器已落后欧洲300年,而且连一点改进的意识都没有。清王朝最可悲的一点正在于此——不知道自己的无知和落后,乃是双倍的无知和落后!

**八旗由强悍转入腐朽,武器又百年不变**

17世纪前期,从白山黑水间崛起的满族八旗如同狂飙般横扫了华夏万里江山,靠的是清朝始祖努尔哈赤创立的集军事、政治、生产三位于一体的组织结构。当时以牧耕渔猎为主的满族总人口不过60万,全体青壮年都入旗为兵，父老子继，家属也由旗内供养，官兵上阵无后顾之忧，从小放牧中练就的骑射技能又使他们弓马娴熟。1644年清军入关时，满族八旗不过9万人，明军各部和"流寇"都非其对手。李自成在山海关前与吴三桂激战正酣时，忽见战马狂奔、长辫子飘扬的队伍冲来，立即惊呼"鞑子兵"而扭头便跑，从此溃不可收。张献忠刚与清兵相遇，到阵前观望时就被满洲神箭手远发一矢射下马来，立遭擒杀。清朝入主中原确是利用了明朝内乱，八旗兵是当时中国最强悍的军队也是不争的事实。

入关后不出两三代，努尔哈赤、皇太极的雄风就在后辈那里荡然无存，这支世袭军队成了最腐朽无用的一群，"八旗子弟"一词在中国竟成了骄奢淫逸的纨绔儿孙的代名词。

历史表象后面，体制性原因是决定军事组织强弱转化的关键。八旗入关后，几代清帝为防止武功退化或被汉人同化，规定在旗之人不许经营他业，兵丁和家属都由朝廷供养。旗人自称有"铁杆庄稼"，滋生了不劳、不练、不出征也可安享富贵的心态，人一出娘胎就有官衔，各旗都几乎成了养老扶幼机构。满族作家老舍曾对旗内生活有入木三分的描写："旗人的生活好像除了吃汉人所供给的米，与花汉人供献的银子而外，整天整月的都消磨在生活的艺术中。……他们没有力气保卫疆土和稳定政权，可是他们会使鸡鸟鱼虫都与文化发生了最密切的关系。"终日提着鸟笼遛弯儿、斗蟋蟀、唱京戏、泡茶馆，是八旗子弟给北京市民长久留下的最深印象。

鸦片战争前，清廷一直按25万八旗、60万绿营的定额发饷，平均旗兵每月4两，绿营每月2两。此数虽不足以养家，在收成靠天吃饭而无保障的农耕社会却是一份难得的固定皇粮，自然被从军者父子相继把持，形成世袭兵制，军营中老少参差。因八旗不堪重用，清王朝只得靠明朝降军编成的绿营兵为主力，这支武力同样被畸形经济侵蚀。1838年担任湖广总督的林则徐记述说，他到长沙后微服出访青石街一家茶馆，惊讶地发现这家店四名合股经营者都是绿营兵。当时各省绿营多在从事走私、开业买卖和劳役，遇上司校阅则雇市井无赖、游手乞儿穿上自己的号衣充数。市民化到这种程度，军队自然训练废弛，调防都难以办到。

从入关至鸦片战争近200年，清军火器水平没有太多进步，引进少数西洋枪炮也被规定只给八旗。清军仍停留在冷热兵器并用阶段，半数兵士还使用弓矢、矛戟、刀斧，训练更是沿用骑射、围猎、演练等旧式之法。清军虽建有外海和内河水师，外海战船按纸面统计共有890艘，数量比英国战舰（1836年为560艘）还多，质量却有天地之差。英国海军标准装备的三级战列舰装74门炮，排水量1700吨。中国沿海水师只有重50～100吨木帆船，仅能在岸边巡哨。英国使节就称"中国沿海1000艘师船，不堪1艘军舰一击"。

果然，鸦片战争爆发后，清朝那些陈腐积弊深重的军队与资本主义职业化军队一交锋，大都是遭炮击即溃散，形同儿戏。如同林则徐形容的，"虽

英国人所绘1840年舟山登陆战，清军还用弓箭抵抗英军。

第五章 西方的崛起和东方的沉沦

调百万媲貅，不值临场一哄"。此时中国经济产能也远落后于西方，形成农耕生产与工业化的"代差"。西方人靠着雄厚财力和工业能力，才能以"坚船利炮"轻易打开了贫弱"天朝"的大门。

### "师夷长技"引进仿制西方武器却不改军制

1840年6月，一支拥有50艘舰船、有3000名船员并搭载4000名陆军的英国东方远征军驶到了中国广东海面，开始了为时两年的鸦片战争。加上后续援军，英军共投入了不足2万海陆军，只付出500人阵亡、1500人病死（多是印度兵）的代价，就攻入广东、陷厦门、夺定海、占上海和镇江，舰队直抵南京城下。1842年8月，清朝官员爬上长江上的英舰，签订了丧权辱国的《南京条约》，以割地赔款和开放通商口岸等条件求和。

大败后的清王朝仍昏聩不觉，只想以"抚"息事，一些清朝官员如林则徐却提出了"师夷之长技"即学习外国枪炮的主张。与林则徐同时代的魏源，是近代中国放眼看世界而编著兵书的第一人，所撰写的《海国图志》等著述不仅介绍了西方地理、历史和风貌，还进一步提出要学其养兵、练兵之法。由于魏源不十分了解西方的政治制度和科技进步的原因，"师夷长技"还只限于建议官办船厂、炮厂并仿制西式武器。

《海国图志》刊行后，被沉溺于儒学故纸堆中的清朝官绅束之高阁，传到日本却引起朝野人士竞相翻译、注解、刊刻，被推崇为"海防宝鉴"，

太平天国士兵的形象。

179

**脱胎换骨** ON THE REFORM OF
纵横古今谈军改 ARMED FORCES

对进行明治维新产生了一定影响。

1851年初，洪秀全、杨秀清等以"拜上帝会"的宗教形式纠集广西上万人，建立了"太平天国"。因八旗、绿营兵腐朽不堪战，主要以刀矛为武器的太平军转战万里至1853年占领了南京并在此建都。太平军后来通过上海和长江航道购买了一些外国武器，却因洪秀全等人昏聩并沉溺于享受，未进行任何有进步色彩的改革。其队伍中老幼男女混杂（因合家造反怕受株连而随军），人数虽多却战力不强，遇到新兴的湘淮军便难以取胜。

汉族地主豪绅的代表曾国藩等人看到八旗、绿营那种世兵制的军队素质低劣，自建军队时改行募兵制，用"儒生领山农"的方式建立湘军，并购买洋炮取得火力优势，沿长江逐步逼向太平天国首都。曾国藩的门生李鸿章于1861年在上海建立淮军，也采取募兵制，而且靠外购枪炮，让5万人的淮勇组成中国第一支全部装备西式枪炮的部队。1864年太平天国被扑灭后，曾国藩解散了自己的湘军，李鸿章的淮军和其他省份自募的一些军队却保留下来。这些军队系私人募集，兵为

太平天国战争期间清军的形象，还系冷热兵器混用。

曾国藩画像

第五章 西方的崛起和东方的沉沦

将有，从此开始了近代军阀称雄中国的时代。

内战未息时，1860年英法联军打进北京，火烧了清廷的禁苑圆明园。签订屈辱和约后，慈禧太后带着小皇帝返京"垂帘听政"，面对危局不得不搞"洋务"，中心又是购买外国枪炮、船只并建立一些兵工厂。由于这些新办事务要依赖洋人，外国开始干预清朝政务，如中国的海关总税务司长期由英国人赫德担任，半殖民地、半封建社会的特征日益显现出来。

当时主持"洋务运动"的主角是担任北洋大臣的李鸿章，他推动中国建设兵工厂、铁路、电报等，所办企业的性质仍是封建性官办。其兴办经费来自清王朝财政支出，军工产品由政府调拨给军队，不作为商品投放市场，并不具有资本主义性质。洋务企业的生产管理官僚化、衙门化，不讲效益，不计成本，官员可以随意安排私人，又贿赂公行。加上本国无工业基础，工厂设备和产品多数配件依赖进口，往往自造一艘军舰的投入相当于购买两三艘同样吨位的军舰，使李鸿章最后感叹"造船不如买船"。设立这类企业，贫弱的中国未能增加收入，反而成为一个巨大负担，显然无法使国家达到"自强"。

洋务运动的30年间，清朝军队实行"建新不去旧"，为照顾旧官员利益仍留25万八旗兵、46万绿营兵，以35万由淮军等部勇营编成的防军为主要作战部队。防军虽装备了外购和仿制的西式武器，包括世界上最好的克虏伯大炮，编制体制仍停留在古代。洋务运动奉行的是"中体西用"指导思想，是在腐朽的封建体制上移植某些近代装备

清末军队新旧并存的怪现象，身着古代盔甲的八旗兵仍保留。

181

技术，相当于在枯树上嫁接新枝，注定不能成活。

清廷长期坚持"祖宗成法"不能变，兴办洋务最积极的李鸿章也声称"中国文武制度，事事远出西人之上，独火器不能及"。甲午战争前，清军只引进西方武器和训练施放技术，并不学习西方军事的战术和更高层次的战略战役思想，相当于拿着近代武器的古代部队。

在设立北洋、南洋、福建水师的海军建设中，清朝因无旧例可循，不得不全盘学习西方战术技术，并请洋员顾问来指导训练。不过清朝官员只将重金购来的英、德制军舰当成浮动炮台使用，不知夺取制海权是海军的主要任务。

洋务派进行的军事改革虽只涉及"器"而不触动"制"，却毕竟冲破了一些传统封建思想束缚，为后来新思想传播开启了一扇门。这段时间西方工业化迅速发展，中国仍以封建小农经济为主体，至1894年民间近代工业资本总额还不到2000万两白银，不及英国、德国一座大型工厂的资本，真是少得可怜！

清政府在19世纪90年代的每年财政收入不过8000万两白银，其中一半要供养无用的八旗和绿营，购买新武器的款项都少于新兴的日本。依赖外购又滋生了一个买办集团，封建买办思想就此成为阻碍中国进步的障碍。李鸿章主

李鸿章1896年访问美国时，纽约杂志 New York World 里面刊登的漫画。

持外购时就经常视西洋军火商所给的回扣和贿金而定，死时留下的私产多达4000万两白银（他本人所得朝廷俸禄按制每年仅180两），一人之财赶上国家半年财政收入。遇到外国入侵，这个"巨贪"李鸿章总是充当"主和派"，这恰恰也出自他本人的经济状态形成的买办思想。

第五章 西方的崛起和东方的沉沦

甲午战争期间日军进攻平壤清军的画面，此时日本军队在军装、编制和战术方面都全面近代化。

## 甲午惨败催唤中国军队走向近代化

1894年中日甲午战争爆发，双方武器水平相差不多，从军队性质上看却存在资本主义近代军队同封建古代军队的"代差"，只是同为英国人帮助培训的两国海军差距不大。北洋舰队在海战中勉强还能对等交锋，清朝陆军几乎每战必溃。

战前日本只保持常备军7万人，却有几倍的预备役军人，开战后一个月便扩军至20多万人，并以铁路和轮船迅速将6个师团近17万人投入对华作战。清王朝养兵总额接近100万，八旗、绿营兵却已腐朽不堪战，35万防军也零散分布于全国各地弹压民众，能调到前线不足10万人，且因缺少铁路（当时中国只修建了天津至山海关这一小段铁路），靠徒步行军几个月才完成集结。国内又没有预备役，临时募兵招来的30多万人多是地痞或流浪者，几乎没有

183

训练，形同乌合，开到前线多见敌即溃。

明治维新后建立的日军仿德国制度，建立了近代陆军的师团、旅团、联队（团）、大队（营）这样的合同军编制，战术参照普法战争的散兵战样式。清军陆军却长期按湘军成法实行单一营制，营以上无确定建制，没有组成以步兵为主，骑兵、炮兵、工程兵为辅的合成军队，指挥系统紊乱。两军从朝鲜半岛打到辽东半岛，日军都能按西方军队的战术组织各种火力的有效协同，并以疏散队形减少伤亡。清军却按冷兵器交战时的密集阵势，远远施放枪炮，队形又往

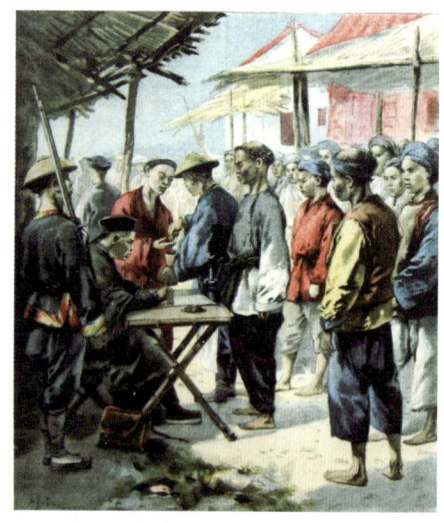

外国人所绘甲午战争中清军募兵的图画，应募者有许多是连鞋都没有的乞丐和流浪汉。

日本所绘的甲午海战油画，前舰为"定远"号。

北洋海军致远舰官兵照片，中立者为邓世昌。

往是一线配置而无纵深，遭敌火力突击便伤亡惨重，一点被突破即全线崩溃。当时许多人对此感叹道，此前搞洋务练兵多年，只学到操场步伐口令而已。

　　此时中国海军舰船总吨位8万吨，多于日本海军的6万吨位，南洋、福建和广东水师却借口没有铁甲舰不参战，只有拥有4万吨位的北洋海军单独支撑海战。中方除有"定远""镇远"这两艘7300吨排水量的铁甲舰的装甲优势，航速、速射炮和舰龄都居于劣势，水兵素质也不如敌，虽有邓世昌那样英勇的将领也无法挽回大局。在海战中，日舰发射的鱼雷击沉了几艘中国军舰（包括"定远"也中雷），清舰发射的鱼雷却无一枚命中。最后日军以登陆抄后路的方式，在旅顺、威海后面攻击，再以舰队堵口，北洋舰队最后以缴舰投降而覆没。

　　甲午战争的惨败如晴天霹雳，使中国人看到自己不仅落后于西方大国，连自己原来的文化模仿者日本也远远不及，这一落后不仅是"器"的方面又在于国家体制、军制。康有为在签订《马关条约》后便组织"公车上书"，

**脱胎换骨** ON THE REFORM OF
纵横古今谈军改 ARMED FORCES

著名军旅画家李如的油画《小站练兵》。

其中也包括主张改进军制。与此同时，1895年袁世凯在天津小站聘请德国军官帮助组建和训练7000人的"新建陆军"，部队编制全面学习德军，建立步、炮、工、骑、辎（重）的合成军。

1900年八国联军进攻北京，清军北方旧军大都溃散。1901年清廷下令办"新政"，永停古老的武科，强调"此次创建新军，一切操练章程，均按照西法办理"。国内制订了建立36个镇（师）新军的计划，至1911年辛亥革命前完成了14个镇、20万人的编练。新军的上中级军官主要由从日本归来的军事留学生担任，如近代军界的名人蔡锷、蒋百里、李烈钧、陈其美、许崇智、孙传芳、杨杰、蒋介石、阎锡山、何应钦等都是赴日

法国杂志描绘1909年清朝新军操练的画面，可看出军装基本模仿日式。

本的留学生。

清末中国向日本派出2000名以上的军事留学生，国内也在"新政"期间建立了70余所军事学堂，据1908年统计就有1万余名学生在读，主要由聘请的日本教官和中国留日归来的教官授课。世界上新的军事学术包括战略战术思想，这时全面地传到了中国。

编练新军时，天津小站建军起了牵头作用，北洋军至1907年发展到6个镇（师）7万人，人数占全国已建成的新式陆军的五分之二，武器装备也最精良。北洋军保持了曾国藩所开创的封建军阀的招兵选将方式，军官们由袁世凯个人选募，士兵由军官征召。

北洋军每天开饭时，军官都要喊："我们端谁的碗？吃谁的饭？"士兵都要齐声回答："我们端袁宫保的碗，吃袁大帅的饭！"这样的军队成了只对袁世凯私人效忠的军阀武装。

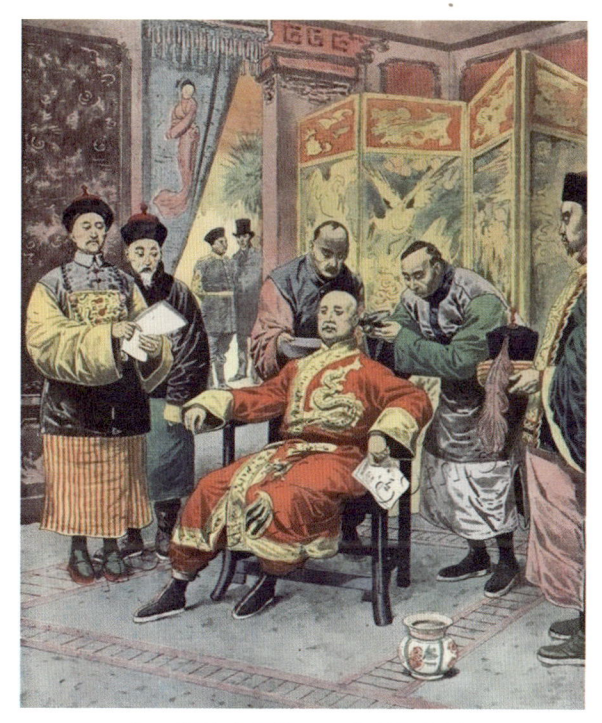

自太平天国战事后已无可用之兵的清廷，长期靠利用汉族军阀并在各派之间玩弄平衡维持统治。1911年秋，辛亥革命爆发，受孙中山为首的革命党影响的南方新军大都起义，掌握北洋军的袁世凯又乘机逼宫，早没有武力可恃的爱新觉罗氏只有在痛哭流涕中宣布退位。

1912年2月清帝退位后，袁世凯剪辫后就任中华民国总统的画像。

清朝最后实行军事变革特别是建立新军，原想用于维护自身，却促成了王朝统治的结束。新军有着军官私人控制的根本弊病，在民国年间都变成了封建军阀武装，使中国进入军阀混战年代。各派军阀又有不同外国支持的背景，具备半殖民地军队特点，人称"内战内行，外战外行"。

尽管清末的军事改革有种种局限，还是有其历史进步作用。毛泽东在1954年10月的一次讲话中曾说过："中国军队的近代化，我看可以分作三个阶段。""第一代是清朝末年搞的新军。""第二代是黄埔军。""现在的人民解放军是第三代。"

小站练兵，开始了中国陆军近代化，这在历史进程中写下了浓墨重彩的有重大意义的一笔。

# 第六章
# 机械化思维塑造的现代化战争

20世纪上半叶,是人类军事变革跨度最大、内容最复杂、进行战争规模最大也最残酷的时代,两次世界大战和俄国革命、中国革命从根本上改变了世界历史的进程。

军事变革的前提是科技进步。1903年12月17日,美国的莱特兄弟用内燃机进行了人类历史上的首次有动力、可操纵持续飞行试验。尽管他们发明的首架飞机这次只飞行了260米,却使人类开始了航空事业,飞机应用于军事也使战争由平面发展到立体。

1914年开始的第一次世界大战,飞机、坦克投入战场使战争迈入机械化,参战国的人力、物力资源也都被统筹用于"总体战"。第二次世界大战随之成为人类最大规模的机械化战争,战争中有50余万架飞机、30余万辆坦克和近1000万吨军舰被生产出来,其技术成熟且在从地面、海

莱特兄弟的"飞行者"号飞机首次飞行成功。

洋到空中的厮杀中起到主导作用。此时中国是连一辆机动车、一架飞机也不能生产的落后农业国,要靠"大刀向鬼子们的头上砍去"那种以弱敌强的精神来血肉拼搏,同时开始进口少量机械化装备并进行新战争方式的尝试。整个世界经历了空前激烈的战祸,却也经历了武器快速更新,新军兵种相继创建和军事思想的根本性变革。

**脱胎换骨** ON THE REFORM OF
纵横古今谈军改 ARMED FORCES

## "这不是和平，只是二十年的休战"

　　1914年6月28日，一个狂热的塞尔维亚青年开枪刺杀了奥匈帝国的王储，8月初德国就以帮助这个盟国的名义同俄国、法国和英国开战。有人戏称"一颗暗杀的子弹挑起了第一次世界大战"，其实偶然性寓于必然性之中，欧洲早已形成的干柴烈火之势一经点燃就扩展到世界范围。尤其是德国在1871年统一后的40多年内经济出现了跨越式的发展，煤炭和钢铁产量跃居欧洲第一，化工品总产量跃居世界首位，这促使它想重新瓜分世界，新兴的帝国主义强盗与老牌殖民者就难免来一次总较量，工业和科技的进步又使战争具备了划时代意义，"一战"中的战术变革就依赖于战场上出现的"三明星"——飞机、毒气、坦克。

### "马恩河出租车"和侦察机挽救了巴黎并改变战争形式

　　世界上谁最早发明了飞机？绝大多数人都称是美国的莱特兄弟，俄国人却说是本国的一名海军上校。确实，1882年有一名俄国军官使用蒸汽机装在木质机上做过飞行试验，也飞起一段距离，不过那种装锅炉、用煤作为燃料的飞行物并没有发展前途。世人承认俄国人在科技上特别是军

1881年俄国海军上校莫扎伊斯基在世界上最早试飞成功的飞机彩图。

事方面有很多创意，不过它长期在工业上落后，发明可用飞机的还是工业和科技水平最先进的美国人，而且西欧发达的国家又率先大量生产并最早建立了航空队。

　　新战争手段和军事变革的出现，是以经济和科技水平提升为基础的。19世纪末至20世纪初，人类出现了第二次工业革命，以汽油为燃料的内燃机问世和电力在发达国家的普及，使汽车、飞机这些新工具诞生，机枪这类自动

第六章 机械化思维塑造的现代化战争

武器和装甲车辆、铁甲舰的装备的出现，也使战场机动方式向机械化、摩托化过渡有了前提条件，军队通信联络也因电报电话应用大为改善。不过这时各大国军界头目还受传统战争思维的束缚，在第一次世界大战爆发前没有注意应用新技术装备，如汽车还只用于国内城市运客货，飞机在空中侦察充当"眼睛"而没有用作武器。

被公认为世界头强的德国陆军在开战时的思路，基本沿用44年前普法战争的模式，在后方用铁路网迅速调集军队，突破比利时、法国边境后，部队仍以徒步和马拉火炮推进（因当地铁路遭受破坏，德军前线部队又未装备汽车）。9月初，胜利前进了300公里的德军逼近巴黎，落后的运输方式却使其弹药供应困难，行军速度也放缓。

这时法国有内地铁路网调运部队和弹药的便利，法军侦察机又及时报告了德军的前进方向，其统帅部马上调一个步兵师到城东的马恩河附近迅速布

"一战"开始时德军向法国境内推进的场面。

防。虽然法军作战部队也没有装备汽车,却征用了巴黎城内600辆出租汽车,以往返运输调兵抢先建立了防线。接着,靠内地铁路网集中的80万法军向步行疲惫且弹药不足的70万德军发起反击,迫其在战争中首次后撤并转入防御。

"马恩河大捷"粉碎了德军在两个月内打败法国的企图,迫其转入非常不利的阵地持久战,这就吹响了协约国胜利的第一声号角。有人认为"马恩河出租车"和侦察机对胜利起到重大作用,这也是摩托化行军在陆战中首次体现出对徒步化的巨大优势。

德国发动战争时就面临着东西两线作战,原计划先打败法国再回头击溃俄国。西线的德军除受挫于马恩河后,在其他地段也被对方由铁丝网、堑壕、步机枪掩体和地下掩蔽部等组成的防线所阻挡。进入1915年后,德国采取西守东攻,在春夏之际便毙伤俘115万俄军,最远推进了700公里。不过德军一线部队运输仍主要靠马车,前进过远就出现供应困难,装备比德军落后的俄国军队却在长达1000多公里的战

法国所绘的军队乘巴黎出租车上马恩河战场的作品。

法国军队在马恩河反击德军获得胜利的场面。

第六章 机械化思维塑造的现代化战争

线上构筑起由堑壕、碉堡和铁丝网构成的防线，这使德国和奥匈帝国的军队在东线也陷入僵持。

战前德国海军同英国展开了军备竞赛，不过战列舰的数量和总吨位还只相当于英国舰队的一半，再加上英国有法、俄海军（这两支舰队虽不强却也有相当分量）协助，德国的"大洋舰队"不敢出海决战而被封锁在本国港口，

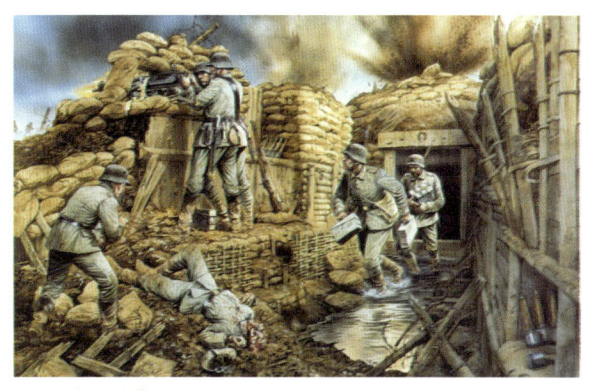

"一战"开始后不久西线即转入阵地对峙，这是描绘德军阵地的画面。

1916 年日德兰海中的德国舰队，英德的此次舰队交战实际宣告了目视范围内海上决战方式的结束。

193

成了不起太大作用的"存在舰队"。1916年德国舰队集中了16艘战列舰在日德兰同拥有28艘战列舰的英国舰队进行了决战,虽击沉了3艘英国战列舰而只自损同类舰1艘,却因实力对比未变只好退回基地。人们形容日德兰海战的意义是——"德国海军袭击并痛打了看守,最后仍被关在牢里。"

发动大战的德国,虽有训练最精良的官兵和效率最高的总参谋部,开战后却陷于两面受敌、久拖不决的被动境地,除了实力不足于支撑野心,重要原因还在于军事思想落后于世界新技术的发展,其军队编组和战术也缺乏创新。这也印证了西方军界一个共识——战略上的错误是不可以用战役和战斗的胜利来弥补的。

## 坦克、飞机出现从根本上改变了战争样式

交战双方形成堑壕战后,想靠步兵冲击对方坚固的防线就要付惊人代价。1916年7月,英国陆军在索姆河向德军阵地发起一天冲击,在对方机枪扫射和炮火拦截下竟伤亡了6万士兵,这样的损失谁也承受不起!

战争是矛盾的运动,战场僵局形成后往往就会诞生其克星。英国人发明了一种打破阵地战僵局的秘密武器,其代号为"水柜",英文为Tank,按音译就是"坦克"。

1916年9月6日,英军将48辆还处于试验阶段的坦克投入索姆河战场。由于驾驶员训练差,加上机械故障多,只有18辆能隆隆地驶向德军阵地。德军首次看到这种"披着铁甲的怪物"冲来,而且

英军在索姆河进攻的画面。

还喷着火舌，自己枪弹又射不透它，一时惊慌失措放弃了战壕后逃去。坦克首战就攻占了一个村庄并夺取了一条堑壕，还俘虏了300多名发了呆的德军官兵。

看到英国坦克的战果，法国、德国也开始研制这种武器并主要用于突破战线。不过当时机械工艺水平低，坦克的战场行进时速

英国在战场上首次使用坦克的画面。

一般只有6公里，还赶不上步兵的冲击速度，加上车上没有通信装置而要靠通信兵徒步追上车辆以传达命令，导致突击能力十分有限。受传统战争思想束缚的各交战国司令官们，只是将这种新机动兵器当作支援步兵、骑兵的"机动火炮"。

战争后期，英国一个军团主管坦克的中校参谋长富勒敏锐地看到，坦克有巨大潜能，其机动力差的局限很快能被克服。他制订了一个"1919年计划"，内容是集中4000辆坦克实施密集突击，在飞机轰炸掩护下突破德军防线，直捣德国工业区鲁尔。这一计划还未经过上级审核大战就已结束，战后英军上层仍不重视富勒将坦克作为陆军重点发展的建议，他气愤之下于1934年以少将军衔退役。下一场世界大战开始时德国坦克的闪击，却实践了富勒的设想，因此有人给他追加上"装甲兵之父"的称号。

英国人在"一战"中发明了坦克，军界首脑却没有预见到这种武器能给战争样式带来巨大变化。这说明军事观念的转变虽依赖于武器和技术的进步，如不注重探索也会落后于技术创新，尤其是打破多少代人形成的传统作战模式又需要思想解放。

飞机是第一次世界大战前刚出现的新武器，在使用上没有传统观念束缚，战时发展得最快，这可谓是"一战"期间最重大的军事变革，空中军事力量

表现"一战"时英国使用坦克的绘画，画中德军反坦克小队在机枪掩护下去摧毁坦克。

的出现使战争由平面发展为立体。

美国的莱特兄弟发明飞机时，由于马汉的"海权论"刚问世，西方列强正忙于建造战列舰而对此不重视，作为二流军事强国却又急于改变现状的意大利、法国在发展飞机方面却走在前面。1909年，一位思想敏捷的意大利上尉杜黑便预想到："天空即将成为战场。现在人们都强调制海权，但不久就会看到，制空权比制海权更重要。"有的意军将领听从了他的意见，组建了世界上最早的航空队，并在1911年秋与土耳其开战时派出9架飞机参战，并投下2公斤重的小炸弹。不过直至1914年大战爆发，各主要参战国还只是将飞机当作侦察工具，德国着重发展的空中攻击兵器还是需要充气的飞艇。

1914年8月6日，即德国与英法开战两天后，德军飞艇就对比利时要

第六章 机械化思维塑造的现代化战争

塞进行了轰炸。几百年间因有海峡之隔而未受过外敌攻击的英国，自1915年初也连遭飞艇夜袭。当时德国飞艇载弹量又小，夜间高空投弹更谈不上精度，伦敦市内仅有几座建筑物受到轻微破坏，却造成百万市民扶老携幼涌向车站逃离首都，300年来以繁华冠于世界的雾都就此变得萧条冷落，它在全球城市排序中的头把交椅就此让位于纽约。这一战果证明，空袭给对手造成的心理打击同样能严重影响其经济生活，空中打击的战略作用将比战场上的战术效果更重要。

铁定的军事斗争规律，造成"矛"发展便会刺激"盾"的增强。英国马上发展了以高炮、战斗机构成的防空网，德国飞艇因结构脆弱又经常毁于风暴，自1917年起便将其淘汰而以轰炸机实施空袭。当时的空袭受技术水平所限，只能打击"面"而无法精确轰炸到"点"，例如对铁路车站这样的大目标的投弹命中率也只有2%，因而德军对伦敦、巴黎的夜间轰炸只是盲目投弹。当时的轰炸机作战半径最大只有300公里，英法航空兵的飞机因航程有限

"一战"后期，英国轰炸机对德国西部铁路运输线进行了轰炸。

第一次世界大战首次空战，飞行员用手枪相互射击。

无法空袭柏林，便对德国鲁尔工业区实施扰乱其经济的不断轰炸。

战争作为新式武器的催生婆，在激烈厮杀中使飞机的生产和使用出现了划时代的飞跃，空战也随之出现。1914年9月，德国和法国飞机进行侦察时在空中相遇，因没有空战武器，飞行员便拔出手枪互射，都无法打中远距离的运动目标，用光子弹后只好挥手告别。

有了这种"手枪空战"的经验，10月间交战双方都迅速在飞机上装上机枪，法机还率先击落了德机。1915年内，各国不仅研制出专门用于空战的战斗机，还生产了专用于空中投弹、侦察的飞机，作战飞机便有了轰炸机、战斗机、侦察机的分野。

第一次世界大战中期的空中场面。

表现第一次世界大战中航空兵同坦克协同形成机械化作战的场面。

大战开始时，各国只有1500架飞机用于侦察联络，战争中却总共生产了10万架之多，其主要任务变为争夺制空权和实施空中打击。单机载弹量由战争初期的几十公斤增长到3吨，炸弹重量也由2公斤的榴弹发展到将近1吨，为了投弹还装备了简易的瞄准具。1917年以后，英、法、德装备的飞机都有上万架，为此建立起独立的航空队。同年11月进行的康布雷战役，双方都出动了上千架飞机和数百辆坦克，成为坦克、飞机、步兵、炮兵的首

第六章 机械化思维塑造的现代化战争

次协同作战，协同战役理论的产生就此奠定了基础。

## "总体战"的持久消耗最终拖垮德国

第一次世界大战在总体上被称为"堑壕战争"，虽有飞机、坦克的出现也未打破战场僵持。从物质基础来看，这是由于飞机对地攻击力还有限，坦克和无线电通信技术又不发达。前沿达成突破后装甲车辆推进速度很慢，缺少伴随火炮支援，联络不畅的部队很难迅速插向对方纵深，因而对方能有充裕时间封闭突破口或者建立起新防线。

如此拼消耗，对海外进口受封锁且国内人力、物力资源不多的德意志帝国注定是灾难。有着疯狂冒险精神的德国军人为此不顾国际条约和道义束缚，于1915年4月在西线首先展开毒气战，后来还派间谍到英国后方布撒细菌实行生物战，却都没有取得太大战果。当时英法已有充足的防毒面具，本身也装备了不少化学武器并予以还击，德军中有个来自奥地利的下士传令兵阿

1915年9月，法军阵地遭到德军化学武器袭击，从此开始了双方的毒气战。这是表现"一战"的著名油画《毒气致盲的士兵》。

道夫·希特勒就因眼睛受熏失明了几个月。这个恶魔受此痛彻骨髓的教训，下次大战中一直未敢下令在战场上使用化学武器。

看到地面和空中打不开僵局，德国乞灵于刚达到技术成熟的潜艇。1914年9月22日，

在第一次世界大战中，德国的U-21共击沉了协约国近10万吨的船只，成为战功最大的德国潜艇。

德军U-9潜艇以水下伏击发射鱼雷一举击沉英国3艘巡洋舰，首次向世界显示出这一水下武器的威力。1916年以后，德军因水面战舰在日德兰海战中未打破封锁，主要寄希望以潜艇切断英国海上运输线。德国战时共生产装备了350余艘潜艇，击沉协约国和中立国船只约6000艘，总吨位约1800万吨，这几乎超过战前英国的商船总吨位。为对付德国的潜艇，协约国动用了900多艘驱逐舰和大型护卫舰，并对商船编队护航，从而勉强维持了运输线。德国对中立国驶向英国的船只也实施攻击的"无限制潜艇战"，伤害了美国利益并促其在1917年参战，这个世界最大工业、农业国加入协约国终于使战争天平的德国一边最后失衡。

第一次世界大战持久消耗的特点，把参战国全民拖入军事斗争。此前人们普遍认为战争是政府和军队的事，平民为之做出的贡献无非是多缴点税。这次大战的空前广阔战场和惨重官兵伤亡，加上发达国家拥有强有力的动员和武器生产能力，使英、法、德、俄都差不多动员了一半男性青壮年入伍，其中协约国总计动员了4500万人；同盟国则动员了2500万人。德国的6800万人口中，有1100万人被征当兵，除身体残疾或军工生产离不开的人，18岁至55岁的男子都进了军营，这使战争的全民性质变得空前突出。德军最后的实际指挥者鲁登道夫上将就此提出了"总体战"概念，意思是将全国变成军营，战后被他扶植上政坛的希特勒也正是以此为信条。

第六章 机械化思维塑造的现代化战争

如此超强的举国动员，意味着以最大限度搜刮社会上的人力、物力，这也决定了资源远不及对手的德国和奥匈帝国势必被拖垮。战争的最后两年，德国居民过着"青蔓冬天"即以代食品度日的生活，反战情绪的爆发最终激起了1918年的"11月革命"，推翻了第二帝国并使威廉二世皇帝逃亡荷兰，新政府则在德军阵地还在国外时就签订了投降协定。

至于俄罗斯帝国、奥匈帝国和土耳其奥斯曼帝国，都属于民族成分异常复杂、国内矛盾尖锐的国家，持久消耗更会引发内部动乱。1917年，俄国这个外强中干的参战国连续爆发了"二月革命"和"十月革命"，随后以对德屈辱媾和退出战争。1918年秋奥匈帝国也瓦解了，土耳其则丧失除小亚细亚地区之外的全部疆域，不久由帝国变成共和国。

这幅画表现了"一战"中的沙俄军队的形象，前右为装甲车驾驶员，后中为神职人员来督战，从装备看落后于德军。

**脱胎换骨** ON THE REFORM OF
纵横古今谈军改 ARMED FORCES

　　第一次世界大战的结局，证明了国家军事力量的建设必须与经济实力相符，穷兵黩武不可持久。战争不仅是军事的较量，也是经济力的较量，德、奥、土组成的同盟国一方的失败就主要输在人力、物力的枯竭。

　　纵观第一次世界大战的进程，枪炮、水面战舰等传统武器装备和陆战传统模式仍占主导地位，以坦克、飞机、潜艇和航空母舰为代表的机械化武器装备的出现却使军队武器装备结构开始发生变化。人类的军队中也出现了新兵种，如1918年英国率先建立了独立的空军，有识者开始认识到空军的作用同陆军、海军同等重要。航空兵的使用，又使战争由过去的平面（地面、水面）转向平面、天空和水下的三维空间，从而揭开了机械化军事革命的序幕。

## 戴高乐、富勒、图哈切夫斯基、古德里安，先知都是孤独者

　　1914年至1918年的第一次世界大战，导致900万人战死，还有难以统计的人死于战乱和疾病。这场大战相继拖垮了世界上有名的四个大帝国——沙俄帝国、德意志第二帝国、奥匈帝国、奥斯曼帝国。俄国最先引发了内部革命，罗曼诺夫王朝被推翻后出现了临时政府，接着又爆发了十月革命，一个以"苏维埃"这种全新政权形式命名的国家在世界六分之一的土地上诞生，使世界上一种新的建军模式在俄罗斯和中国大地上诞生。

### 工农红军——这一新的政治性质的军队出现

　　俄罗斯帝国是靠对外扩张和对内残酷压迫维系的政权，一旦战败就难免崩溃。早在1905年，因庞大的俄国竟被新兴小国日本打败，暴露了沙皇政权的腐朽无能，这个被称为"各族人民监狱"的封建军事帝国便出现莫斯科等城的民众筑起街垒起义，只因陆军还听命于沙皇，才能用大炮把起义镇压下去。

第六章 机械化思维塑造的现代化战争

沙俄的发展极不平衡，彼得堡上层贵族们流行说法语，享受西方奢侈品，下层却生活极为困苦，国民文盲率高达70%，全国1.5亿人口中城市居民仅有2600万，资产阶级开明派和无产阶级政党为改变专制统治一直进行斗争。沙皇政权参加英法一方

表现末代沙皇尼古拉沙皇二世一家最后观看军事演习的油画。

对德奥作战时，得到了胜利后可肢解奥斯曼帝国并得到君士坦丁堡的承诺（这是俄国世代追求而英法过去绝不允许达到的目标），没想到开战后反而激化了国内危机。

俄国幅员广阔资源丰富，人口在协约国中又最多，本应经受得起持久堑壕战消耗，何况英法又提供了近百亿卢布的战时贷款。令当时多数人意外的是，沙俄却最早被战争拖垮。

俄国对付德国这种强国的方法，是以数量胜质量，大战开始后两年间征兵1600万，一半青壮劳力和三分之一耕马从田间被抽走，这个战前的粮食出口大国在1916年后出现饥荒。此时进行的又是帝国主义争霸战争，布尔什维克"让本国政府失败"的反战宣传深入人心，民间和士兵充满咒骂。俄国多数上层人物也对沙皇不满，密谋结束帝制建立西方共和政体。

1917年3月8日，彼得格勒（"圣彼得堡"之名因带德国气味在战时改名）城内的纺织女工率先抢劫面包店点燃了燎原火星，群众蜂拥上街，陆军也发生兵变。上层政客和将领便逼迫沙皇退位，成立了临时政府。布尔什维克和其他激进团体也成立了苏维埃（工人士兵代表会议），在彼得格勒城内俨然

**脱胎换骨** ON THE REFORM OF
纵横古今谈军改 ARMED FORCES

是"第二政权"。

一山不容二虎,一国也不能有两个各有武力的政权长期并存。当时从瑞士回国的列宁提出口号便是退出战争和解决农民土地问题,设在冬宫的临时政府得到英法美支持而坚持进行战争。进入俄历10月,设在斯莫尔尼宫的苏维埃革命军事委员会组织赤卫队武装夺权。当时守卫冬宫的只有士气沮丧的军校士官生,发现水兵、赤卫队来攻放了几枪就作鸟兽散。过去苏联故事片在镜头中渲染了激烈战斗场面,其实据20世纪60年代出版的苏共党史记载,11月7日(俄历10月25日)夺取政权当天,革命武装只战死6人,负伤50人。"阿芙乐尔"号巡洋舰发射的是虚弹做警告,占领冬宫也不是战斗冲锋而是整齐列队进入。

描绘1917年春天列宁归国后在阳台上向街头围拢来的军民发表反战演说的油画。

苏联油画《占领冬宫》,表现了赤卫队员占领临时政府所在地并逮捕其部长们。

1917年11月7日爆发的十月革命,当时被称为"宣言革命"和"电报胜利"。苏维埃政权夺权第二天马上向全国发布两个宣言——《和平法令》《土地法令》,宣布退出帝国主义战争并没收地主土地分给农民,使全国一片欢呼。全俄各大城市一时都成立了革命政权,两星期内前线各集团军也都通电服从苏维埃,

第六章 机械化思维塑造的现代化战争

这是因为政策得人心才一举得天下。

在俄国突发巨变的时刻,能够保卫贵族和临时政府的只有"军中知识分子"——出身富家的军官和士官生(军校生)。十月革命后几年间,"士官生""军官""牧师"成了反革命的代名词,以致苏俄建立红军后索性废除了军官称呼和军衔而代以"指挥员同志"。直至1935年苏军强调正规化、现代化,才恢复了军衔和"军官"这一称呼。

刚建立的苏维埃政府没有军队,参加武装起义的多是工人和沙俄旧军队中觉醒的革命士兵,总指挥只是一个旧俄时的准尉。列宁也曾感叹,就算有1000万赤卫队,也没有一个可用的师。前线几百万旧俄军队得知《和平法令》后,官兵纷纷带着枪各回家乡,对德战线上出现了无人防守的状态。德国乘虚出动29个师发起

苏联油画《和平法令》表现了厌战的俄国官兵兴奋地得到苏维埃政权退出战争的消息。

苏联画家格拉西莫夫的油画《第一骑兵军的军官》,表现了1935年苏军首次授军衔后的场面,斯大林还参加了授衔。

205

**脱胎换骨** ON THE REFORM OF
纵横古今谈军改 ARMED FORCES

进攻，几乎如入无人之境。

1918年2月23日，德军进抵距离彼得格勒只100公里的普斯科夫时，苏俄政权临时组织几万赤卫队组成红军，在那里经激战暂时阻止了德军推进。2月23日这一天，后来被定为红军的建军节（苏联瓦解后被称为"武装力量日"）。

描绘1918年列宁领导建立红军场面的油画。

在普斯科夫暂时建立起防线，不能改变德军全线长驱直入的局面。此时苏俄领导人一致相信了列宁的预言，如不在和约上签字，三个星期之后就得在苏维埃政权的死刑判决书上签字。苏维埃政权不得不签订了空前屈辱的《布列斯特和约》，割让波罗的海沿岸、白俄罗斯、乌克兰的广大土地，还要向德国缴纳巨额赔款。

无情的事实证明，十月革命前设想以"武装工农"代替常备军是不现实的，

苏联油画《红军诞生了》，表现了1918年2月23日赤卫队抵挡德军进攻的场面。

像赤卫队这样的民兵式的武装不能同正规军匹敌。苏俄政权利用屈辱和约换来的喘息之机，开始建立正规军队，却规定其性质是俄国共产党（布）领导下的由工人、农民组成并代表其利益的新型军队，其称呼也是"苏俄工农红军"，这一名称10年后也被中国革命军队采用。

**由革命理想主义建军走向正规化**

国家的社会面貌，决定了军队内部状态。沙皇俄国农奴制残余和野蛮、掠夺、扩张性的特色，导致旧俄军队内长官对待士兵的主要用具是皮鞭，奸淫掳掠又是战时的习惯。十月革命后建立红军之初，布尔什维克从革命理想主义出发，规定入伍者要贯彻自愿原则，实行官兵工资待遇平等，军中大事要开大会表决，还一度实行士兵来选举指挥员的制度。

随后严酷的事实证明，官兵待遇不能完全没有差别，士兵中选举出的指挥员也大都缺乏指挥才能，遇事都要表决更难集中意志并滋长自由主义，面对残酷牺牲也会出现自愿者数量不足。红军建立三个月后，兵力只有30万人，主要靠20多万志愿入伍者支撑，这点兵力明显不能应付大规模战争需要。

看到理想同现实的矛盾，在俄共中央分工负责军事工作，并担任红军总司令的政治局委员托洛茨基经列宁同意，修改了原来的一些建军设想，军队中不再实行遇事就集会表决的极端民主化，对指挥员和政委采取任命制，在全国实行强制性的义务兵役制，并征召了4万旧俄军官作为"军事专家"担任指挥员。为保证部队忠诚，俄共在连以上单位派了政治委员和肃反委员会（契卡）特派员，还建立了政治部负责政治教育，以士兵委员会实行民主监督，同时规定各级政委有最后决定权。

内战中有大批旧军官从红军中叛变投奔白军，列宁仍认为若没有军事专家的知识便不能建立军队。参加红军的旧军官中，也有人忠诚于苏维埃，如后来苏军第一批授元帅衔的五人中，叶戈罗夫是旧俄上校，图哈切夫斯基是中尉。第二批授元帅军衔并在卫国战争开始前后任总参谋长的沙波什尼科夫，是沙俄上校团长，斯大林曾说从他身上学到了最多的军事知识。

根据军事专家的规划并按战争规律建军，1918年8月间苏俄政府建立起190万军队。1918年11月德国战败投降，列宁宣布废除《布列斯特和约》，让红军西进收复失地，自卫军和英、法等国也派兵争夺，东欧新独立的一些小国投靠英法，出现了苏联史书所说的"十四国干涉"。这时刚经历过大战的协约国士兵已极度厌战，英、法、美进入俄国的部队未经多少战斗就被迫于1919年归国，占领远东的7万日军也最后在1922年撤走。

从1918年至1921年初，新建的红军从小到大发展到550万人，并以各个击破的方式先后打垮了邓尼金、高尔察克、尤邓尼奇等白卫军，并与波兰军激战后媾和。据苏联历史档案，三年内战中红军战斗伤亡共80万人，因无药、缺粮等原因病饿而亡者却高达138万。反映战时生活的小说《钢铁是怎样炼成的》中也说"伤寒病对红军的威胁，比白卫军的机枪更厉害得多"，靠着像小说中保尔·柯察金、朱赫来、"扎宽皮带的姑娘"丽达这样的热血革命青年的奉献，新生的政权和红军才战胜了饥饿和困苦，在被战火蹂躏的废墟上站稳了脚跟。

内战结束后，苏俄红军裁减至56万人，却规定共产党员不得复员，以保障党员军中五分之一以上的比例。1925年以后，苏联军内就如何建军展开了

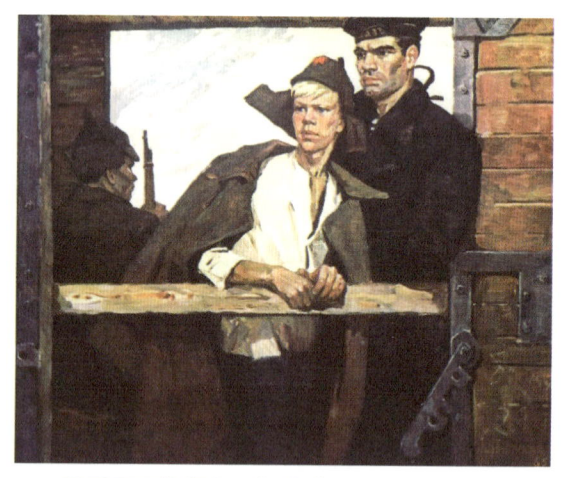

千千万万像保尔·柯察金那样的贫苦青少年为改变受压迫的命运参加红军，最终决定了苏俄内战中赤白双方的胜负结局。

第六章 机械化思维塑造的现代化战争

一场大争论,决定应克服游击散漫性而实行正规化。军队实行"一长制"即军事指挥员负全责而取消政委,不过指挥员必须是共产党员。军中参考旧俄条令,又制定了一系列管理制度,正规化水平得到了提高。

沙俄时的工业基础远落后于西欧和美国,像坦克一类装备都不能生产,苏联便同受《凡尔赛条约》限制而难发展军事科技的德国秘密合作。从1922年至1933年,德国以向苏俄提供成套武器制造生产线,换得苏俄对德开放基地和工厂,让德国能够在那里秘密训练装甲兵、飞行员、潜艇人员等军事人员。后来在苏德战场上拼死厮杀的双方指挥军官,很多都是同一军校的同学,双方交战的不少装备也是"师出同门"。

德苏秘密合作时,出于意识形态和历史上两个民族对立的原因,双方军官仍有很强的对立心理。1933年纳粹在德国上台后,两国的军事合作马上中断并随即进入敌视状态。

1929年至1933年苏联进行了第一个五年计划的建设,重点是发展"军工－重工业",在此基础上苏联红军开始建立机械化部队,随后图哈切夫斯基元帅在此基础上提出"大纵深作战理论"。在20世纪30年代,苏联生产了2万辆坦克(超过世界其他国家坦克的总和),开始组建大建制的坦克兵,并在世界上最早建立空降兵。为此,苏军制定了全面机械化的发展规划,又强调建立正规制度,于1935

苏联1937年绘出的油画《坦克兵》,表现了当时正积极地建立机械化部队。

年重新实行了军衔制。

苏联经济发展带有特殊性，实行严格的计划指令并优先发展军工－重工业，权力高度集中又不可避免地导致干部特权化日益严重。实行军衔制后，军中待遇差别进一步拉大，元帅和将军们不仅有高薪，还由政府配给别墅并提供公费休假游玩，以往革命理想主义的做法逐渐消失。1936年，创作了《钢铁是怎样炼成的》的激情革命者奥斯特洛夫病逝，在临终前他早已失明，却在听到社会状态的种种述说后感慨说："我们现在所建成的，与原来为之奋斗的完全相反！"

1937年至1938年苏联实行"大清洗"时，军队也是重灾区，有4万军官被抓被杀，占原有指挥员的一半以上，5位元帅就有3位被杀。斯大林就此实行了在军队中绝对的个人权威，民主气氛受到彻底压抑，个人崇拜的建立更促进了特权思想的滋长。

在卫国战争中，苏军政治工作主要强调爱国主义教育，革命化色彩进一步淡化。战时朱可夫等将帅利用特权大肆获取"战利品"作为私财等现象，让斯大林等联共（布）领导人都感到震惊。苏联干部特权化的滋长，军队将帅又最为突出，政工部门所进行的传统理想教育完全流于形式。20世纪60年代苏军一个士兵月薪不过20卢布，元帅月薪却有2000卢布（还有公费供给的其他享受），较北约国家官兵的薪金差别要大10倍。后来苏联巨变时，绝大多数高级军官赞同取消原有的社会主义理念，这也是几十年历史发展惯性的必然。

尽管苏联这个新生政权及红军从建立起就存在着体制上的一些弊病，但在当时毕竟放射出铲除剥削压迫的理想主义光辉，为包括苦难的中国人在内的全世界被压迫民族指明了解放的方向，后来又成为进步人类战胜最邪恶的法西斯的主要希望。

第六章 机械化思维塑造的现代化战争

## "以俄为师"建立中国特色的人民军队

当西方迈入工业化时代时,中国经济还基本停留在古老的农业社会,只是沿海有一点外国人或洋务人士开办的小型近代工厂,却从此诞生了中国的工人阶级。自1912年清王朝崩溃后,国内陷入了长期军阀割据和混战,各派使用的武器多是进口的步兵装备,部队中还有一些"大刀队"之类的冷兵器单位,引进的极少量飞机、坦克只能起些点缀作用。

黑暗的半殖民地、半封建社会的落后同西方对比形成巨大反差,极大刺激了接触到世界先进思想的中国人。创建国民党并想振兴中华的孙中山在向

这幅著名油画描绘了孙中山在苏联顾问鲍罗廷(左)的支持下开办黄埔军校的情景。前左二为军校党代表廖仲恺,前左三为孙中山,左四为宋庆龄。

西方和日本求援碰壁后，决定"以俄为师"，学习苏俄红军的榜样创建黄埔军校，准备建立有国民革命精神的"党军"，并实行了党监督部队的党代表制。参加黄埔军校的中国共产党人如周恩来等人，又在校内建立了政治工作制度，用反帝、反封建军阀的思想教育官兵，从而开创了革命的建军之路。

国民党内的进步改革刚迈步，就受到众多顽固势力的反对。像孙中山、廖仲恺这样有激进改革思想的革命家都出身海外华侨之家，同国内豪绅没有太多利益关联。国民党内多数当权者包括黄埔军校校长蒋介石在内，却是地主、旧官僚和买办的代表者，他们不能容忍革命的政治工作和工农运动冲击自身阶级利益，在国共合作北伐战争进展到长江流域时便实行反共屠杀，国民党军队中也取消了党代表、政治部等制度而完全成为新军阀。如蒋介石便模仿近代军阀始祖曾国藩，以乡亲、师生、亲友的纽带凝聚其黄埔军（后来的中央军），例如其嫡系部队中优先提升军官的首要条件是浙江人、黄埔生，并同长官有私人关系。

国民党军在抗战前实行招募破产、无业者当兵的雇佣制，1937年以后实行强制"征兵"而实为抓壮丁，导致军中逃亡严重。全面抗战八年期间强征壮丁1400万人，补充到部队只有590万人。这种军队是"内战内行，外战外行"，只适合军阀争斗而无法有效抵御外敌。

中国共产党人从1924年参加国共合作的黄埔军校起，开始从事军事工作，1925年末又在国民革命军内组建自己掌握的独立团。早期共产党人通过学习苏联红军的政治工作经验，并结合中国特色有所发展，在北伐战争期间扩大自己的军队和工农武装。

1927年春夏之际，蒋介石和汪精卫集团实行"清党"反共屠杀，中国共产党人便发动工农群众和革命军队实行武装暴动。1927年8月1日，在周恩来等人领导下发起了南昌起义，开始了中国共产党独立领导军队的历程。同年9月，毛泽东领导了湘赣边界的秋收起义，受挫后把剩余的队伍拉上了井冈山，并开始了政治建军的全新创造。

第六章 机械化思维塑造的现代化战争

王征骅、蔡景楷等人的油画《南昌起义》，表现的是周恩来动员部队的画面。

在井冈山下的小村三湾，毛泽东领导部队进行了改编，首要任务是建立了共产党对军队的绝对领导，团建党委，连建党支部，部队重要行动不是由长官个人而是由党组织决定，这就改变了旧军阀部队"兵归将有"而建立了"党指挥枪"的原则。三湾改编还奠定了军队中的民主制度，连队内建立士兵委员会，从政治上、经济上（部队开支）监督指挥员，同时实行官兵待遇平等。广大战士感到自己翻身做了军队的主人，纵然生活艰苦也无怨言。

1928年春，毛泽东在井冈山同率领南昌起义余部的朱德会师

画家高泉的油画《三湾改编》。

后，建立了中国工农红军第四军，这支中国历史上面貌全新的革命军队，性质是为工农的利益服务，士兵来源主要是"打土豪、分田地"后的翻身农民。当时的红军是中国唯一的"没有薪饷的军队"，共产党却为参军的贫苦农民发放了一份最大的薪饷——土地。土地革命、农民战争，再加上共产党的领导，这三者结合就构成了中国革命战争的基本内容。

张庆涛的油画《湘江1934年》，表现了中国红军在长征时因按苏俄模式作战遭受重大损失，随后的遵义会议便纠正了错误军事路线，确立了毛泽东的领导。

中国工农红军的武器和经费，基本靠战场缴获和就地筹集。朱毛红军在井冈山时不过5000余人，面对周围几万敌军反复"进剿"，只能采取灵活机动的游击战，即采取同强敌"打圈"周旋的办法，拖得其疲惫不堪再去歼灭，并缴其枪械弹药补充自己。通过丰富的作战实践，毛泽东、朱德等领导人总结出了"十六字诀"——"敌进我退，敌驻我扰，敌疲我打，敌退我追"。后来中国共产党在革命战争中的战略战术都是在此基础上发展而成的，从而能以政治优势和战术灵活弥补人数、装备的劣势，一再战胜强敌。

靠着土地革命和实行政治建军，开展游击战并向运动战发展，中国工农红军在20世纪30年代开创了有上千万人口的十几块

画家沈尧伊所绘的《铁流》，展现了红军长征的壮观场景。

根据地，正规红军最多时发展到 20 多万人。1933 年以后，国民党当局集中了 100 万军队加强对南方根据地的"围剿"，红军因作战指导方针和政策上的一些错误，无法打破"围剿"而放弃了全部南方根据地，经万里长征集中到陕甘宁根据地。

1936 年秋红军结束长征后，只剩下 8 万余人。在毛泽东为首的中共中央军委的领导下，红军后来在建立抗日民族统一战线的旗帜下改编为八路军、新四军，又走向了发展壮大之路。

中国共产党人在半殖民地、半封建的国度建立革命军队和实行人民战争的创举，是世界军事变革史上的一大奇观。这不仅改变了西方列强主宰世界的进程，也为后来世界上众多争取民族解放的国家树立了光辉的榜样。

## "二战"一个时代的开始与终结

第一次世界大战虽以德国战力耗尽投降而告终，随后却种下第二次世界大战的种子。1919 年协约国在《凡尔赛和约》中对战败的德国只要求割地赔款，没有追究战犯，并让其保留了军国主义基础和完整的工业，一直自傲的日耳曼人必然要用血和火来复仇。法国军队统帅福熙元帅当时便预见道："我们没有赢得和平，只是获得了 20 年的休战。"

大战结束时，意大利想控制地中海，日本想控制中国乃至西太平洋地区，结果受美英法压制都未能如愿，都想以武力重新瓜分世界，于是德、意、日法西斯又会结成轴心国挑起新大战。由于军事科技和工业化的进步，新一场大战同上次大战僵化的"堑壕战"

美国所绘的德日意三国结盟的漫画，它们的结盟引发了新的世界大战。

不同，成为一场主要由机械化驱动的"流动战争"，实施了人类军事史上最大规模的机械化交锋。

**日本侵华揭开"二战"序幕，侵略军遇到空前广泛的游击战**

20世纪20年代，法西斯主义同时在西方和东方兴起。这种势力是资本主义发展中的一种畸形产物，它对内实行恐怖专制扼杀一切民主自由，对外自诩种族优秀要奴役甚至消灭"劣等民族"。这种人类近现代史上极端反动、邪恶的理念不仅使中国、苏联各民族受到可怕威胁，也令美英法等提倡资本主义自由竞争的国家不能容忍，反法西斯统一战线因而能够形成。

1931年9月18日，日本率先冲破列强在战后建立的国际

日本战时宣传画中表现的对中国铁路的狂轰滥炸。

秩序，发动所谓"满洲事变"（中国称为九一八事变），以武力侵占了中国的东北。此举虽然只引发了中国的局部抗战，却成为新的世界大战最早的导火索。意大利受此鼓舞，在东非发动战争占领了埃塞俄比亚。德国纳粹在1933年上台后，也在欧洲打破凡尔赛体系，六年后发起了挑战欧洲的全面战争。

中国是世界上抗击法西斯侵略最早的国家，从1931年起进行了14年的抗日战争，是一场落后的农业国同工业国之间的较量。中国连步枪一类轻武器都主要靠进口，日本则可以实现从航空母舰、飞机、坦克到枪炮的全部国

产化。侵华日军的陆军装备性能虽不具备多少优势，却有着标准化、协同性强和弹药配给方便的优点，海军和航空兵方面则占据绝对优势。

1937年以前，中国在东北、上海和华北进行了局部抗战，1937年至1945年进行了八年全面抗战。日军在1937年夏至1938年秋的一年多时间内，出动70多万军队就占领了有2亿多人口的中国东部和中部的富庶区，300多万国民党军以主力退到西南和西北地区。幸亏中国共产党领导的八路军、新四军挺进日军后方，创建游击根据地，至1940年建立起1亿人口的敌后解放区，并将自己的军队发展到50万人。后来因日军频繁和残酷的扫荡，八路军、新四军的数量曾一度减少，到抗战末期又发展到93万人。

中国抗战创造了世界战争史上的一个奇观，就是形成了正面战场的正规战同敌后战场的游击战相结合。日军的重装备师团在正面战场同国民党军对峙，轻装的混成旅团主要集中到后方对付共产党领导的军民结合的游击战，因前后两面受敌而在中国战场上陷入持久战的泥潭之中，日益消耗国力又久拖八年不能决。加上日本以关东军同苏联对峙，在太平洋上还发动同美英的战争，其四面受敌只能加速败亡。

1941年末太平洋战争爆发后，国民党军得到美英盟国特别是美国的援助，

陈坚油画《八路军攻占娘子关》，表现了八路军在敌后抗战的场景。

不过因盟国轻视中国战场而提供的数量不大。抗战胜利前，国民党军的285个师中只有39个师全部实现了美械化，这些部队在反攻滇西和缅甸北部的战斗中还得到美英军配合，击败了当地日军，由此开始了中国建立机械化部队的先河，并最早实行了地空协同、步坦协同战斗。

国民党政权为准备战后对付共产党，抗战时以保存实力为主，正面战场多数地段长期只限于消极对峙而未积极作战，待国际反法西斯联盟共同迫使日本投降后才转入受降。

共产党领导的抗日军队没有外援，只有靠自力更生，在落后和贫困的农村根据地内依靠群众支援求生存，以战场缴获武器和自己制造的简陋装备作战。在基本没有火炮、弹药奇缺的情况下，解放区的军队只能以飘忽不定的游击战为主，创造出地雷战、地道战、麻雀战等神出鬼没的打击日军的方式，将侵略军长期压缩在城市和主要交通线上，形成了"农村包围城市"的战略态势。

中国解放区战场上的游击战，在世界军事史上创造了装备极其落后的军队有效对抗强国入侵的奇迹。建立根据地，依靠群众发展游击武装，以不断袭击积小胜为大胜，这些战术都使掌握先进装备的侵略者无法对付。"二战"后，世界上众多争取民族解放的国家也学习和仿效了这些游击战争的战略战术，成为弱军拖住强军并迫其妥协撤军的有效手段。

**纳粹首创坦克突击"闪击战"，机械化开始主导陆战**

"一战"结束后的近20年，世界上工业机械技术的发展，使坦克的机动力、火力和装甲都有了很大提高。靠着堑壕战取得战争胜利的英国、法国仍拘守坦克是配属步兵的"机动火炮"的观念，倒是在僵化的阵地对峙战中吃了亏的德国人有了创新思维。

希特勒所欣赏的"德国装甲兵之父"古德里安，最早提出以集群坦克进

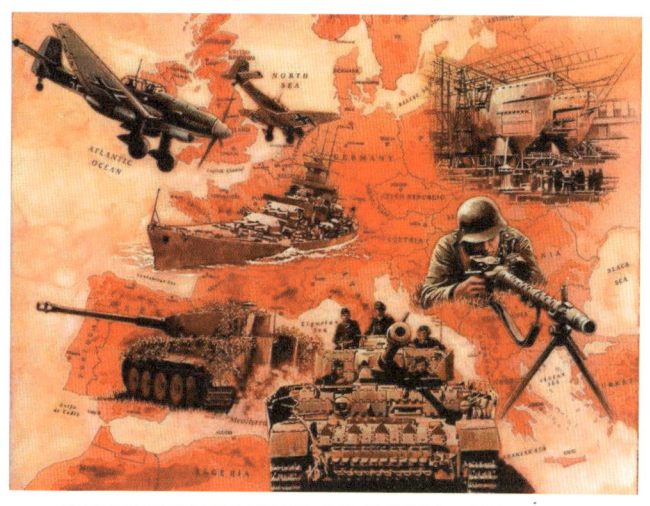

第六章 机械化思维塑造的现代化战争

行高速突击的理念。在有创新观念的德国军官看来，过去用步兵攻击如层层剥皮，坦克突击就可直插敌人腹心，这一理念催生了"闪电战"。纳粹德军在1940年5月横扫西欧时，其坦克数量不过2800辆，而英法盟军的坦克有近4000辆，德国坦克的性能还不如法国。德军采用新颖战术却取得了"一边倒"的胜利，6个星期内就击溃了英法比联军并征服了有300万军队的法国。

纳粹以精良武器特别是坦克为先锋横扫欧洲。

有着纵横草原的哥萨克基因的俄国人，对坦克重要性的认识也要高于英、法、美，苏联第一批五元帅之一图哈切夫斯基就设想将坦克突击当成大纵深机械化作战的中坚。1937年图哈切夫斯基在"大清洗"中遇害后，苏军仍对坦克有很大兴趣，将其视为披着装甲的战马。战前苏联坦克部队缺乏装甲机械化步兵、机动伴随火炮的配属，战车间联络没有无线电台而靠旗语，甚至由头车带领后面蜂拥跟进（这完全是骑兵作战的翻版），导致协同作战能力很差。卫国战争开始时苏军有2万辆坦克，其中的KV和T-34坦克质量还属当时最佳水平。此时德军只有3000辆坦克，却能以装甲兵、机械化步兵和空中突击的协同将苏军打得一败涂地，这就说明一个道理：配好坐骑重要，学好驾驭更重要。

德国坦克一时能横扫欧洲，一是将其集中使用以作为突击铁拳，二是无线电通信机普及而能装配到单车，这恰恰也是他们高于对手的主要优点。想

**脱胎换骨** ON THE REFORM OF
纵横古今谈军改 ARMED FORCES

挡住高速机动进攻的装甲机械化大军，只能以同样的部队和武器应对（实施空中打击也有很大作用），于是当年的人们又得出一个信条——"最好的反坦克武器就是坦克"。

苏军以无数鲜血和损耗的成万辆战车为代价总结经验，对坦克这一钢铁武器有了正确定位。1942 年内苏联生产了 2.4 万辆坦克，并建立了坦克集团军作为突击拳头，随即取得斯大林格勒合围歼灭战的胜利。德国坦克的产量远不及对手，便着重研发吨位大、装甲厚的"豹"式、"虎"式和"虎王"式坦克。不过，"好虎架不住一群狼"，这些重型坦克的总产量只有 8000 多辆（苏军重坦克也有同样的产量，T-34 坦克产量则达 5 万辆），加上丧失了空中优势，在对手的装甲洪流面前只能起一个"堵塞器"的作用，最终还是堵不胜堵。

苏联在战争后期以坦克集团军为矛尖，再同多兵种配合，并在空中优势掩护下能实施"大纵深、宽正面、高速度"突破。1945 年 1 月苏军在突破波兰的维斯瓦河后，只用半个多月便以坦克为先导推进 500 公里，直冲到距柏林 60 公里处。8 月间苏联实施打击日本关东军的"远东战役"时，又相当于一场"闪击战"在东方的重演，坦克的突击作用此时被苏军发挥得淋漓尽致，苏联装甲兵也从此登上世界头强之位。

有两个大洋作为安全屏障的美国人，在参加第二次世界大战时还只拥有几百辆轻型坦克。不过有着海洋移民基因和牛仔特点的美国人历来对武器发展有高度敏感性，看到欧洲的坦克大战后，马上开动生产

描绘苏德坦克激战的场面，画中 T-34 坦克向"虎"式坦克高速冲击以求得近战。

苏军攻克柏林的全景画，坦克仍是主要突击力量。

线制造出5万辆"谢尔曼"式中型坦克。在战争结束前夕，美国生产的M-26坦克以性能而论也能跻身世界前列，不过其打赢战争主要还是靠海空优势。

坦克战在"二战"中成为陆战主角，就此改变了人类陆战的面貌，也催促着陆军实现了根本变革。"二战"末期，苏军已装备3万辆以上的坦克，并将坦克部队当成陆战主要力量和陆军的骨干，步兵和已缩减的骑兵部队只对其起配合作用。美英军队率先实现了陆军全部机械化，最早淘汰了徒步和装备马匹的部队，在重视坦克的同时更重视装甲机械化步兵、航空兵与之结合作战，这些发达国家的陆军建设经过"二战"已全面进入机械化。

**制空权主导地面战况，空军成重要军种**

经过第一次世界大战中大量使用飞机的实践，意大利的少将杜黑提出了"空中制胜论"，认为战场上的空中较量以及对敌国纵深的轰炸会决定未来战争胜负。各大国虽未完全认可这一观点，却都重视航空工业的建设。由于工业实力和建军重点不同,最重视陆战的苏联、德国着重发展战术空军和轻型飞机,美国和英国比较注重各型飞机的平衡发展,而且能生产大型飞机并建立实施战略轰炸的航空兵。

在1939年以前作为世界大战前奏的各国交战中,航空兵已显示出巨大威力,如苏日诺门坎之战期间就出现过几百架飞机在一起厮杀的场面,苏军取得空中优势后保障了装甲部队能击败日本关东军的步兵集团。日本因工业实力有限,开发飞机时以发展海军航空兵为主,陆军航空兵为辅,主要生产战斗机和轻型轰炸机。

德国发起"闪击战"时,空中攻击充当了装甲部队的头顶掩护和火力前伸的拳头。不过因缺乏远程攻击力量,德军在"不列颠空战"中未能击败英国皇家空军,居世界头强的陆军因没有取得英吉利海峡制空权也无法实施登陆,这就种下了后来两线作战的灾难种子。

德国对苏联发起闪击战之初,作战飞机性能有很大优势,数量众多的苏

库尔斯克大会战的油画场面,头顶的德军"斯图卡"俯冲轰炸机掩护地面的"虎"式坦克同苏军飞机坦克搏斗。

第六章 机械化思维塑造的现代化战争

机同德机作战的损失比竟高达12∶1，苏军坦克的最大损失也是空中攻击所造成。苏联航空工业恢复发展却很快，又得美英的战机供应和技术援助，在莫斯科保卫战后期和斯大林格勒会战后期都夺取了空中优势，从而保障了地面反攻。1943年秋

苏军战斗机能在空中压倒德机，保护了强击机攻击地面。

季以后，苏联所产飞机在质量方面追上德机，加上德国空军转以对付英美突袭的国土防空为主，苏军航空兵基本取得战场制空权，主要以"空中炮兵"的作用掩护地面部队一直反攻打到柏林。

"二战"初期的日本海军航空兵训练最为精良，以舰载机袭击珍珠港时一举击沉和摧毁美国战列舰8艘，取得海空优势，保障了日军横扫西太平洋

美国画家罗伯特·泰勒所作《攻击战舰内华达》，表现停泊在珍珠港内的战列舰"内华达"号遭日军九九式俯冲轰炸机的轰炸。

和东南亚。1942年6月,美军在中途岛一仗粉碎了日本海军航母主力,太平洋战局从此倒转过来。美机掌握了制空权后,日本的舰艇活动完全被压制,岛上的守军孤立无援只能被各个击破。"陆上取胜靠空中优势保证""制空权就是制海权"这些概念,正是在第二次世界大战的这些交锋中形成的。

第二次世界大战中的空中舞台上,出现了一种全新的作战形式——战略轰炸。拥有最雄厚综合实力的美国和集中主要力量于建设空军的英国在战时,能生产出B-17、B-29和"兰开斯特"这类远程轰炸机,可对数千公里外的目标实施高空轰炸,德国和日本的主要工业基地和内地军事目标都遭受到持续不断的打击,这对促成其军事和经济崩溃发挥了重大作用。世界战争史上出现了远程战略打击的新手段,催促强国建立起了战略空军(航空兵)。

美军B-29轰炸机对日本实施战略轰炸。

第六章 机械化思维塑造的现代化战争

空中战争是以航空工业为基础，飞机的产量和质量取决于国家的经济和科技实力。比较战时各国飞机的最高年产量，美国超过10万架（且有许多重型机），苏联和德国在4万架左右，日本也达到2万多架。当时中国飞行员虽也英勇作战，装备却全靠进口，飞机

美国的宣传画，表现出自己以世界最强的生产能力支撑起战争机器。

拥有量最多时也只有500余架，对地面作战不能发挥太大影响，这也是落后农业国的局限。

**航母战和反潜战成为"二战"海战主角**

近代舰艇都是国家工业化和科技水平的结晶，强国才搞得起像样的海军。第二次世界大战爆发前，各大国海军还受"一战"前"大舰巨炮"观念的束缚，美国、英国各保持17艘战列舰，日本保留10艘，刚刚得以扩建海军的德国也在建造4艘战列舰。"二战"期间却没有出现战列舰的舰队决战，反而是航空母舰充当了海战主角，这证明原有的理念已落伍。

第一次世界大战结束前夕，有识者便看到了飞机对军舰的优势，1918年春英国将一艘正在建造的客轮改建成"百眼巨人"号航空母舰，未发挥威力就迎来了战争结束。战后航母技术得到发展，却只有美国、英国、日本各拥

225

美国油画《击沉大和号》，说明了战列舰在丧失空中掩护下只能任凭对方战机宰杀。

有几艘航空母舰，还是充当战列舰的配角。

德国自1939年秋开战后，便以战列舰分散活动对英国实施海上"破交"战，企图干扰其海上运输，却因英国航空兵的搜索攻击难以得逞。被希特勒称为"德国海军的骄傲"的战列舰"俾斯麦"号于1941年5月出击后，很快被英军飞机、战舰的围攻而沉没，这说明了水面大舰没有航空兵掩护是非常脆弱的。同年12月，日军航空母舰攻击珍珠港的战果，更证明航空母舰已成为海军最有威力的武器。日本此前建造出排水量达6万吨、火炮口径460毫米的世界最大战舰"大和"和"武藏"号，在战时被证明只是浪费钱财，最后它们都因丧失空中掩护而未能同美舰对决，就被空中打击送到海底。

第六章 机械化思维塑造的现代化战争

表现英国飞机反潜作战的油画。

自 1942 年以后，美、英、日这三支最强的海军都以发展航空母舰为建军重点，工业实力最强的美国共建造了 142 艘航母（包括护航型），日本只建造了 15 艘，海上航空兵优势使美军牢牢控制了太平洋并直捣日本本土。

"二战"的海战证明，海军作为一个技术密集型军种，不能单纯追求军舰数量、吨位和火炮，而要同步发展电子、机械动力等方向的能力，美国的优势正突出体现在这里。1942 年 6 月中途岛海战时，美军舰只数量和吨位上远逊于日军，却以电子优势处于敌明我暗的地位，导致双方航母的损失比为 1：4，日军海军航空兵主力就此损失大半。在随后的瓜岛附近海战中，双方投入的舰只数量吨位相当，美舰却安装了雷达来瞄准，日舰射击仍要靠肉

眼找目标。日本官兵拿出所谓"武士道"的拼命精神,也扭转不了技术落后所注定的败局。

德国海军在开战时的吨位不及英国、美国的十分之一,因而主要采取潜艇袭击水面舰船的"不对称作战"。德国潜艇的艇员最多时不足2万人,英国、美国却投入了200万人以上的海面和空中作战部队进行反潜战,虽大大限制了德艇活动仍未能将其消灭。这一战例证明,力量相对弱小的海军对付强大的海军,最有效的武器就是潜艇。不过潜艇的有效活动和反潜战的开展,都要依靠电子侦察和对抗。美英在大西洋能沉重打击德国潜艇并基本保障了护航运输的成功,主要是拥有雷达技术和电子侦察的优势。

在"二战"的海战中,大西洋上以反潜战为主角,太平洋上以航母战决胜负。"制空权就是制海权""电子技术左右战场"这些基本理念,在此时的海战中就已经显现出来,这也成为战时和战后各国建设海军的关注点。

在第二次世界大战中,人类科技成果都集中应用于军事领域,加上在战争实践中迅速检验升华,促使一系列高新装备很快登上战场,如喷气式飞机、

笔者在广岛原爆纪念馆内,背景是原子弹轰炸后的市区情景。

巡航导弹和弹道导弹、电子计算机等都投入了使用，美国还率先研制出原子弹。工业实力最雄厚、科技最先进的美国在交战各大国中以最小的生命损失（只战死29万人）获得了最大战果，在西方控制了经济最发达的西欧，在东方单独占领日本，成为战后世界上的超级强国。这一点也充分说明，科学技术是第一生产力，也是重要战斗力，想增强军力和实行军事变革就必须优先发展军事科技。

第二次世界大战的人力动员和战场伤亡大大高于上一次大战，使各大国实行了举国战争动员体制，即由政府统辖和调配一切人力物力。这次大战造成近8000万人死亡，其中苏联死亡2700万人，中国死亡了2000万人（另有1500万人负伤），德国死亡了900万人，日本死亡了300多万人，波兰死亡了560万人。其中苏、中、波的死亡者，大多是遭受屠杀。

"二战"中的死者有近三分之二是平民，军队伤亡也空前惨重。各国在战时为扩军和弥补损失，共动员了将近1亿人入伍，其中苏联有2900万（占人口的15%），德国有1700万（占人口的21%），美国有1300万（占人口的10%），日本有900万（占人口的9%）。中国因国民政府腐败混乱的兵役制特别是抓壮丁导致逃亡严重而难以计数，估计先后征兵也在1000万人以上。各大国青壮年男性多数被征入伍，只能让妇女、儿童、老人充当主要劳动力，德国、美国还引进大量外籍劳工（其中德国主要靠抓捕）。

在大战期间，除了没有战火涉及且经济资源丰富的美国外，各参战国人民生活水准都被大幅压低，其中苏联后方的劳动者主要靠土豆充饥勉强维持着生产。在长期大战中，资源供应对战争的关系又显得格外重要，苏联拥有辽阔的国土和丰富资源的优势使其在损失巨大时仍能坚持，德国、日本却都因石油供应断绝和经济崩溃而最后丧失了反抗能力。

"二战"的进程，促使各大国都建立起军民融合、以军品优先的工业系统，并建立了全面的人力物力动员制度。大战结果又证明，像德国和日本这样人力、资源都不足的国家尽管野心极大，还是会因穷兵黩武而败亡。只有美国、苏联这种有最丰富人力、物力资源且具备一流科技水平的国家才能成为世界级大国。战后的世界除了美国和苏联，其他工业化国家都风光不再，军事力量强弱最终还是要由综合国力决定，因而战后的军备竞赛除先进武器的竞赛也是国力的竞争。

　　第二次世界大战成为人类最大规模的常规战争，也是最宏大的机械化战争，战时各大国曾依照工业化时代的军事规律规划建军思想和战略战术。不过，"二战"结束时美国研制出并使用的核武器又宣告了以往热兵器时代的许多作战规律很快要过时，人类又要根据核时代的要求进行军事变革，机械化时代刚取得的军事成果很快就辉煌不再。

## 第七章
## 从"冷战"的铁幕到如今的"核对峙"

第二次世界大战刚刚开创了机械化战争的全盛局面,战争结束时美国向日本投下两枚原子弹,又使人类进入军事斗争的新时代——核时代。核武器对世界生存环境所具有的毁灭性威胁,尤其是20世纪50年代前期出现的氢弹达到爆炸力的物理极限,最早向美国建议发展核武器的科学泰斗爱因斯坦就讲过一

表现美国向日本投掷原子弹的油画。

句名言:"假如人类下次战争使用核武器的话,再下次战争就只能使用木棒了!"

核弹的出现,使人类的战争形式又一次出现了根本变革,即由冷兵器时代、热兵器时代迈入了核时代。发生核大战的确有可能让文明毁灭,再来一次由猿到人的进化都不一定能办到。国际上一种普遍性的观点认为:"核大战不会有胜利者,战争结束时恐怕连一个欢呼胜利的人都剩不下了。"因而各国发展核武器主要用于威慑。"二战"结束后不久,

作为发明者,爱因斯坦对核武器忧心忡忡。

世界就出现了发展核武器的竞赛,核阴影下的常规军备竞赛也随之展开。由于和平与发展成为20世纪下半叶的世界主旋律,国际上的反战思潮日益增长,加上其他诸多因素都制止了大战爆发,世界军事斗争舞台上的主角成为局部战争,由此也出现了新的建军思想和建军模式。

## "原子弹最大的威力在发射架上"

核武器的出现,是人类将核学科研究成果应用于军事领域的结果,这是发现了 X 射线的德国科学伦琴和发现放射性来源的居里夫妇始料不及的。一种能运用于军事目的的科技成果发明出来,往往就不是科学家说了算,而是由政治领袖来决定用途。

人类掌握了核武器,意味着具备了一种可越过战斗、战役而一举摧毁敌国的战略打击手段。在"二战"中实施决定性打击的几十万大军,只用一次核爆炸便可让其灰飞烟灭。"二战"刚结束时,美国一些军政要员曾认为,垄断核武器便可主宰世界,各国的飞机、坦克、重炮、战舰和常规部队都已无足轻重。然而,核垄断地位的打破和相互毁灭的恐怖平衡,又导致国际上虽屡次面临危机,核武器却只起到了"备而不用"的威慑作用。

### 美国首先研制并使用了核武器,居于世界头强地位

19 世纪末,德国、法国的科学家最先揭开了核学科的神秘面纱。进入 20 世纪 30 年代,最早注意到核裂变军事价值的是德国科学家,只是急功近利的纳粹对此投入不够而未取得武器化的进展。

1939 年 9 月德国发动战争时,流亡在美国的一批欧洲核物理科学家认为纳粹如首先掌握核武器则后果不堪设想,爱因斯坦直接致信美国总统罗斯福,说服他相信核裂变可以制造一种威力巨大的新型炸弹。1941 年美国正式启动制造核武器的"曼哈顿计划",投资 20 亿美元(这在当时可制造 10 万架战斗机)和集中上千科学家研制,在 1945 年 6 月终于生产出三颗原子弹。一颗用于试验,两颗在 8 月上旬被 B-29 轰炸机投到了日本的广岛和长崎。

广岛、长崎的惨剧,使美国参与核研究的多数科学家感到他们的这项发明,可能对人类生存造成了威胁。爱因斯坦懊悔地表示自己一生最大的错误就是建议制造核武器,并说:"早知如此,我宁可去做个钟表匠。"被称为美国"原

第七章 从"冷战"的铁幕到如今的"核对峙"

子弹之父"的奥本海默也建议取消原子武器研究所,并说:"我们的手沾染了鲜血。"下令使用核武器的杜鲁门却轻松地说:"不要紧,可以洗掉的。"战后全美约有 1000 名科学家组成反对原子武器的舆论核心力量,他们虽被美国一些当权者视为左倾力量并加以迫害,这种反核浪潮却让白宫不敢再轻易使用这种大规模杀伤性武器。

美国研制和使用原子弹后,曾认为其他国家在 20 年内不会掌握它。总统杜鲁门就扬扬得意地吹嘘:"美国拥有原子弹,实在是上帝的托付。"他还公开宣扬,美国已经担负起"领导世界"的责任。美国军方也认为,包括苏联在内的任何国家都不敢向自己挑战,自己挥舞核武器就可以吓住任何人,只保留少量常规兵力在全球执行"警察任务"即可。

从这种战略思想出发,1945 年秋天结束对日战争后,美军就在一年多时间内,便将总兵力由 1200 万人减至 150 万人。与此同时,美国在世界上几十个国家保留有军事基地或驻兵权,随时可派兵进驻。1948 年内,苏联为对抗占领西部德国的盟军进行不利于

核爆炸毁灭纽约的假想画,原子弹问世后就受到有良知的科学家的反对。

美国 1945 年的《时代》杂志的封面画,影射杜鲁门的地位是靠原子弹爆炸支撑的。

自己的经济改革,曾封锁西柏林,美国除实施空运外还首次制订了对苏核攻击的计划,具体方案是以 B-29 轰炸机将本国已拥有的近 200 颗原子弹都投到苏境要害目标,能将其一举打瘫。随后苏联解除了封锁,这更使白宫感到核武器是对外政策的王牌和防务上最有力的威慑力量。

美国冷战时描绘要攻打苏联的宣传画。

第二次世界大战后各国民族解放运动的发展,却证明核武器对此无能为力。1945 年末,美国派特使马歇尔到中国"调处"国共内战,在表面"公正"的标榜下想压迫中国共产党接受蒋介石的条件,以达到如法国那样和平融化的目的。1946 年夏天,蒋介石因得到了美国的援助发动了全面内战,毛泽东在会见美国进步记者安娜·路易斯·斯特朗时发表了历史性的名言——"原子弹是美国反动派用来吓人的一只纸老虎,看样子可怕,实际上并不可怕。当然,原子弹是一种大规模屠杀的武器,但是决定战争胜败的是人民,而不是一两件新式武器。"随后解放战争节节胜利,美国政府面对中国人民的历史选择,认为以武力干涉只能激起强烈反抗,不得不撤出在大陆的美军和青岛等基地,其国务院也承认在华政策失败。

毛泽东提出"纸老虎"的论断,加上中国革命的胜利,打破了核

李醒韬、梁照堂的油画《笑谈纸老虎》,表现了毛泽东同美国记者安娜·路易斯·斯特朗在延安的会面。

第七章 从"冷战"的铁幕到如今的"核对峙"

武器可主宰世界的谬论。新式武器威力再大，也不能解决世界的政治问题，人心向背也不是核武器所能左右的。

**苏联打破美国的核垄断并引发核军备竞赛**

1945年7月美国试验原子弹成功后，在波茨坦开会的杜鲁门总统马上向会场上的斯大林讲了此事以实施威吓，没想到对方脸色非常平淡。其实，美国的"曼哈顿工程"虽对外严格保密，斯大林却通过情报机构早已了解了详情，特别是参加此工程的几十位同情苏联的科学家已秘密向他提供了核武器研究的进度报告和全面的技术资料。

从1943年2月开始，斯大林便下令集中一批核物理学家、化学家到实验基地从事核研究，由号称"苏联原子弹之父"的库尔加托夫主持。主要靠着自己努力，加上获得美国核情报又使其研究工作走了捷径，苏联在1949年8月29日成功进行了第一次原子弹爆炸试验，使世界上出现了能与美国对抗的第二个核国家，这马上改变了世界战略形势。

1949年苏联第一次核爆试验的原子弹模型。

美国的核垄断被打破后，为保持核优势加速研制"超级"原子弹——氢弹，并于1952年10月在太平洋的比基尼岛上首次进行了爆

1953年5月25日，美军在内华达州进行了原子炮发射核炮弹的测试。

炸。这次爆炸释放出了相当于 300 万吨 TNT 爆炸时的能量，相当于广岛核爆炸威力的 200 倍。不过这颗试验氢弹构造过于复杂，弹重数十吨，没有任何飞机、导弹能够运载，还不具备投入实战使用的意义。1953 年 8 月 12 日，苏联爆炸了第一枚氢弹，威力约 40 万吨 TNT 当量。不过令美国人震惊的是，苏联这次试验的氢弹是空投的，说明已经实现了炸弹的轻量化并可用于实战。

在核军备竞赛中，起步比美国晚的苏联竟然已经跑到了前头，说明其成就的取得主要是靠自己努力而不是靠什么"盗窃核机密"。受到刺激的美国政府加大投入，几个月后使第一颗可投掷的氢弹问世。此后双方展开了增大核武器爆炸力的竞赛，1959 年美国研制出爆炸当量相当于 2500 万吨 TNT 当量的氢弹，1961 年苏联又进行了当量为 5000 万吨的氢弹实验。当时国际上的核科学家认为这已经过分，因其超过

1961 年苏联在北极圈内的新地岛进行了历史上当量最大的氢弹爆炸，这是当时投掷的被西方人称"赫鲁晓夫猪"的巨型氢弹。

了摧毁世界上任何目标的需求。为了不把地壳炸穿，后来世界上爆炸力最大的核武器当量极限只在千万吨级。

英国在苏联核试验后，看到了核武器的巨大政治意义，马上利用参加美国核研究后归国的科学家，轻车熟路很快研制出原子弹。由于狭小的英伦本土不具备进行核试验的场地，1952 年 10 月英国在澳洲附近进行了一次原子弹试验，成为世界上第三个核国家，接着于 1957 年在美国的核试验场爆炸了首枚氢弹。不过英国的核爆炸原料由其盟友美国提供，使用要经美方同意，并不具有独立性。

法国在西方阵营一向抱着自主立场，其总统戴高乐的一句名言是"没有核武器的国家不是大国"。为了摆脱美国摆布，法国坚持研制自己的核武器，于 1960 年 2 月在北非沙漠中首次进行原子弹试验，成为国际核俱乐部的第

第七章 从"冷战"的铁幕到如今的"核对峙"

四个成员，1968年又晚于中国爆炸了氢弹。

1964年10月，中国首次爆炸了原子弹。1967年6月，中国又成功爆炸了氢弹，成为研制原子弹后发展氢弹最快的国家。

1968年国际上签订了防止核扩散条约，只承认此前拥有核武器的五个国家为核国家，有些国家对此不甘心仍秘密发展核武器。1974年，印度进行了首次核试验。1979年，南非和以色列联合进行了秘密核试验。1998年，印度和巴基斯坦公开进行了核试验并形成竞争。2006年，朝鲜宣布进行了首次核试验。由于南非已经销毁了制造出的6枚原子弹，世界上宣布拥有核武器的国家共有八个，其中印度、巴基斯坦、朝鲜不被国际上承认为核国家。以色列对外不承认也不否认自己拥有核武器，不过国际上普遍认为其实际上拥有原子弹。

表现法国总统戴高乐如同高卢雄鸡的绘画，他坚持要摆脱美国控制发展本国的核力量。

以核武器打击对方，通常需要运载工具。美国在战后拥有世界上最强的战略空军，有上千架重型轰炸机，并在全球范围建有航空基地，长期以轰炸机作为主要投掷手段。苏联长期没有远程轰炸机，且因突防能力差难以对美国投掷核弹，赫鲁晓夫便称远程导弹"是打到美国的唯一希望"。1957年苏联在世界上首次试验洲际导弹成功，射程达8000公里，终于获得对美国要害位置实施核打击的能力。

美国受到这一刺激，也大力发展洲际导弹，一度在数量和打击精度上都超过苏联。英国和法国在20世纪60年代和

描绘苏联战略导弹发射的油画。

70年代也发展了远程导弹，中国则在1980年成为世界上第三个成功试验了洲际导弹的国家。冷战结束后，只有美、俄、中、英、法这五个公认的核大国拥有洲际导弹，具备全球范围的核打击能力。

美国冷战时鼓吹扩充核导弹和常规军备的宣传画。

战后国际上发展核武器，英、法、中这三国的规模都比较小，主要进行攀比竞赛的只有美国和苏联，在冷战时期世界上普遍认为真正有资格打核大战的只有美苏两国。

在美苏对峙的"冷战"时期，制定军事战略和实施军队变革都是以核武器为重点来考虑。美国和苏联都把建立核战略打击部队放在建军的头等位置，苏军于1960年还成立了战略火箭军，其地位在陆、海、空军之上。

核武器改变了人类军事斗争的形态，也改变了发达国家的军队编组，掌握战略核力量的新军种就此出现，也从根本上改变了人们对战争的思维。过去战争是实现政治目标的手段，核战争这一手段却可以吞食政治目标而导致同归于尽，国际上就此难以爆发大战，只有局部战争和地区性冲突。

**苏联同美国长期实施核竞赛最终拖垮自己**

自1949年苏联研制出核武器之后，在近40年的时间内同美国展开了激烈的核军备竞赛。据已经解密的历史档案证明，20世纪60年代冷战高峰期，是世界上核武器数量最多的时候，而且其中95%以上为美苏两国所有。美国

第七章 从"冷战"的铁幕到如今的"核对峙"

核弹最多时近3万枚，苏联则有4万枚，各有摧毁对方国土十几次的能力。

苏联的核武器运载手段，曾长期落后于美国。如在1962年古巴导弹危机时，美国一声令下就能将数以千计的核弹投向苏联，苏联的洲际导弹只有75枚，其中有些还不可靠，这一力量对比迫使赫鲁晓夫不得不做出从古巴撤出导弹的让步。

为了改变对美国的核劣势，苏联大力发展陆基远程导弹和潜艇发射的导弹，核潜艇的制造速度曾达到一年2艘。至20世纪70年代初，双方各自有2000枚陆基和海基导弹能打到对方国土，基本达到了平衡。不过苏联的导弹的精度不如美国，战略轰炸机的数量也少，因此想用数量优势来弥补。不过

苏军核潜艇发射战略导弹的画面。

苏联的经济实力远不及美国，如此竞赛只能让苏方承受巨大的负担，严重影响了人民生活的改善，也种下了后来群众对执政党领导人不满的种子。

若全面回顾战后国际形势的演变，可看出苏联在20世纪40年代末至50年代努力发展核弹和远程导弹，打破了美国的核垄断，这对维持世界和平和制止大战爆发有着积极作用。赫鲁晓夫时代却将达成核平衡当作实现"美苏合作"，双方共同主宰世界的筹码，为此苏联不愿支持世界上的民族解放运动，担心"一颗火星也会引发世界大战"。苏联对中国虽出于政治需要而一度勉强提供了"两弹"技术援助，却只限于2万吨级原子弹的技术和射程500公里的近程导弹，并想让这有限的核力量服从于自身的整体战略。当毛泽东要显示独立自主时，苏联便在1960年中断"两弹"方面的援助，从而导致了中苏关系破裂。

美国《时代》杂志的封面，表现出苏联的赫鲁晓夫以核爆炸作为发声工具。

1964年勃列日涅夫担任了苏联最高领导人，提出"核战争致胜战略"，继续同美国进行核竞赛，同时大力发展地面机械化装甲部队和建设远洋海军，其设想是在美国不敢使用核武器的条件下以"支援国际革命力量"为名扩张自身的势力范围。后来国际上不少评论家认为这是一种愚蠢的"自杀战略"，因苏联的经济总量最盛时也只有美国的一半，美国还有西欧、日本这样的富有的盟国支援自己，苏联的盟友却有严重离心倾向且需要自己耗费巨资来支撑，苏中关系破裂更使其陷入东西两面都是敌对国的状态。1982年勃列日涅夫逝世后，苏联新领导看到进行军备竞赛的严重恶果，想结束核竞赛并着手改善对华关系，很快又被美国总统里根提出的"星球大战"计划的威胁拖入新的核竞赛。1991年苏联最终瓦解，主要是由其政治经济体制的弊病所造成的，军事战略上的严重失误拖垮了经济也无疑是重要原因之一。

美国同苏联进行核竞赛之初，实行的是"大规模报复战略"，计划在苏

第七章 从"冷战"的铁幕到如今的"核对峙"

联阵营一旦向它的盟国发起常规进攻，就使用核武器实施报复性打击。为此，20世纪50年代中期美国将70%的军费都投入战略打击力量，将传统的陆军裁减至50多万人。结果，面对亚非国家的民族解放运动特别是游击战冲击西方阵营及其盟国，美国以核打击为中心的战略部署都显得无用武之地。例如，中国支持的越南游击队的活动使美国支持的南越西贡政权岌岌可危，想打击丛林中的游击队员无法靠原子弹而只能投入常规部队。

1961年肯尼迪担任总统后，提出了"灵活反应战略"，在核竞赛的同时也发展常规部队，为此进行了越南战争却深陷泥潭于1973年被迫撤出南越。随后，尼克松任总统的美国政府又采取了全球战略中攻守兼用的方式。美国利用西方阵营的经济优势，虽在军事上取守势却继续以核军备竞赛拖住苏联，同时在政治上以"和平演变"取攻势，建立"欧安会"后向东欧和苏联实行政治渗透，通过政治、经济、思想、文化、外交等非军事手段推行美国的价值观和政治经济模式，最终达到了"不战而胜"即让对手和平瓦解的目标。

1961年上任的美国历史上最年轻的总统肯尼迪，他上台后改变了原来的军事战略。

美国和苏联进行核竞赛又不敢真正开战，就此在国际上形成了一种称为"冷战"的军事对抗形式，综合国力的强弱及发展速度最终能决定胜负。苏联垮台使美国成为胜利者，不过在美苏对抗间隙寻求发展的国家倒成了最大受益者。西欧和日本利用冷战实现了经济腾飞，在20世纪90年代初的GDP总量分别占了全球的22%和12%。美国在冷战中也耗费巨大，GDP在世界总量中的比例由"二战"结束时的40%降到24%。中国在20世纪70年代末实行改革开放，随后实行"军队要忍耐"的方针大幅压缩国防费，也为经济腾飞奠定了重要基础。

冷战时期各大国在军事领域着重发展核力量，造出的数以万计的原子弹、

241

氢弹都没有使用而在有效期结束后又不得不销毁，建立起使用核武器的军种也从未实战，这看起来真是惊人的浪费。不过多国拥有核武器并形成"互保摧毁"确实制止了大战发生，世界经济在总体和平的形势下得到大发展也是发展核力量的一种回报。

世界上热爱和平的人们都反对使用核武器并主张最终将其销毁，不过在可见的历史时期内还难以办到，各核大国的核武库规模虽缩小却不会取消。对各大国来说，如何把握核政策并处理好威慑与实用的关系，对维护自身和平发展都具有越来越重要的意义。

## "局部战争"的伊始——朝鲜战争

1950年6月25日，朝鲜南北双方爆发了内战（按朝鲜北方的称呼是"祖国解放战争"），出乎一些领导人意料的是，美国在两天后便宣布参战，同时出兵控制中国的台湾，并援助在越南的法国军队。美国又利用其影响，让联合国通过谴责朝鲜北方的决议，并拉拢了16个国家出兵组建了自己指挥的"联合国军"。这场朝鲜内战，就此演变成"二战"后规模最大的一场国际战争。由于美苏的对峙，朝鲜战场上并未使用核武器，作战范围也基本未超出半岛，这又成为现代局部战争的第一个典型范例。

### 反应迅速且有强劲战斗力的常规部队仍能主宰常规战场

"二战"结束后，美国的全球战略曾建立在垄断核武器的基础上，将陆军和海军陆战队的常规作战部队压缩到只剩14个师，其中在远东的只有驻日本的4个师。1949年8月苏联试验核武器成功，导致美国不敢轻易使用核武器，其常规兵力应付突发战事又感不够。斯大林正是看到这一点，才改变了此前对美国采取全面守势的态度，在1950年初同意朝鲜北方实施统一的计划。

第七章 从"冷战"的铁幕到如今的"核对峙"

朝鲜内战爆发前,苏联向朝鲜人民军提供了130辆坦克和许多重炮,中国人民解放军也将经过长期战争锻炼的4.6万名朝籍官兵送回。开战时15万朝鲜人民军以锐不可当之势迅速南下,仅3天就占领了汉城。此时南朝鲜总兵力不过10万,主要任务还是镇压国内民众反抗,连一辆坦克、一门重炮都没有,结果一个多月内就丢失了近90%的土地,退到半岛东南角的釜山的一隅之地。

美军的迅速反应,改变了朝鲜战争的进程。从开战第二天起,美军飞机就从日本冲绳起飞攻击南下的朝鲜人民军,驻日本的美国陆军第8集团军也马上将4个作战师都调往南朝鲜。此前驻日美军官兵终日泡在日本的酒楼和烟花巷中,被戏称为"榻榻米部队",战斗意志和训练水平较"二战"时大有下降。7月间最早投入南朝鲜战场的美军第24步兵师几乎被击溃,师长被俘,不过其余部队毕竟守住了釜山外围圈。接着美国利用动员起来的海空运

朝鲜所绘的表现开战后就迅速占领汉城的油画。

输力量，两个月间从国内又运来3个师。

1950年9月15日，美军以2个师5万兵力在仁川登陆，切断了朝鲜人民军南下的主力部队的后路。接着，美军、南朝鲜军连同英国、土耳其等国部队大举向北推进，于10月19日攻占平壤，并直逼中朝边境。

美军仁川登陆的照片

有丰富战争经验的新中国领导人，在美军介入朝鲜后便预见到战局可能恶化，从7月起便调集战斗力最强的部队组建东北边防军。10月上旬至10月中旬，以毛泽东为首的中共中央经过反复讨论，在斯大林违约不肯出动空军掩护的情况下，仍认定"参战利益极大，不参战损害极大"。中国军队9个军共45万人在10月和11月间迅速投入朝鲜战场，击败冒进的美军及其协从军，迫其败退500公里，美国舆论界称此役为"美国陆军史上最大的败绩"。

中国人民志愿军连同休整后恢复了战斗力的朝鲜人民军向南推进时，于1951年1月初占领了汉城，却遇到了供应不济的严重困难，许多部队饥寒交迫。美军凭借强有力的运

已故军旅画家高泉所绘的油画《决策出兵》，表现了以毛泽东为首的中共中央开会讨论出兵朝鲜的场面。

244

第七章 从"冷战"的铁幕到如今的"核对峙"

输能力,迅速补充了兵员和物资又转入反攻。2月间志愿军实施反击围攻砥平里不克,使美国军政首脑看清了中方供应和火力都不足的弱点,敢于进一步大胆反扑。中朝部队于3月中旬放弃汉城,且战且退至三八线一带。4月下旬至5月间,中朝军队以70万兵力发起规模最大的春季攻势("第五次战役"),因火力居于劣势又供应困难,最终还是撤回三八线一带。

志愿军在三八线附近的阵地防御击退美军的画面。

从1951年6月至1953年7月,朝鲜战场上交战双方形成阵地对峙交锋。因战线长度只有250公里,无法展开太多兵力,中国和美国这两个主要参战国都是轮换作战方式,投入大量部队到朝鲜战场,替换一线疲劳的部队并进行实战锻炼。在整个战争期间,中国以"志愿军"名义进入朝鲜的兵力达297万人,兵力最多时达130万人。美军先后入朝参战达172万人,兵力最多时有54万人。朝鲜北南双方在战时动员参战的兵力总计超过200万人。在一场为时3年、战场只限在一个狭小半岛的战争中,交战国竟然总计先后动员

孙立新油画《激战松骨峰》,描绘了志愿军在第二次战役时迂回美军后路的场面。

了 700 多万军人参战，显示了现代局部战争"小战场、大力量"的特点。这是因为交战国一方面限制战争升级扩大，一方面又要准备打大仗，最终因陷入僵局又都不愿扩大战事而停战。

朝鲜战争同中国进行抗美援朝战争是有联系又有区别的两个概念。朝鲜战争本不该打，抗美援朝战争却不能不打。朝鲜战争从三八线始回到三八线终结，最终可谓是平局；中国的抗美援朝战争却是一个伟大的胜利，因为战争从中朝边界的鸭绿江开始到停战时推到南边 500 公里的三八线。

**装备劣势的军队靠扬长避短仍能力挫强敌**

朝鲜战争是一场典型的不对称战争，战争初期交战双方形成了"立体对平面"的态势。美国在陆、海、空三维空间对中朝军队作战，中朝方面起初只有地面部队与之对抗。当时人称中国人民志愿军要以"一军对三军"（以陆军对敌陆海空军），同时又是"三军对一军"（除正面对敌外还要在朝鲜半岛东西海岸各放重兵防敌军登陆），越向南推进在东西两翼的海岸薄弱部位就越被拉长。彭德怀在出国半年后就总结说："只要敌一登陆，我之咽喉即被扼住。我正面即打到釜山，亦终不能不被迫撤退。"这种战场态势，决定了志愿军不能向南深远推进，只能打到三八线附近适可而止转入防御。

美军统帅麦克阿瑟等人在中国出兵初期，曾轻蔑地认为对手只有简陋的步兵武器和少量落后的轻便火炮，以空

美军在朝鲜北部长津湖撤退时使用直升机运输的画面。

第七章 从"冷战"的铁幕到如今的"核对峙"

中打击和地面的机械化部队攻击就能轻易取胜,结果却遇到了一个全新的对手和全新的打法。白天,志愿军只以小部队防守前沿阵地,主力在山林中分散隐蔽,美军的狂轰滥炸大都属于无效功。天黑后中国军队往往突然出现,又不从正面进攻而从侧后穿

孙立新油画《志愿军第一届后勤会议》,周恩来亲自主持对朝鲜前线的供应工作。

插迂回。尤其是 1950 年 11 月末志愿军以第 38 军迂回到美军第 9 军后方,并使美国第 8 集团军主力陷入被包围在清川江一线的危险。志愿军第 20、第 27 军也将冒进的美国海军陆战 1 师和第 7 步兵师包围在长津湖一带,使其在冰天雪地中处境危殆。这次令全世界为之惊讶的战果证明,一种新鲜的战术,往往比新式武器能发挥更大的威力。

战争虽然是作战技艺的较量,物资力量毕竟是基础。美军处境危急时,绝对的空中优势和地面机械化部队还是能挽救其部队的。东西两线的美军以大量飞机在头顶轰炸压制,以坦克集群为前导开路,还是冲破了志愿军的拦截,撤到三八线以南。此后的交战又充分显示出后勤工作是志愿军最薄弱的环节,现代战争在很大程度上是打后勤。1951 年上半年,周恩来主持的中央军委将加强后勤工作当成抗美援朝的第一任务,提出"千条万条,运输第一条",全军努力打破美军严密的空中封锁,建成了"打不烂、炸不断的钢铁运输线",才保障了前线部队有最低限度的供应。

通过人们形容的"拉手风琴"式的拉锯战,朝鲜战场在 1951 年夏季后形成僵局。中国方面有着兵力数量和陆军战斗力的优势,美军却有着绝对的

**脱胎换骨** ON THE REFORM OF
纵横古今谈军改 ARMED FORCES

美国所绘1951年2月砥平里激战的油画，此役美军依仗火力绝对优势守住了阵地，增强了防御的信心。

海空军和地面火力的优势，双方总体上形成均势。由于交战双方都感到难以用武力把对方赶出朝鲜半岛，又不愿扩大战事，于是从1951年7月以后进行了两年的停战谈判，战场上出现了"边打边谈"的阵地战局面。

在停战谈判之初，美国自恃有技术优势，又要中朝方面退出1.2万平方公里的土地作为"海空优势的补偿"，遭到拒绝后又发起了"夏季攻势"和"秋季攻势"。此时美军向固守三八线附近的中朝军队防线发起攻击时，先以强大的空、炮火力覆盖将地面工事摧毁，再以步兵实施"逐山占领"。志愿军以白天失守、晚间反攻夺回的方式与敌争夺阵地，同时通过"挖洞子"创造了坑道战这一新战法，可躲避敌军火力压制并能适时跃出打退敌攻上来的步兵。靠着全军动手，志愿军在一年多的时间在北朝鲜挖掘出1000余公里的坑道工事，以这种近乎原始洞穴的防御工事抗御了有绝对优势火力之敌，并依托坑道作为屯兵所向敌前沿不断发起小规模的反击，使"联合国军"方面付出重大伤亡而在战线上没有进展，甚至一些前沿阵地还被志愿军挤占。

第七章 从"冷战"的铁幕到如今的"核对峙"

1953年7月停战前夕，志愿军发起了大规模阵地攻坚的金城反击战，将战线南推18公里，从而显示出已具备在局部地区集中优势火力并实施进攻战役的能力。

以交战双方在朝鲜半岛发射投掷的弹药量计算，美军为330万吨（若加"联合国军"其他部队则总计为400万吨），中国方面仅为25万吨（若再加朝鲜人民军共计30万吨）。在火力相差如此悬殊的情况下，中朝方面的战斗伤亡还少于对方（志愿军伤亡49万，朝鲜人民军伤亡26万；美军伤亡14万，南朝鲜军伤亡98万），这表现出相当高的作战技巧。

火力居绝对劣势的一方在正规战特别是阵地战中能挫败对方，最终形成对峙僵持，迫使对手最后以停战结束战争，这是世界现代战争史上的一个奇观。中国方面取得这一成果的主要方法，便是发挥"你打你的，我打我的"的作战原则，以战斗意志的精神优势和战术灵活弥补装备技术的劣势，以夜战、近战避开敌人长处而攻敌之短，最后形成了战场上的力量平衡。当时联合国司令官克拉克上将就声称："我是第一个在没有获得胜利的停战协定上签字的美军司令官。"

中国进行抗美援朝战争，一扫过去在世界上总是受外人欺侮而挨打的屈辱，恢复了鸦片战争后丧失的民族自尊和自信，从此在国际上树立了军事强国的地位。不过由于美国在物质条件和军事技术上

美国油画《被击落的F-86》，描绘了本国这种性能最优越的战斗机被米格飞机击落时的场面。

的优势过大，中国方面在局部战争中与敌达成势均力敌后也就适可而止，尽

快实现和平以集中力量投入国家建设。

## 局部战争成为世界军事斗争的主要形式

朝鲜战争前，国际上两大阵营处于冷战状态，美国的军事预想仍准备打第二次世界大战那种全面战争，而且要以核武器为主要武器。当时苏联虽有核武器，数量只及美国的十分之一且没有直接打到美境的能力，因而自己退到二线，主要以"出厂成本半价"的方式提供武器给中朝军队并让其在第一线作战。

美军遭受中国军队的打击从北朝鲜败退时，就公开扬言准备使用核武器，马上遭受西欧盟国反对（英法当时都受到苏联的核威胁），国际上也予以谴责。加上考虑到朝鲜半岛山地居多的地形，使用核武器也难以消灭坑道中的对手，美国最终只是挥舞核大棒威慑而未敢真正使用。为进行常规战争，美国重建了"二战"后裁减的很大一部分陆军，总兵力扩大了一倍多。曾任"联合国军"总司令，后任参谋长联席会议主席的李奇微等人就提出：核武器在两大阵营都拥有时已难使用，今后的战争只能是"有限战争"，为此应主要发展常规部队。

美方所说的"有限战争"，也就是中方所说的局部战争。朝鲜战争就是这种目标有限、战场有限、手段有限、时间有限的战争，在世界上追求和平发展为主要目标的大多数人的反对下，有经济和军力优势的美国已不能将战争扩大为世界大战。不过1953年上台的美国总统艾森豪威尔虽然是"二战"的陆军名将，此时却认为以后不应再打朝鲜战争这样的常规战争，应该以核武器的"大规模报复战略"威慑东方阵营，以达到"遏制"目的，为此要大幅裁减陆军，使李

美国《时代》杂志将李奇微作为朝鲜战争时的封面明星，战后他提出了只能打"有限战争"的主张却未被接受。

第七章 从"冷战"的铁幕到如今的"核对峙"

奇微等将领愤而辞职。几年后，美国上层便检讨认为，他们对朝鲜战争的总结及新拟定的战略是错误的。

　　斯大林以后的苏联领导人赫鲁晓夫等人通过总结其前任在朝鲜战争爆发时的判断错误，加上面对美国的核威胁，也将发展核力量当成建军的首要任务，为此也裁减常规部队。在对外政策上，苏联主张防止再发生局部冲突，以免升级引发为核大战，为此要求越南劳动党在1954年同法国划界停战，并且不赞成中国在东南沿海对美国支持的国民党军采取大的打击行动，从而引发了中苏之间在国际战略问题上的严重分歧。当然，中国领导人也看到核武器的重要作用，在1955年以后就开始"两弹"（导弹、核弹）的建设工程，并将其作为国防建设的重点。

抗美援朝时期画家古元所绘的宣传画《制止美帝侵略，我们才能建设》。这场战争打出了中国的国威，赢得了长期的和平建设环境。

　　通过抗美援朝战争，中国军队真正迈进了现代化，并且在同世界最强对手的较量中学会了陆上和空中的现代化战争（只是海军因力量太弱而未参战）。在国力和技术条件同美国相比处于绝对劣势的形势下，中国军民主要发挥了主观能动性，以我之长击敌之短，如主要以夜战为作战形式，地面部队交战时突出近战。为防御敌强大空中力量的打击包括可能的原子武器攻击，全军要以构筑坑道作为主要隐蔽形式。在抗美援朝战争结束后的几十年间，中国军民为战备进行了持续广泛的"深挖洞"工程。

　　通过抗美援朝战争的实践，新中国的领导人在世界上较早地认识到局部战争的重要性，并以此为基点进行军队建设。在战争期间和战后，全军强调要实行正规化、现代化建设，克服过去的游击习气。在军事战略指导思想上，中国强调了积极防御，在周边力求稳定以创造和平建设的环境，因而在援助越南抗法作战和在东南沿海打击美蒋的斗争中都严格控制作战的手段和时间，

## 脱胎换骨 ON THE REFORM OF ARMED FORCES
纵横古今谈军改

取得一定成果就适可而止。过去进行革命战争的思维，就此开始被进行保卫国家利益的局部战争的要求所取代。

### "帝国之塚"越南、阿富汗

从1945年越南开始抗法独立战争，直至1975年越南人民军解放南方，驻西贡的最后一架美军乘直升机逃向航空母舰，在越南以及包括其周边的老挝、柬埔寨地区进行了一场世界史上有名的"30年战争"（或称"万日战争"）。其中1965年至1973年，美军直接入越参战时战况最激烈。美国飞机在越南

越战中的美军发动攻势的场面，头顶直升机掩护，并以坦克开路，不过强大的火力往往找不到射击目标。

乃至整个印度支那战场投下的炸弹高达570万吨（其中轰炸北越便投弹230万吨），相当于美英盟国在第二次世界大战中投弹量的2倍！这种世界战争史上空前猛烈的火力，却无法消灭甚至难以压制南越丛林中的游击队，美军陷入了"高射炮打蚊子"的窘境。越南人民军和游击队有中国和苏联作为后方得到源源不断的物资输送，再采取群众性人民战争，以持久战的方式拖得美国内部怨声沸腾不得不撤军离开，美国直接援助的南越政权随之崩溃。越南战争对美国两代人形成了"永久的痛"，在世界上也开创了一种以弱势力量逐步消耗并拖得强势对手被迫后撤的特殊战争范例。

**越南军民学习中国经验并在抗法、抗美战争中发扬光大**

越南争取民族独立的战争，分为抗法、抗美两个阶段。日本投降后胡志明领导的印度支那共产党（越南共产党前身，以下简称"印支共"）领导建立了民主共和国，法国为恢复殖民统治而派兵卷土重来。印支共及由其改称的越南劳动党经过"九年抗法战争"，终于迫使精疲力竭的法军撤走。

1951年2月印度支那共产党第二次代表大会制定的越南劳动党党章，规定了斗争指导思想是"以马、恩、列、斯主义和毛泽东思想同越南革命实践相结合为党的思想基础和一切行动的指针"。他们特别学习毛泽东思想中的人民战争思想，采取了游击战方式打击有现代化武器并得到美国支援的法国殖民军。

1950年以后，通过轮流到中国培训并得到解放军顾问团帮助指导的越南人民军战斗

这张油画描绘了1954年越南人民军攻占法军坚守的奠边府的场景。

**脱胎换骨** ON THE REFORM OF
纵横古今谈军改 ARMED FORCES

力大为增强，进行游击战时也进行一些运动歼灭战，总兵力至 1954 年发展到 32 万人。同年 5 月，越南人民军在中国提供的炮火支援下，攻克了法军的奠边府要塞，全歼守军 1.5 万人。失去再战意志的法国于 1954 年 7 月签署了结束印度支那战争的日内瓦协议，随后全部撤军。

日内瓦会议确定了越南以北纬 17 度线划分为两部分，北方的民主共和国得到中国和苏联支援，南方反共的西贡政权在法军撤走后完全依赖美国支撑。1959 年越南劳动党召开二届十五中全会，决定在南方开展武装斗争，并派出部队修筑经老挝南部的长山山脉进入越南南方的运输通路，即著名的"胡志明小道"。

南越的游击战展开后，1961 年 5 月美国派出经过"反游击战"训练的"特种部队"进入当地帮助训练南越军队，并指挥其进行"清剿"和"绥靖"作战，

美国对越南北方狂轰滥炸的油画。

第七章 从"冷战"的铁幕到如今的"核对峙"

开始了一场美国出钱、出武器、出顾问，主要由南越人作战的"特种战争"。

美国扶植的南越军人政权被人民憎恨，自身还内讧不止，因而越南劳动党南方局领导的游击战能粉碎其"绥靖"农村的"战略村计划"，在 1964 年内夺取了大部分农村的控制权。美国政府从其"多米诺骨牌"的理论出发，认为南越政权崩溃会导致亚洲一系列非共产党领导的政权相继倒台，从 1965 年 2 月起宣布对北越进行"报复轰炸"，3 月间美国地面部队直接进入南越参战，形成了一场以美军为主体、以"南打北炸"为特点的局部战争。

越南民主共和国因得到中国和苏联大力支援，不接受美国要其从南方撤

越南纪念"胡志明小道"的宣传画。

越南劳动党游击队的画像，他们只携带轻武器机动灵活。

兵的条件，在北方主要由中国援越高炮部队和苏援防空导弹抗击美机轰炸，以人民军主力向南方源源不断派出部队展开游击战。美军在南越的部队至1968年增至55万人，对付分散活动的游击部队仍然如同"拳头打跳蚤"，美国官兵抱怨这是一场特殊的战争——"我们看不见敌人，我们的人却经常被敌人突然打死。"同年春节，越南人民军和游击队同时袭击了西贡、顺化等城市，美国大使馆、南越军队总司令部等地都遭受到游击队打击。

久拖不决的战争和不断付出伤亡，使美国公众普遍感到愤怒，在1968年的民意测验中，反对参加越战的人开始超过支持者，迫使1969年上台的总统尼克松推行"战争越南化"，开始逐步撤出美军。

1973年1月，越美两国在巴黎签订协定，美军全部撤出越南，越南北方却得以在南方保留军队，此后南越政权日趋衰落。1975年3月，越南人民军主力南下发起总攻，于4月底完成了解放南方的任务。在此前后，美国支持的柬埔寨朗诺政权、老挝右派政权也在抗美力量打击下相继崩溃，印度支那三国的抗美救国战争就此获得了完全的胜利。

毛泽东在致越南南方民族解放阵线的贺电中一再称赞"你们打得好"。这场抗美战争在世界军事史上的确开创了一个奇观，证明小国、弱国通过发动民众进行持久游击战，并以正义性争取国际同情包括激起敌对国内的反战情绪，也能拖得大国、强国无法忍受而败退。人心的向背不是高技术武器所能左右的，像南越这样腐朽的政权也是任何强国无法挽救的。

卢叶梓所绘的宣传画，表现了中国人民付出巨大努力支援越南的抗美战争。

第七章 从"冷战"的铁幕到如今的"核对峙"

**强大正规军同游击队较量的特殊战法警醒世界**

古往今来的军事家一般都研究两军对等状态下的交锋,像越南战争中这种"不对称"的交战确是一个异数。古代至近代史上也有游击战,通常只具有战术意义,只是中国革命战争才将其上升为战略全局高度。越南进行抗法战争特别是抗美战争时,进行游击战具备更有利的条件,其背后有中国等作为"大后方"提供武器(中国进行游击战时需要自己解决武器)和其他补给,对手却是万里之外的异族军队,虽装备精良却不适应战场环境,难以持久对抗。

美军进入南越战场后,感到的最大困窘就是找不到隐蔽在城乡居民内和丛林中的对手,一次便能投下30吨炸弹的B-52轰炸机的空袭绝大多数是白白浪费,本军官兵却经常遭迫击炮、地雷和零星枪击的杀伤。美军地面出击很难捕捉到敌军,因越方武装往往军民不分,武装人员遭受包围后又往往化整为零,或藏起武器化军为民,发生了小规模战斗后对手会迅速消失,这就出现美军自己哀叹的结局 "虽然没

美国的这幅越战画,描绘了深陷泥潭的困境。

南越游击队的形象,他们以火箭筒作为"步兵的大炮",并经常埋设陷阱。

257

有输掉一次战斗，却输掉了整个战争"。

越南人进行的游击战证明，游击队不被消灭就是胜利，能持久拖住对手就能让其疲惫沮丧。游击队对付美军的战法总体上是"打了就跑"，在出击时又实行"揪着敌人的裤腰带打"即突袭时近战夜战，使美军强大的空、炮火力为防误伤不敢向两军交锋的前沿倾泻。

世界上的游击战一般依托农村，南越游击队还创造了城市游击战的新方式，主要是爆炸重要目标和袭击零散的美军官兵及南越官员。这不仅让当地美国人出现了草木皆兵的恐怖情结，还产生了轰动世界并严重影响美国民情的心理效果。

游击队的存在和有效活动，依赖于与当地居民建立的"鱼"与"水"的关系，有了根据地这种"水"的掩护"鱼"才能游动。反游击战的一方成功的关键，也在于斩断对手的"鱼水"关系，其方法一是建立亲自己的政权（蔑视的称呼是"伪政权"或"傀儡政府"），二是让民众不愿或不敢支持游击队。

法国在1945年重返越南后，便建立了以原封建皇帝保大为首的亲法政权。美军进入后又继续支持这个政权的后继者南越政权。美国协助建立伪军后，又在十几年内提供了成百亿美元的经济援助想收买民心。令美国沮丧的是，南越政权却是它也承认的"世界上最腐败的政权之一"，提供的美元极少能改善民生而大都被官员贪污。越南劳动党却学习了中国的土地改革特别是"打土豪"的经验，到处打击亲美又腐朽的官员豪绅，将土地和浮财分给贫苦农民，再加上用驱逐外敌的民族主义精神动员各阶层建立反美统一战线，得到多数群众支援。

在南越湄公河三角洲附近的乌明森林，"越共"建立的根据地坚持战斗了

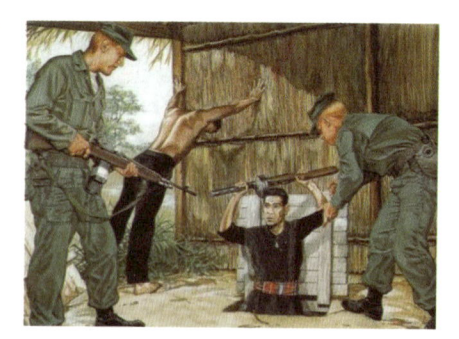

美国所绘的在越战破坏地道的画面，事实是多数地道美军根本无法发现。

第七章 从"冷战"的铁幕到如今的"核对峙"

30 年，美军和南越伪军一次次"扫荡"都无法将其摧毁。在距西贡仅 40 公里的土芝县内，"越共"游击队同当地群众一起，多年间挖掘出世界上罕见总长度上百公里的地道网，美军和南越伪军用尽了高技术手段也无法将其破坏，战后这里成为名扬世界的秘密游击基地的展览地。

美军通过总结世界近现代反游击战的经验，也认识到在这种特殊战争中政治高于军事、争取人心重于作战。美军刚投入南越战场时，便提出要学习中共军队的"三大纪律八项注意"并模仿性地制定了多项规定，还利用自身的经济优势搞了许多救济灾民、为老百姓治病的活

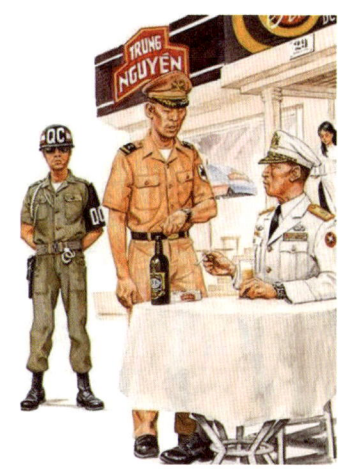

美军顾问训练南越伪军的画面，这支军队虽接受了美国装备，仍腐败不堪。

动。不过面对广泛的敌对环境，美军陷入一个不可解的矛盾之中，为防备遭受袭击又对居民区不分青红皂白地实施狂轰滥炸，并从空中大面积撒放了几十万吨有毒的化学落叶剂。据越南统计，美军轰炸造成北越 50 万平民死亡，在南越空袭导致的民众死亡还超过此数，另外还有数十万无辜民众留下残疾，播下这样的仇恨是小恩小惠根本无法消除的。

美军自身同越南民族严重对立，调来的 5 万韩国部队更是以烧杀淫掠激起当地民愤。1970 年以后美军便逐步停止以步兵参加野战而只担负火力支援，将南越伪军总数扩编为 100 万人（正规军和地方团队各半）。美军撤走时还将大量武器留下，使南越伪军不仅有了数千辆装甲车辆，至 1972 年还竟然有了 2000 多架飞机，成为仅次美、苏、中之后的世界第四大空军。靠外力扶植起的这支庞大军队，素质却十分低下，根本不是越南人民军和游击队的对手。

1972 年越南人民军对南方发动了大规模攻势，被留在南越的少量美军支援越南政府军以绝对优势的火力挫败。1973 年美国撤军后不久，越南劳动党

表现 1975 年 4 月末越南人民军攻占西贡最后结束战争的油画。

中央看到白宫受反战运动困扰不会再下令重返越南，于 1975 年春以人民军主力 30 多万人南下总攻，20 万当地游击队又予以配合。南越政府不到两个月便彻底崩溃，在南越要人逃跑后百万大军灰飞烟灭，美国举国只能发出失败的叹息。

战后美军总结越战教训，曾提出必须速战速决，绝不可久陷入别国内地作战。在 20 世纪 80 年代干涉格林纳达、巴拿马内部事务的作战中，美军的确做到了速打速撤，基本达成了目标。事过 30 年后，美国要人们在一再对外干预得手后，又忽略了越战教训，结果在伊拉克陷入了同样的泥潭，这从最深层次看也是进行侵略称霸性战争所带来的必然结果。

**游击战争重在拼意志，心理影响重于战场伤亡**

越南进行游击战争时曾学习过中国的经验，却根据变化的国际环境有了一些新发展，即不强调战略防御而突出"进攻战略"，不注重打歼灭而打消耗袭扰。例如 1968 年越南人民军和游击武装竟然向强敌驻守的多数大城市和重要据点发动"新春攻势"，击毙美军不过千人而自己牺牲上万，未占

第七章 从"冷战"的铁幕到如今的"核对峙"

领任何据点却暴露了大量潜伏力量。从军事上看，这种"城市进攻战"得不偿失，在政治上却加剧了美国社会上的信心危机和国际上对美的谴责，对促成美军撤退起到了很大作用。

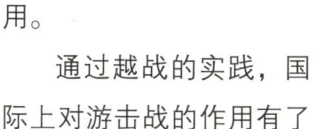

中国画家张文新等人所绘的油画，描绘了胡志明领导越南军民坚决进行抗美战争的场景。

通过越战的实践，国际上对游击战的作用有了新认识，战法也有了变革。过去的游击战主要通过消耗敌人逐步转变力量对比，作战强调避实击虚，尽量保存实力避免打硬仗。越南的游击战却重在袭击敌军显要目标制造内外精神震撼，制造"心理战"效应要重于军事行动成果。尤其在第二次世界大战结束后国际上和平潮流成为主流时，西方国家虽有军事强势，对人命损失的承受力却很差，政府决策受民意和舆论的影响非常大，同时还难以再使用过去那样民族灭绝的方式。如美军在1968年对隐藏越共的一个村子的几百居民进行了集体屠杀，这一"美莱惨案"被揭露后导致世界谴责这同纳粹和日本过去的暴行一样，迫使美国军事法庭对事件指挥者判刑，此后对居民区的军事行动也受到很大限制。像越南这样争取民族独立解放的国家，却能忍受大量牺牲，以多换少的人命消耗最终还是对己有利。

据越南战后公布的数字，越南人民军南下部队死亡就超过50万，南方游击武装和亲共群众的死亡还要超过此数（加上无辜民众和敌性越南人的死亡，全国共有310万人因战争丧生）。美军战死不过5.5万人（另外还有30万人负伤），南越军人和地方武装死亡约20万。越南北方最终坚持到胜利，美国和南越政权的要人却以撤逃输掉了战争。

越战初期力促美国参战的国防部长麦克纳马拉，战后曾在一次大会上流着眼泪痛苦地检讨说："美国人打败了，主要是因为美国严重低估了越南人的民族主义精神力量，过度高估了自己的现代化武器。"

正规军在同游击性的武装作战时，意志往往比武器更重要。美国的总统尼克松和国务卿基辛格在检讨越战时，都说美国失败的主要原因是激烈的反战运动使全国意志无法集中、思想无法统一，以致社会陷于混乱。当时在美国彩色电视刚普及，如何管理还缺乏经验，赴越记者为制造轰动效应，经常拍摄血腥恐怖场面并迅速播放，越战成为"历史上第一次现场直播的战争"。美国观众在屏幕上看到的尽是血淋淋的尸体、伤兵，以及自己纳税采购的飞机、坦克的残骸在燃烧，大多数人自然会产生怒气并反对再战。一些美国人后来总结就说："越南战争是在电视屏幕上打败的。"这也道出了在信息传输发达的社会中舆论对作战影响之大。

美国国内到处掀起反对越战的示威的照片。

后来美国政府总结了越战的教训，虽标榜"新闻自由"却实行了严格的信息管理。在后来的海湾战争和伊拉克战争中，美国电视屏幕上被禁绝了出现流血的镜头，有尸体的画面也被减少到最低限制并不许出现近景。

越南抗美游击战的经验，被世界上不少武装组织学习，也有不少镇压游击活动的国家研究了美国的教训。最典型的是巴勒斯坦民族运动自20世纪60年代后期起也学习越南的游击方式，对以色列持续发起袭击，虽持续几十年却效果越来越差，以色列这个犹太移民国家除了有"退让就会被赶到海里"的奋战决心，国内也采取了军民结合的长期严密防范，并对巴勒斯坦人采取了有效的分化措施。以政府对亲近自己的150万巴勒斯坦人（这占其全族的四分之一）给予本国国籍和相应福利，对其余人则允许和平分子来境内打工并向其提供其他就业机会，同时对武装分子实行"定点清除"式攻击。这软硬两手结合后，多数巴勒斯坦人感到同以色列和睦相处才能过好生活，越来越不想支持武装运动。对少数仍制造袭击的人，以色列又通过国际舆论给他们加上"恐怖分子"的标记，使其日益孤立并转入式微。

苏联却没有很好研究美国在越战的教训，1979年末苏军在操纵阿富汗亲苏势力以政变夺权时，直接出动10万军队控制其全境。勃列日涅夫等领导人认为，以本国军队迅速扑灭反抗势力后，亲苏政权就能有效加以管理。殊不知历来有自治传统并讨厌外来者的阿富汗各部落武装群展开抗苏游击战，本国政府又被他们视为"外国傀儡"一并打击，美国则通过巴基斯坦向游击队提供了大量先进武器。地形崎岖和山寨林立的阿富汗高原，成了"苏联遇到的越南战争"的战场，经过近10年战争，苏军也无法消灭游击队，而在本国民众反对和戈尔巴乔夫的"新思维"指责下最终被迫撤军，其扶植的政权很快垮台，几乎是重演了美国在越南的一幕悲剧。

**"直升机战争"推动战争走向立体化**

越南战争对美国而言，是一场想起来便感到痛苦的战争，花费了2000多亿美元（若按现在的购买力则要多3倍），并削弱了自己在全球的地位。不过战争中也催生了一些新武器和新战法，并在实践中得到检验后加以改进和完善。

美军在越南战场上先后投入了近1万架直升机，战况激烈时每天就出动1万多架次，使这场战争被西方世界称为"直升机战争"。由于南越多数地域是稻田、水网和丛林，装甲部队和机动车只能在很有限的道路上行进，美军便认为机动作战和对付游击武装的最好工具是直升机，发现目标就实施"立体攻击"和"垂直包围"。当时的直升机却没有防护装甲，步枪和机枪在千

**脱胎换骨** ON THE REFORM OF
纵横古今谈军改 ARMED FORCES

米外都能将其打穿，因而遭遇地面火力突袭时经常完不成任务还损失惨重，每年损失数字都直超过千架。战争后期，美军为直升机安装了装甲并配备了强劲的对地攻击武器，从而出现了武装直升机，大大提升了生存率和打击力，并创造了一种全新的战法。

通过越战的实践，美军开始组建"飞行陆军"，其第 1 骑兵师、第 101 空降师都装备了 400 架以上的直升机。当时美军的直升机攻击效果不太大，主要是因越共游击队有三个主要掩护：一是群众掩护，在老百姓中不好辨别；二是丛林掩护，南越有大片热带雨林，从空中难以看到林中的人迹；三是夜幕掩护，当时夜视器材还不发达，游击队基本选择雨天和黑夜出动。不过美国在世界上创建最早的垂直攻击部队，使自己可以出其不意地打中对手的要

美军在越南的出击，大都乘坐直升机。

害部位，这表现在空军日益成为首战之军时，空降兵也会成为陆战的首战兵种。

在越战中，美国又实施了战略轰炸手段，还想像"二战"时轰炸德国、日本那样以粉碎对手的战争潜力想迫使对手屈服。美军采取的"地毯式轰炸"虽能达到大面积破坏，却难以摧毁要点，对越南北方也未能达到压服的效果。越方进行战争的物质潜力主要不在其本国，而

接受美军训练的南越部队也乘直升机出击。

是靠中国和苏联支援（中国援助轻型、中型武器和衣食，苏联供应重武器和精密装备），美机炸毁的主要是比炸弹钱都便宜得多的茅屋土房，算起来反而得不偿失。

据美国计算，在1965年至1968年轰炸最猛烈的期间，美军付出了200亿美元的战费和飞机损失费，只给北越造成10亿美元的经济损失，此间越方得到的中苏经济援助却超过20亿美元，这等于是自己赔了巨资还让对手赚了钱。至于炸死几十万北方老百姓，这根本动摇不了有2000万人口资源并决心打到底的越南北方统一祖国的意志。

越南人民军面对轰炸感到的最大麻烦，是运输线经常被炸断以致影响南方前线供应。当时中国秘密出动支援部队帮助抢修铁路、公路，如同朝鲜战争时那样建成了"打不烂、炸不断的钢铁运输线"。越南人民军自己养护的"胡

志明小道"形成一条丛林中的蜘蛛网般的运输通道，美机投下感应器引导轰炸并使用"气象武器"（人工降雨）也无法破坏。加上越南以高炮和地对空导弹相结合，构成了世界战争史上前所未见的严密防空网，使美军空袭要付出巨大代价。这一事实证明，战略轰炸并不是万能的，实施全民动员并采取有效手段仍能实施有效的对抗。

尽管美军也自认为输掉了越南战争，不过通过这场战争的实践检验大大提升了装备的科技水平，并在战后通过全面反思而开始了深入的军事改革。美军的地面攻击作战思想，改变了过去陆军由空军掩护的"协同"，提出了"空地一体化"的理念，部队的编制、训练也有了相应的改变，这些都在后来的海湾战争中显示出威力。

### 这就是马尔维纳斯，高科技战争的序幕

在美英为首的两大阵营对峙，双方都准备打大战却都不敢动手时，一些位于中间地带的国家乘机进行了一些对己有利的局部战争。如美国在里根总统上台后改变了自越南战争末期起对苏联的缓和政策，增强军备实行强力对抗，导致北大西洋条约组织和华沙条约组织又进入剑拔弩张的状态。南美洲的第二强国阿根廷认为北约的骨干英国已无暇他顾，于1982年4月2日突然派出1万部队袭占了有百年争议的南大西洋的马尔维纳斯群岛（英国称福克兰群岛），英国马上集中海军主力组成特遣舰队远征万里，通过海战和登陆战将群岛夺回。这次马岛海战成为第二次世界大战后规模最大，也最著名的一场海战，就此宣告了高科技战争时代来临。

### 阿根廷军事思想笨拙，仓促开战即处于被动

处于南美富庶之地的世界中等富裕国家阿根廷，是由差不多各占半数的

第七章 从"冷战"的铁幕到如今的"核对峙"

西班牙、意大利移民组成的白人国家，19世纪立国后没有打过大仗。该国国内长期由独裁的军政府控制，缺乏战争经验还有军事专制的传统习惯，滋生了决策时的轻率性。英国在"二战"后虽然国力走向衰弱，在20世纪70年代因财政困难还淘汰了中型以上的航空母舰，在马岛这样的殖民地只留下几十人的象征性驻军，却仍保持了大英帝国几百年"海上霸王"的一些传统，决策水平和动员机制的效率都非常高。只算二三流国家的阿根廷向老牌强国挑战，其军事机器运作能力就显得十分拙劣。

　　阿根廷军政府在开战前有一种错觉，认为英国经济总量虽然还是自己的3倍，军费却连年削减，已没有能力在南大西洋发动一场大规模军事行动。只要突袭夺岛成功就能让世界承认既成的事实。马岛距离阿根廷本土不到1000公里，距英国却有1.3万公里，阿军有"家门口"打仗的便利，事先却根本没有做好准备，凭着总统加尔铁里个人的判断便轻率出兵。英国事先疏于防备，守岛的几十名士兵遭袭就被迫投降。这次突袭成功，使加尔铁里一

英国特混舰队从国内出航的照片，其壮观场面表现了英军快速反应能力和举国一致的情绪。

时得到举国欢呼，两个月后战争便失败，他宣布辞职仍被国内追究误国责任并判刑 12 年。

"兵者，凶器也。"虽说阿根廷对马岛的声索得到世界多数国家特别是发展中国家的同情，不认真权衡利弊就轻率动武却是误国之举。在"二战"后以和平发展为主旋律的新时代，以武力改变边界现状一般不会被国际社会承认。阿根廷袭占马岛立即受到联合国谴责，英国做出"受害国"的悲情状得到西方国家同情支援，其他国家也基本上没有谴责英军的反攻夺岛行动。在国际舆论战方面，阿根廷首先棋输一着,导致自己单打独斗英国的联盟力量。

有丰富战争经验的英国政府遇到危机的反应可谓老道且迅速，得知马岛被占次日便做出派兵决定，3 日内就组成了特混舰队并马上出发，速度之快令世人瞠目。回想日俄战争时俄军在旅顺遇袭,沙皇就下令派出海军增援远东，生锈的俄国战争机器准备了 7 个月才能让舰队出发，到达对马海峡已是战争

描绘马岛之战中阿根廷"超级军旗"攻击机向英舰发射"飞鱼"导弹的油画。

第七章 从"冷战"的铁幕到如今的"核对峙"

开始一年三个月之后。在和平时期，英国海军的战备水平之高，海上力量对国家战略支撑力之强，在这场战争中表现得淋漓尽致。

英国做出坚决和迅速的反应，原来同阿根廷军政府关系密切的美国也支持英方，让阿方一时手足失措。他们向法国订购的"超级军旗"攻击机和"飞鱼"反舰导弹还有大半没有到货（若再等短时间或加紧催促情况就大不一样），本土的飞机也未做好向距离马岛较近的南端机场转场的部署，无论在战略上还是战术行动上陷入被动挨打的状态。

**高科技武器纷纷亮相，上演海战新样式**

1982年4月下旬，经万里远航的英国特混舰队到达马岛海域并对守岛阿军实行海空立体封锁。5月2日，英军以核潜艇的自导鱼雷击沉阿根廷一艘巡洋舰，迫使阿海军缩回港内不敢出战，阿空军却集中飞机打击英舰队，从而上演了一场机载导弹攻舰大战。

5月4日，阿方"超级军旗"式战斗机用法国制造的"飞鱼"导弹击沉了英"谢菲尔德"号驱逐舰，首创空舰导弹击沉大型战舰的战例。一枚价值仅30万美元的"飞鱼"导弹，就能一举击沉价值1亿美元、号称当时英国最现代化的驱逐舰，当即震惊世界。

"飞鱼"反舰导弹实施的这次攻击，是精确制导武器的一次实战检验。制导武器从发现目标到完成攻击的整个过程，都由攻击飞机所载的精确制导系统在近百公里外通过雷达控

英国轻型航母上起飞的"海鹞"战斗攻击机是舰队护航和对岛攻击的核心力量。

制，使攻击距离、命中精度和破坏威力远远超过传统火炮。这种"超视距作战"，对电子、信息装备提出了很高的要求，并说明舰队反导已成为海战头号难题。

令英国人庆幸的是，阿根廷只有5枚"飞鱼"导弹，用完后只能让攻击机以传统的投掷炸弹攻舰，总计击沉了英军舰船5艘、击伤4艘，这使英特混舰队一时面临极大危机。

英军以数量居绝对劣势的战机掌握了海域制空权，最终改变了战场形势，空战中同样是导弹起到了决定性作用。英国首批抵达马岛海域的作战飞机，只有区区16架从轻型航空母舰上起降的"鹞"式垂直起降战斗机。这种亚音速飞机作战半径又仅有100多公里，在战区内能投入上百架航速高、作战半径大的战斗机的阿根廷空军起初很轻视它。令人事先未料到的是，英国特混舰队出发时，美国将本国最新装备的AIM-9L"响尾蛇"空对空导弹提供给它头号"铁杆伙伴"英国，"鹞"式在出发途中一个星期内就将其配备完成。英国舰队又有良好的雷达预警系统，加上有美国卫星和智利方面提供的阿军飞机

表现英舰发射6联装"海狼"型舰空导弹防空的油画，马岛之战也被称为"导弹战"。

马岛之战的英军直升机发射导弹攻击阿根廷舰艇的画面。

第七章 从"冷战"的铁幕到如今的"核对峙"

起飞的信息，这使阿根廷攻舰的飞机接近英舰队前大都遭受到"鹞"式拦截，AIM-9L"响尾蛇"又发挥了几乎每击必中的威力。据统计，阿根廷在空中损失的 86 架战机中有 84% 是被英军空对空导弹击落的。不成比例的是，阿根廷战机竟然在空战中连一架英军的"鹞"式都没有击落。

　　这一空中交锋的战例也充分说明，空对空导弹已彻底取代航炮成为空战主角，导弹的先进程度和预警、制导系统的水平也决定着空战的胜负。飞机如同"战马"，机载导弹如同骑士的"弓箭"，战马再好而箭不如人也无法取胜。

遭到阿根廷空袭起火的英军舰只，这表现了英国防空能力有严重缺陷。

## 脱胎换骨 ON THE REFORM OF
纵横古今谈军改 ARMED FORCES

马岛海战被称为"导弹时代的首次战斗",双方在战斗中大量使用各类战术导弹、制导鱼雷和激光制导炸弹(使用精确制导武器有 17 种之多)。这次战争的新样式,催促着世界军界都将导弹作为海军、空军的主要攻击武器,传统的舰炮海战、航炮空战已走入历史。

**英国的胜利证明科技水平成为首要战斗力**

在马岛战争中,阿根廷空军飞行员的表现堪称优秀,其作战骁勇且战技娴熟,用老式飞机临空投弹也取得过击沉英舰的战果。不过他们精良装备太少,如法国在开战后就停止"飞鱼"反舰导弹的供货,还将其机密技术参数提供给英方以其实施电子干扰。面对美国新型"响尾蛇"的空中攻击,阿机也不会防范,结果在家门口失掉了制空权。这一令人叹息的结局,是两国综合国力特别是科技差距的反映,也是两支不同类型的空军最明显的差距体现。

至于阿根廷陆军,只能用呆板无能来描述,从某种意义上看他们只依赖

马尔维纳斯群岛的阿根廷军队的形象,装备和军装模仿美式,不过该军在历史上没有战斗经验。

第七章 从"冷战"的铁幕到如今的"核对峙"

本国海空军而没有独立作战的意志和准备。面对数量不及自己的英军登陆作战，守岛的万余名阿军因丧失了制空权，就不敢出击而只是守在阵地中消极地防御。待英军完成包围而断绝其海空增援的希望后，6月14日阿根廷驻军全部投降成为战俘，马岛战争就此结束。

　　阿根廷对英国作战意志不坚定，还有一个潜在的重大因素是以非核国家同核大国交锋。据当时揭露出的消息，英国载有核导弹的核潜艇已经出动并进入临战状态，准备出现最坏情况就对阿方军事基地实施核打击。国际军事评论家也大都认为，如果阿根廷拥有能打击对手的核武器，英国的态度肯定不会那样强硬，核威慑的阴影也显露在这场常规战争之中。

　　马岛战争是以海军为主，诸军兵种协同作战的典型现代局部战争，战区范围、投入兵力和使用的手段都有很大限制，一方看到形势不利便停战。双

马岛之战的英军登陆部队攻击阿军的画面。

**脱胎换骨** ON THE REFORM OF
纵横古今谈军改 ARMED FORCES

罗伯特·泰勒所绘油画《马岛上空的较量》，显现了"海鹞"垂直起降战斗攻击机的优异性能。

方都未攻击对方平民，军人伤亡也不大（死者都只有数百），当时各种最先进的海空武器却投入了实战试验，一些源自这场战争的经验还引领和改变了各国的武器设计思路和军队建设方向。如阿根廷以"飞鱼"打击英舰的成功，使美国军方意识到当时的防空手段难以对付反舰导弹，为此催生了著名的宙斯盾系统。各国又受此战例启发，把研发反舰导弹作为海军装备发展的重点。

阿根廷在战时拥有的军机、舰艇数量还比较可观，然而本国不会生产战机、导弹、潜艇，主战装备全靠外购，结果作战时受制于人，其军事体系的脆弱性导致无法久战。英国的主战装备绝大多数是国内自产，投入战场数量虽不多却补充方便，其性能也占优势，这种力量对比也使各国更认识到现代战争靠的是体系对抗。

通过马岛战争，国际军界普遍感到高科技广泛应用于战争是大趋势，除了制海权要靠制空权保障（此点"二战"中便得到共识），人们又认识到制电磁权这一新概念，而且制电磁权又决定海空战的结局。现代作战还需要"制天权"，卫星侦察在此发挥了重大作用。英军的胜利在于自身和电磁优势及信息获得能力强，当然这也包括美国等盟国的协助，达到了战场对自己"透明"。阿根廷方面没有卫星、预警机等，其他侦察手段也落后，经常如聋似瞎，信息化水平落后对战争的影响就此也充分显现，各强国就此更注重军队的信息化建设。

# 第八章
# 新中国军队变革的曲折和辉煌

1949年新中国成立时,中国人民已经有了经历二十多年战火锻炼的一支英雄军队,从总体上看却还是一支以农业自然经济为基础、以"小米加步枪"为特色的装备极为落后的单一陆军,还没有海军和空军。10月1日举行开国大典时,站在天安门上的毛泽东表情显得很凝重。他后来说过,1949年中国解放我是很高兴的,但是总觉得中国的问题还没有完全解决,因为中国很落后,很穷,一穷二白。

此刻在天安门前的受阅部队使用的武器,差不多都是缴获的杂七杂八的"万国牌"武器,

1949年开国大典时的这张阅兵照片,表现出当时解放军的山炮还要用骡马牵引的落后状态。

国内也没有保障其配件及弹药的能力。毛泽东看到这种情形,心情自然会像他讲的那样是"既愉快又不愉快"。实现国防现代化,从全国解放起就成为解放军的奋斗目标,而这一目标的实现曾以机械化为努力方向,进入新时代后变为努力实现信息化。新中国的国防建设史,实际上也就是一部不断实现军事变革的历史。

## 脱胎换骨 ON THE REFORM OF ARMED FORCES
纵横古今谈军改

### 朝鲜战争是平局，抗美援朝战争却是胜利

胜利常令人陶醉，教训倒最容易让人清醒。欢庆新中国成立的凯歌声高奏时，1949年10月下旬解放军出现了金门登陆战的失利，这让新中国领导人意识到仅靠人民战争虽可纵横陆地，却只能望洋兴叹。随后进行的抗美援朝战争，又让中国军队真正意识到，仅靠一支革命化的军队是无法打赢一场现代化战争的。当时中苏结盟的战略背景使中国能从苏联获得武器，不过要想自立于世界，就必须建立自己独立的军工体系和相应的工业基础。

### 新中国的国防任务，催唤解放军迅速建立空军和海军

新中国成立时，解放军已有460万部队，却基本是单一的陆军。当时全军仅有一个飞行中队，装备的还是缴获国民党军的10架美国P-51"野马式"战斗机。陆军最好的火炮是辽沈战役时缴获的35门美制155毫米口径的榴弹炮，国内还没有生产线供应炮弹。解放军缴获的400余辆坦克基本都是美国淘汰的轻型坦克和日制旧坦克，已无法投入对外作战。

综观世界，在"二战"时和战后初期，发达国家军队已进入了机械化时代。1950年美国军队已是人均20马力（平均3个人一辆机动车，军人行动全乘卡车或吉普车），苏军人均5马力（平均10人一辆机动车，也达到行军摩托化）。此时中国军队却是人均0.2马力，解放军总计只有1万辆战争时期缴获的汽车，步兵要靠徒步行军，多数火炮也靠骡马牵引。

中国军队的机械化水平低，在于社会基本上还处于马车、牛车时代，同当时的西方相比存在着农业社会与工业社会的"代差"。解放前的旧中国是一个没有工业基础、农业经济水平同西汉相比都没有多少提升的烂摊子，20世纪40年代末期的工业产值在世界上只居第26位。20世纪40年代末，美国1.5亿人口中有汽车5000万辆，有1.8亿人口的苏联有汽车300万辆，中国才只有4万辆进口汽车。以标志当时工业水平的钢产量来比较，1950年

苏联的年产量为 2500 万吨，美国年产量 8700 万吨，中国仅产 60 万吨。

可以说，以全国解放时中国那点可怜的钢铁基础，连为国内做钉子都不够，只好依赖外洋进口。难怪那时国人把用的钉子称为"洋钉"，镐头称为"洋镐"，水泥也称为"洋灰"。

中国的社会工业化、机械化水平落后，不仅表现为车辆少，当时会开车的人也极少。抗美援朝战争开始时向志愿军调 2000 名司机，还要在全国范围征集，缴获了美军汽车多数还要押着俘虏让他们开回来，因为美国兵几乎没人不会开车。

旧中国的军阀还是重视生产武器的，稍具规模的军工业也只有沈阳、太原、重庆这几个兵工厂，只能仿造旧式步枪、迫击炮，因钢材和加工水平太低，导致其质量很差。全国年产弹药能力仅 1 万吨，而"二战"中美、苏、德等国年产弹药都在 200 万至 300 万吨。

现代化的军队，必须是科技文化水平高的军队。全国解放时有 80% 左右的人是文盲，中学以上学历的人只占人口的 1.3%。解放军中参军的战士开始绝大多数不识字，部队虽然都搞扫盲运动，在相当长的时间内只能使他们勉强能看简单的宣传品，学习掌握现代化装备的操作也非常困难，选拔飞行员的标准只能降到有小学毕业的学历即可。

早在中国革命战争时期，中共领导人对军队现代化就开始憧憬。在长征到达陕北后，毛泽东在承认红军的游击性时也瞩目未来说："游击性在将来一定是可羞的和必须抛弃的东西。"（《毛泽东选集》第一卷第 230 页）抗日战争开始后，毛泽东又提出："革新军制离不了现代化，把技术条件增强起来。"（《毛泽东选集》第二卷第 511 页）当时在延安等根据地，中央军委开办了各种院校培训干部，如抗日军政大学及其分校就毕业了 10 万余名学员，对他们除政治教育外还教授了近现代军事知识。1948 年秋天，面对着全国即将解放的形势，毛泽东又要求"必须使各野战军进一步正规化"（《毛泽东军事文选》第 329 页）。这种对军队现代化、正规化的向往，也是对祖

**脱胎换骨** ON THE REFORM OF
纵横古今谈军改 ARMED FORCES

国富强的向往。

1949年新中国诞生，有了统一的国家政权，建设国家工业化和现代国防终于有了基础。毛泽东就此发出号召："中国必须建立强大的国防军，必须建立强大的经济力量，这是两件大事。"

当时的历史环境，也催促着人们以只争朝夕的精神加紧建设现代化兵种。蒋介石逃出了大陆，却以飞机不断地轰炸上海等大城市，造成中国最大的工业城市面临停水、停电之危，中国政府不得不请苏联空军一部入沪担任空防。1950年6月，美国欺负新中国没有强大的海空军，出兵控制了台湾海峡。此时毛泽东曾深有感慨地说过："我们打了几十年的仗，建立了很强大的陆军，但是我们没有空军，对付头上的飞机，就是凭不怕死，凭勇敢，凭敢于牺牲的精神。今天我们有了建立海、空军的条件，就着手建立一支强大的海军和一支强大的空军。尤其是空军，对于国防尤其重要，应当赶快建立。"（引自《毛泽东军事思想发展史》第476页）

卢德麟创作的宣传画《提高文化，向现代化、正规化国防军前进》，这是解放初期军队建设的口号。

解放初期建设空军的宣传画，当时建设空军是国防建设的重点。

1949年11月，解放军空军正式成立，同时国内成立了十几所航校，购买了几百架苏联的教练机。各航校请来苏联教官，并征用当年俘虏后改造过来的日本教官教授飞行，紧急培训几千名飞行员和机务人员。

空军司令部成立的同时，海军司令部也正式建立。1949年4月解放军利用国民党军在长江起义的舰艇建立了华东海军,这些舰艇却很快被敌空军炸沉,当时的华东海军司令员张爱萍也感叹自己"名为海军司令,实为'空军'司令"——就是手头空空如也。1950年2月,中国在同苏联谈定借款3亿美元时就决定将其一半用于购买海军装备,同时在香港同英国商议购买其退役的巡洋舰和驱逐舰。

随后朝鲜战争爆发,原定供给海军的外汇转给空军。1950年内,国家财政支出的6%和军费的七分之一用于建设空军,并将其作为国防建设的头号重点。从此,解放军在单一陆军的基础上开始新军种,军事行动由地面开始向空中发展。

**以敌人为技术上的老师,学会打现代化战争**

强敌往往会是自己的好老师。1950年10月,中国以志愿军名义出兵朝鲜,同世界头号强国进行了两年九个月的当时技术水平最高的战争。国内以轮流参战方式先后向朝鲜战场投入297万人的部队,以1952年人民解放军全军定编的部队计算,所占的比例是:

陆军野战军的73%;

炮兵部队的67%;

坦克部队的65%;

铁道兵的100%;

空军师的52%。

中国军队同美国军队进行交战,既是对中国军队新建的各技术军兵种的严峻挑战,同时也提供了一个难得的机遇。通过这种在战争中学习战争的"大演习",我国空军、炮兵和其他一些兵种的战术技术水平在当时都迅速跃居世界先列。通过激烈的战争实践,中国军队掌握了以落后装备对抗强敌的一系列有效方式。当时周恩来总理特别指出:

**脱胎换骨** ON THE REFORM OF
纵横古今谈军改　ARMED FORCES

"虽然在装备、武器和火力上，我们比美帝国主义还弱，但是我们从敌人方面学会了不少东西，现在我们已经锻炼出来了，我们懂得了如何击退他们的进攻。"(《周恩来军事文选》第4卷，第297页，人民出版社1997年版）

志愿军入朝之初，参战部队还来不及换装苏式装备，仍依靠过去国内战争中缴获的杂式步兵武器作战，主要依靠兵力优势、政治优势和灵活机动的战略战术，取得了将敌人从鸭绿江边赶回三八线附近的胜利。

不过中国军队开始对世界上发达的军事科学技术缺少了解，在未能成建制大量歼敌的情况下，曾想在战略上一举解决朝鲜问题，在战役上又想打大歼灭战，结果在第五次战役后期受挫。美军虽然陆战经验不多，其军官的文化水平和专业技术水平却比较高，其军内又注重研究失利的教训。美军根据志愿军善于迂回穿插的特长和"礼拜攻势""月夜攻势"的局限，改进战术之快一时出乎

抗美援朝战争初期的宣传画，强调中苏同盟的威力。画中的解放军还肩扛国内战争时缴获的捷克式轻机枪，在抗美援朝战争中才完成了全军换装苏式武器。

在1951年初抗美援朝战争的激战时刻，《解放军画报》创刊，首期封面就表现了部队引进苏联新装备实行换装的场面。

280

第八章 新中国军队变革的曲折和辉煌

抗美援朝战争中，苏军头号王牌飞行员阔日杜布（右二，曾击落德机62架）来中国介绍作战经验。

意料。运动战后期，志愿军就出现了想近战—难以接近敌人，打夜战—当夜不能消化，力求速决—僵持难下的局面。

抗美援朝战争期间，中国军队作战思想的创新极快。经过近8个月运动战的实践，1951年6月毛泽东在致斯大林的电报中阐述了对这场战争的认识说："我军技术条件比敌人差得很远，无法迅速解决朝鲜问题，而决定用长期战争的方针去解决它。"中央军委在朝鲜提出了打小歼灭战即俗称的"零敲牛皮糖"的作战新方针，还提出了要打"杀伤战、消耗战"。随后近两年的阵地防御中，志愿军靠群众智慧创造出坑道战这一世界战争史上的全新战法，证明了战略防御阶段采取阵地战不仅是可行的，而且是最佳选择。1953年7月，志愿军在金城反击战中还能达成局部地面火力优势，以步、炮、坦、工兵的协同作战突破了敌军坚固的防御阵地，最终迫使敌军以妥协停战的方式结束战争。

出于朝鲜战场的需要，使解放军各专业技术兵种有了很快发展。在朝鲜战争中，世界上首次出现了喷气式飞机的大规模空战，苏联的"米格-15"和美国F-86这两种亚音速战斗机又成为主角。中国空军通过突击训练，就

## 脱胎换骨 ON THE REFORM OF
纵横古今谈军改 ARMED FORCES

装备了当时最新式的米格机，投入对美军那些"老油条"飞行员的空战，并由苏军飞机掩护作战发展为独立作战。新中国空军的轰炸机也两次轰炸大和岛，有了空中轰炸的首战经验。

在抗美援朝战争中，新中国的空军先后有 10 个驱逐机师和 2 个轰炸师的部队、共 672 名飞行员和 5.9 万名地勤人员参加了实战锻炼。从 1950 年秋天到 1953 年秋天仅三年时间，人民解放军空军由只有 1 个航空兵师、几十架作战飞机，发展到拥有 23 个航空兵师，近 3000 架飞机，从数量看仅次于美苏，跃居世界空军的第三位。美国空军参谋长范登堡将军当时就惊呼："共产党中国几乎在一夜之间变成了世界主要空军强国之一。"

军旅画家孙浩等人所画的油画《轰炸大和岛》，表现了人民空军的轰炸机部队刚组建就于 1951 年 11 月在朝鲜战场上出击的情景。

炮兵是抗美援朝战争期间陆军建设的重点，新中国共有作为预备炮兵的 10 个地面炮兵师和 25 个野战军的队属炮兵入朝参战；解放军的地炮师由 1950 年初的 7 个发展到 1953 年的 17 个，炮兵装备也基本上完成了按苏式系列标准换装，使炮兵事业有了一个划时代的大发展。据美国军方统计，战争中美军的伤亡有 62% 是炮火所造成，32% 是枪弹所造成，4% 是地雷所造成。抗美援朝战争结束后，中央军委制定的陆军步兵军编制中，炮兵连的数量已经超过步兵连。至此，炮兵火力已正式取代步兵火力成为全军地面火力的骨干。

抗美援朝战争时期，新中国的高射炮部队有了很大发展，由战前的 2 个师扩建为停战时的 8 个师，其中有 6 个师及大量独立的高射炮团、营先后入朝参战。解放军全军已建成的 3 个坦克师共 18 个坦克团中，已换装苏式坦克的 10 个团也都曾以志愿军名义入朝参战。

现代战争在很大程度上就是打后勤。在过去的国内战场上，人民解放军主要是依靠"小米加步枪，仓库在前线"的后勤体制。抗美援朝战争期间担任解放军代总参谋长的聂荣臻后来回顾说："严格地说，我们是从抗美援朝战争中，才充分认识到后勤工作在现代战争中的重要性的。"通过在朝鲜战场上打破美军的立体封锁特别是"空中绞杀"，志愿军乃至解放军全军都建立起适合现代化战争需要的后勤工作体系。

通过抗美援朝战争，新中国打出了一个实力位居世界前列的空军，轰出了一个强大的炮兵，并开始全面建设装甲兵，其他技术兵种也有很大发展。虽然中国的军事科技水平同美国相比仍有很大差距，但这一时期仍是部队装备技术进步最快的阶段之一。

朝鲜停战协定签字后，"联合国军"总司令、美军的克拉克上将发表的著名讲话中就这样说道——"我们的失败在于敌人仍然没有被击败，并且甚至比以前更为强大及更具有威胁性。我说更为强大的意思，是指共产主义的亚洲陆军已学会如何打近代的陆地战争。"

来自敌手的这段话，倒是对中国军队在朝鲜战争取得了巨大进步的客观评价。

**注重掌握现代技术，实行"建军史上的伟大转变"**

在长期的国内战场上，人民解放军是一支肩膀上"没有牌牌"，无军衔也缺少正规条令的部队，指战员们是靠熟悉面孔来确认谁是领导的。志愿军司令员彭德怀在朝鲜有一次夜间出车，就看到两支队伍在道路上挤到一起，相互都不让路，有干部出来讲话却因看不出级别而不管用，此事更使他深感现代协同作战需要军衔。

过去解放军在国内战场上以弱敌强，主要是靠非正规作战。朝鲜战场上进行现代化战争的现实需求，催唤着新中国的军队必须尽快实现历史性转变。

1951年1月15日，在南京原国民党的中央军校院内隆重举行了解放军军事学院的成立典礼。大批由"小米加步枪"起家的指挥员走进课堂开始学习现代军事科学和技术，而院内多数教员大都还是不久前这些学员的手下败将——有较高文化和军事科技水平的国民党将军和教官们。夺取了天下的胜利者向战败者学习长处，不仅显示了宏大的气魄和胸怀，而且说明了胜利者又要攀登一个新的高峰。

当时，毛泽东高度评价了军事学院成立的意义，认为它"标志着中国人民建军史上伟大转变之一"。

改变军队面貌自然要装备新武器，并完善保障系统。抗美援朝期间中国主要以半价从苏联赊购武器并进行仿制，装备了106个陆军师、23个空军师（当时按出场价五折记账，共欠债30亿元，只相当同期国家财政支出的1.5%）。苏联曾希望

沈尧伊的这幅画表现了彭德怀在朝鲜前线深入一线了解战况的情景。

第八章 新中国军队变革的曲折和辉煌

军旅画家李明峰的油画《陈赓受命》，表现了军委1952年组建哈尔滨军事工程学院时，陈赓受命负责此事并兼任院长。

我国长期以向其订货解决装备，毛泽东却决定购买其设备建厂自制。尽管中国空军的飞机数目超过英、法而居于世界第三位，周恩来却说我们并不是世界第三空军强国，因为英国能自己生产飞机，我们却要靠购买。此时的中央领导人强调，国家没有国防工业基础就是一个"软骨动物"，因此急迫需要建成完善配套的军工和重工业体系。

现代武器又需要高素质的人来操纵。自抗美援朝战争开始，培养新型人才和学习军事科技成为全军的头号任务。彭德怀通过指挥作战的实践体会，强调现代化军队并不简单是步兵加上飞机坦克，而是从分散的作战到集中的现代正规作战。建设现代化军队，首先必须掌握现代的军事业务技术和科学知识。

在抗美援朝战争期间，经毛泽东批准，人民解放军总高级步兵学校、后勤学院及人民解放军第一所高等科技学府——哈尔滨军事工程学院相继建立起来，毛泽东还分别为这些学校发布了训词，强调了正规化教育和掌握先进军事科学的重要性。他认为过去的"装备的简单低劣，编制、制度的非正规

**脱胎换骨** ON THE REFORM OF
纵横古今谈军改 ARMED FORCES

性,缺乏严格的军事纪律和作战指挥的不集中、不统一和带游击性,等等",是军队建设"处于比较低级阶段"的表现。毛泽东还特别强调:"我们现在已经进到了建军的高级阶段,也就进到了掌握现代技术的阶段。"

20世纪50年代初期,全军除了办专业技术院校外,还掀起了学习科技文化的热潮,迅速成立了100多所文化学校,让干部轮流入学,在校人员一时多达30万。在朝鲜前线,各部队利用作战间隙组织官兵学文化、学技术,如炮兵、坦克兵都在火线结合作战中了解装备知识,出现了"白天打仗、晚间上课"的场面,过去的"大老粗"逐渐成为专业技术行家。

中国通过参加朝鲜战争(就中国而言是抗美援朝战争),不仅打出了中国的世界军事强国地位,还恢复了自鸦片战争后丧失的民族自尊和自信,并且通过引进苏联装备开始了陆军、空军的现代化建设。彭德怀在战争结束时评论中国军队的武器进步曾说过,几年的进步超过旧中国几十年。

抗美援朝战争开始后,军内形成一股人人争说军事现代化、正规化的风潮,还出现了以"国防军"之名替代"解放军"称谓的议论。抗美援朝战争期间,解放军的编制由不统一的游击性全面走向了统一的正规化序列,军事思想也在非常活跃的气氛中有了创新发展,可以说这一时期是新中国军队实行重大变革而且速度最快的阶段。

1953年7月志愿军在金城反击战中以优势炮火和T-34坦克掩护步兵进攻的照片,表现了我军进行现代化战争的能力大幅提高。

第八章 新中国军队变革的曲折和辉煌

## 国防建设、强军之路、"以我为主"

1953年抗美援朝战争的结束，使新中国赢得了外部的相对和平环境，中共中央又提出把实现国防现代化作为国防建设的总目标。从这时起至20世纪60年代中期，人民解放军进入了一个建设的黄金时期。此间中国在实现工业化的基础上建立了全面配套的国防工业体系，国家和军队的建设虽然走过了一些弯路，毕竟在核弹、导弹这种尖端武器方面实现了跨越性发展，使中国终于成为世界有影响力的核大国。

### 学习苏联技术，坚持走有本国特色之路

抗美援朝结束后，中国军队提出了现代化、正规化、系统学文化的口号。当时苏联对华提供大量军援和派出众多顾问专家，其军事理论也对解放军产生了重大影响。起初军内曾提出过对苏军要"全面地学，不走样地学"的口号，就此出现了如何变革的争论。

在革命战争年代，毛泽东为首的统帅部进行的是战略指挥，按周恩来的讲法是，我们这个统帅部是世界上最奇特的统帅部，既不给部队发武器弹药，也不发粮食，只发电报。直至解放战争后期，中央军委机关只有几百人，主要任务就是收集研究情报和下发电报，各战略区甚至是各部队自己解决武器和衣食，是一种"统帅战略指挥、下面自主作战"的形式。

1955年解放军首次实行军衔制时换装55式军服的形象。左上为身着元帅装的彭德怀，右上为雷锋。

**脱胎换骨** ON THE REFORM OF
纵横古今谈军改 ARMED FORCES

军旅画家李明峰的油画《共和国开国元帅》，表现了1955年解放军首次实行军衔制式时的十位元帅。

全国解放后，全军就要改变分散主义和游击习气，实行统一供应和高度集中的指挥。军委建立了有相当规模的总参谋部、总政治部、总后勤部等大总部，直辖十几个军区以及海军、空军、防空军、公安部队，这种体制在一定程度上也是学习了苏军的做法。

经过抗美援朝战争的实践体验，解放军又学习苏军，很快实行了三大制度——征兵的义务兵役制、军衔制、军官薪金制。这样就使军事体制有了重大变化：改变了过去农村根据地建立在动员基础上的志愿兵制度，有更广泛的兵员并能迅速补充；改变过去讲求官兵平等不设军衔的方法，明确了指挥关系并能使军官有了规范的晋升制度；同时改变过去军官不发工资只由部队"生活全包"的供给制，按级别发工资以便他们有效养家并保证安心服役。

对这些改革，彭德怀认为是军队建设所必需，并强调说，"实行这些制度，刻不容缓，不如此，就将使我军停滞不前，延缓现代化正规化建设，就将使我军不能应付大规模现代化战争"。

实行三大制度的同时，根据苏联顾问提供的资料和建议，解放军还颁布了内务、纪律、队列条令。其中有些内容是正规化所必不可少的，如队列训练、作息安排和武器保养和请销假制度等。不过官兵的差异也因此拉大，另外按规定士兵见军官必须喊"报告"，这同过去革命战争中那种不分上下、亲密无间的关系已经有所不同。

中国方面同苏联军事顾问对军队改革的最大分歧，在于是否实行"一长制"。苏俄红军建立之初，列宁和托洛茨基认为原来的旧军官不可靠，因而派共产党员担任政委来实行监督，不过后来列宁又认为指挥员已是共产党员后就可以取消政委而由"一长"来统一领导。因此苏联军事顾问认为政委制是一种低级领导形式，并以"二战"中苏联的经验教训为例，说明在战线宽、纵深大、战机瞬息万变的广阔战场上必须服从一个指挥员的意志和决断，设政委容易干扰指挥员的决心，部队设立一个管政治工作的政治副职就行。

彭德怀等领导人一度曾赞成"一长制"，不过党内军内对此事出现激烈争论，不少人认为双首长制不影响现代化战争，国内战争和朝鲜战争就是例证。此后彭德怀的态度发生了转变，决定保留党委领导下的双首长分工负责制。毛泽东在审阅政治工作条例草案时，又强调了"中国共产党在中国人民解放军中的政治工作是我军生命线"。

党内军内一些习惯于革命战争传统做法的人，对解放军学习苏军实行新制度尤其是搞等级化不以为然，认为是"资产阶级法权"的产物，甚至将其批判为照抄苏联的教条主义。事实证明，因反对教条主义影响了现代化、正规化是一大失误。不过苏军的很多做法中国的确不能照搬。根据毛泽东的决定，中央军委在学习苏联问题上提出"科学技术全

解放初期宣传中苏两国两军友好的宣传画。当时国内号召全面学习苏联，不过在军事上有所取舍。

学，行政制度半学，政治工作不学"。

"政治工作不学"这一点非常重要，中国人民解放军由此没有像苏军那样搞军官特权化，还保持了党委制和原有政治工作的优良传统，这对保持人民军队的性质非常重要。

## 走精兵之路并努力向科学进军

全国解放初期，新中国的领导人深深感到应建设一支精干的军队。兵太多，国家养不起，在现代化战争中也没有多少用。

1951 年末朝鲜战场局势稳定后，中央军委就决定将全军员额由 626 万人减到 350 万人，翌年使经济建设费超过军费。1952 年内，中央确定国防费不超过财政支出的 30%，至 1956 年限定为 20%，1958 年压缩到 11%。

朝鲜停战后，毛泽东认为可以有较长时期的和平环境，进一步要求降低军费支出的比例，挤出钱来搞建设，并阐明这才是真正加强国防建设的正确途径。1956 年毛泽东在《论十大关系》一文中曾十分精彩地论述道："你对原子弹是真正想要、十分想要，还是只有几分想，没有十分想呢？你是真正想要，十分想要，你就降低军政费用的比重，多搞经济建设。"

抗美援朝战争结束后的几年内，解放军的员额逐年压缩，其数量如下：

1953 年，438 万；

1955 年，345 万；

1958 年，237 万；

1959 年，259 万。

由于这时国家财政收入和支出不断增加，军费比例虽有压缩，其总额并没有太大减少。军队内部还大幅减少了人员，以增加装备开支。解放军的陆军兵力由抗美援朝战争后期的 35 个军减少至 31 个军（许多单位还变成只保留骨干的"架子部队"），守备部队大幅减少。解放初期的军内有五大军种，其中公安军交给公安部变成武装警察，防空军同空军合并，至1958年又变成陆、海、空三大军种。

从20世纪50年代中期至60年代初期，我国年国防费仅有40~60亿元（合15~25亿美元，为美国的1/25）。为对抗强敌，国防建设的头号重点是发展"两弹"（导弹、核弹），空军主要发展歼击机以进行国土防空，陆军精干化并试点建立机械化部队，海军只搞轻型兵力以备战时进行海上游击破袭战。

由于中国在朝鲜战争中站到第一线，让苏联退居二线，这使苏方有所感谢并做出了增大援助的回报，其中最重要的就是在第一个五年计划时期援建的"156项"重点工程。这其中

20世纪50年代苏联援华的"156项"重点工程。这是当时表现工业建设的宣传画。

有44项是军工企业，包括陆海空军全面配套的军工厂。

自1953年斯大林去世后，刚上台的赫鲁晓夫为争取中国对他的政治支持，在1954年以后改变了过去主要提供旧装备的做法，提供了现役新装备及其生产技术。解放军陆军的装备水平在10年间历经两次质的飞跃，即抗美援朝时只有苏军"二战"时的武器，在50年代末期能够自产苏军现役武器，陆、空军的主战装备已经接近当时世界先进水平。

海军装备因耗资巨大，新中国成立之初因财力困难向苏联采购量较少，多年间舰艇部队被形容为"杂牌船队"，至1957年总吨位只不过10万吨。此时台湾国民党海军的总吨位有16万吨，美国海军则高达400万吨。在敌我海战力量相差悬殊的情况下，解放军海军建设实行"空（航空兵）、潜（艇）、快（艇）"方针，引进苏联轻型舰艇和反舰导弹的生产技术并开始自产。在东南沿海打击国民党军袭扰时，解放军的海军鱼雷艇、快艇成为主力，一再

**脱胎换骨** ON THE REFORM OF
纵横古今谈军改 ARMED FORCES

老画家艾民有的油画《击沉太平号》，表现了解放军鱼雷艇首次出击便击沉国民党军的美制护航驱逐舰一艘。

创造了"小艇打大舰"的战绩，不过海战装备长期以来都是中国国防建设的薄弱环节。

1960年中苏关系出现破裂，苏联停止了向中国出售先进的武器装备（只是在1961年至1962年短期恢复了出售米格-21战斗机的样机和技术资料）。虽然此时中国已经完成了苏联援建的大部分军工厂并已投产，却因科技水平较低而缺乏创新能力，加上政治运动干扰，常规主战武器在随后的近20年内只能仿制或略作改进，没有取得跨代突破，部队装备同世界先进水平已缩短的差距又逐渐拉大。

解放后的中国在很长时间内都是个穷国，从这一国情出发，以毛泽东为首的中共中央在强调国防现代化建设的同时，也注重把发展尖端武器同建设民兵并举。毛泽东还特别强调："人民解放军搞现代化，既要搞洋办法，也应该搞点土办法，例如民兵是土办法。

表现20世纪50年代东南沿海女民兵参加斗争的宣传画。

292

土办法发展以后，也可以变成洋办法。"

1958年，毛泽东在要求大幅裁减军队员额的同时发出了"大办民兵师"的号召。同年全国民兵总数达到2.3亿人，城乡政治可靠的大多数中青年男女都被编入民兵队伍，真可谓达到了"全民皆兵"。不过民兵中有枪支的基干民兵，只保持在1000余万人。

这种"全民皆兵"的国防方针，对任何想入侵中国的人形成了强大的心理威慑，不过当时大办民兵也带有"劳武结合"的打算，即动用军事化动员大量劳动力集体投入大规模的工程建设。这种依靠民兵按打仗方式搞基建的方法，经常会违反经济规律，也带来一些负面影响。

看到"大跃进"时以军事化组织搞建设的弊端后，全国民兵规模有所缩减，总数降到1亿人以下。民兵建设虽然有过一些教训，不过在国防建设中坚持"土洋结合"，实行正规军、民兵这"两条腿走路"的方针还是符合中国国情的。

## 国家困难时实现"两弹"突破

1945年美国向日本投下原子弹，宣告了人类战争开始进入核时代，这对中国革命很快形成了外部压力，朝鲜战争时期美国也一再准备对华使用核武器。毛泽东一方面在战略上蔑视地将原子弹称为"纸老虎"以鼓励人民敢于斗争，一方面也将其看成"铁老虎"而在战术上高度重视。二代居里夫人的丈夫、法国科学院院长、法共党员奥里约·居里曾通过中国访法的科学家捎口信——"请转告毛泽东同志，你们要反对核武器，就要首先拥有核武器。"

新中国一直反对使用核武器，不过自己有核反击能力才能达到这一愿望。1954年建国五周年时赫鲁晓夫访华，毛泽东首次向他提出帮助中国发展核武器的要求。赫鲁晓夫却称，搞那个东西太费钱了，我们这个大家庭有了保护伞就行了，无须大家都来搞它。苏联领导人的态度说明，我国发展"两弹"不仅要面对帝国主义的封锁，也面临着苏联的限制。赫鲁晓夫的所谓"核保

军旅画家骆根兴的这幅油画《西部年代》，表现了西北核基地奠基者的光辉形象。左起：发射基地老司令李富泽、聂荣臻元帅、钱学森、基地政委粟在山。

护伞"，确有威慑美国的作用，同时也是对"兄弟国家"施加压力的工具。

毛泽东以其一贯坚持的独立自主精神，在 1955 年 1 月 15 日召开的中共中央书记处扩大会议上决定着手发展我国的原子能事业，准备独立研制核武器，从此中国核力量建设得以起步。

当年中国的工业基础落后，却有少数世界级水平的科学家。1956 年 10 月 8 日，我国第一个导弹研究机构——国防部第五研究院（钱学森任院长）正式成立，广西等地又发现了铀矿，从而奠定了中国导弹、航天事业的基础。

1957 年夏天，赫鲁晓夫因党内矛盾有求于毛泽东，中共中央利用这机会得到苏联提供的核技术、导弹技术援助的承诺，并经谈判于 10 月 15 日签订《中苏国防新技术协定》，这又抓住了一个重要的历史机遇。协定签订后，1958

第八章 新中国军队变革的曲折和辉煌

年 6 月苏联援建的原子反应堆建成，提供的 P-2 导弹也到货，核工厂和铀矿的建设也全面展开。

苏联向中国提供核弹、导弹技术其实带有勉强性，内部又有很多限制，其专家来华讲授核弹构造时奉命只能讲 1951 年以前的初级原子弹情况，提供的导弹只是射程不过 500 公里的近程导弹，所帮助选择的核试验场只能进行几万吨级的原子弹试验而不能搞氢弹试验。按照苏联的援助构想，中国核力量仍然是附属于自己的很有限的原子弹级中近程打击武器。

中苏发生争吵后，1959 年 6 月苏联便违约不向中国提供原子弹样品，1960 年夏天又撤走在华全部专家，此后中国的核工业完全在自力更生的条件下发展。

中国发展"两弹一星"虽争取苏联的帮助，却立足于自己的力量研制，尤其是掌握了核心技术，因而在苏联中断援助时所受影响不大。1964 年 10

军旅画家骆根兴的油画《光荣岁月》，生动描绘了两弹元勋们在导弹发射场的情形。中立穿军装者为钱学森。

**脱胎换骨** ON THE REFORM OF
纵横古今谈军改 ARMED FORCES

月中国原子弹爆炸试验成功，1966 年导弹核武器的试验又告成功，1967 年又顺利进行了氢弹试验，1970 年圆满完成了人造地球卫星的发射。"两弹一星"作为中国战略核力量的代称，它的成功不仅保障了国家安全，也培育出宝贵精神。

1955 年 1 月，毛泽东决心搞核武器时曾说过"这是决定命运的"。面对美苏英法这几个大国都在发展这种世界上威力最大的武器，中国若停留在常规武器时代，就不能成为世界上有影响力的大国。新中国成为核大国不久，就恢复了联合国五个常任理事国之一的合法地位，连美国对此也不反对（它却反对在联合国内驱逐国民党政权），这当然不是偶然的。

中国的"两弹"建设实行了"超越式"起步，在一辆汽车、一架飞机、

中国邮政发行的纪念"两弹元勋"邓稼先的邮票。

笔者于 2013 年到当年的原子弹爆轰试验场参观并缅怀"两弹"工程英雄们的业绩。

## 第八章 新中国军队变革的曲折和辉煌

人民永远不会忘记他们——习近平向获得2014年度国家最高科学技术奖的中国科学院院士、"两弹元勋"、被称为"中国氢弹之父"的于敏颁奖。

一辆坦克都不能生产的情况下就开始研发核弹，仅用不到十年就跨入了世界五个有核国家的行列，堪称国际科技史和军事史上的奇迹。

中国的核弹研制又与导弹研发同步，爆炸原子弹后仅两年就以新研制的东风-2型导弹将小型化、轻量化的原子弹头发射出数千公里，从而对周边具备了一定限度的核威慑能力。

当国际上出现激烈的核军备竞赛时，中国作为经济上的穷国，又是反对使用核武器的国家，只能以能拥有最低限度的核威慑力量为满足。毛泽东规划我国核武器的发展战略时，就提出既要有，又不能多搞。1961年9月，他向来华访问的英国元帅蒙哥马利谈到发展核武器的问题时就说过："我们即使搞出来，也只是一个指头。这是吓人的东西，费钱多，没有用。"

自中国首次进行核试验起，就一直承诺不首先使用核武器，实行"有一点，少一点，好一点"的方针是最正确的核发展战略。事后证明，美国、苏联各自制造了几万枚核弹，最后又不能使用，不得不裁减和销毁其大部分，浪费了巨量资源。中国保持有限核威慑而不参加核军备竞赛的政策，从国家整体战略包括经济和军事发展来看都是最有利的。

自 1966 年 8 月起，解放军又建立了一个全新的兵种——第二炮兵。这一新兵种装备战略导弹，主要担负战略核反击任务。这一新兵种的建立，使中国军队的结构发生了一个重大变革，武装力量的发展也开始适合核时代的需要。

### 在改革开放中实现军队战略性转变

建设有中国特色的国防现代化，在探索中免不了经历曲折。从 20 世纪 60 年代中期起，中国的国防事业发展出现了一个"马鞍型"。纠正了"文革"错误，特别是中共中央十一届三中全会之后，中国的内外政策有了根本的变化，国防建设又在坚持革命化的同时，强调以现代化为中心，从而走向了健康发展的正轨。尽管为保障经济建设而在较长时间压缩了国防经费，军队进入了"忍耐期"，却仍然在军事变革中取得了相当大的成绩。

### 纠正极"左"错误，使国防建设从弯路上重回正轨

从 20 世纪 60 年代中期起，我国极"左"思潮日益严重，军队正规化建设中出现了停滞甚至是倒退的现象，如不再强调机械化而在 1965 年以后又改为强调"骡马化"，同年取消了军衔制和许多正规条令。林彪还提出"收书"要求，即军队院校、机关和部队要将苏联和其他国家的书籍全部封存，除个别研究者以外都不许人阅读，只允许阅读"红宝书"和军内自己编的教材，这导致了信息封闭和严重的思想禁锢，并出现了落后意识尤其是封建思想的回潮。

1966 年至 1976 年的十年动乱期间，军内强调空头政治和大搞"反修"，使正常的军事工作秩序、科研和训练都被打乱。由于领导人对安全形势的判断发生了重大变化，军事上预备"早打、大打、打核战争"，经济上改变"吃穿用"方针以战备为中心制订五年计划。因科技队伍受到政治运动严重冲击，

第八章 新中国军队变革的曲折和辉煌

国内常规装备在20世纪50年代仿苏式的基础上几乎未能出现质的突破，不少军工厂因内部武斗停工或马虎生产，导致武器产量下降且大批不合格。例如歼-6歼击机列装因故障太多不得不返厂重修，新研制的63式自动步枪大量替代56式半自动步枪后部队感到精度太差，普遍发出"还我半自动"的呼声，结果出现了用刚换掉的旧装备再重新取代新装备的反常现象。

"文革"时期"两弹一星"的发展虽得到重点保障，却因科研部门内乱，也放慢了步伐。这一时期

1965年解放军取消军衔制，换装的65式军服的样式。

军队院校有几年时间停课搞运动，随后除少数医学院校外还大部分被解散，基层干部直接从战士中选拔。在职的中高级干部因缺乏培训，有限的学习时间又多搞空头政治，导致各级领导的军事素质严重下降。

空军是"文革"的重灾区，不仅主战飞机的性能十年间没有多少提升，飞行员的培训水平也在下降，人们嘲笑说，"低空训练越飞越高，高空训练越飞越低，复杂气象下越飞越少"，而且飞行事故增加。当时空军的部队规模和飞机数量在扩大，实际战斗能力却较以前下降。

由于在南部准备"援越抗美"，在北面又准备"反修"，解放军全军员额不断增长，自1965年超过500万后，至1969年达到631万，至1975年达640万，其中多数却是缺乏机动装备的徒步部队。当时中国军队的突出弱点就是"肿"，总部和各级机关庞大，如各军区的军政副职都各达十几人甚至更多，正职政委有的也不止一个而只好用"第一政委""第二政委"来排

**脱胎换骨** ON THE REFORM OF
纵横古今谈军改 ARMED FORCES

1977年又一次复出时的邓小平。

军旅画家张利的油画《空降兵》,描绘了改革开放后部队加强训练的情景。

序。当时没有正常的退休和晋升制度,提升职务和"因人设事"安排位置成为解决干部待遇的主要方法。军队中的干部比例又过大,官兵比例达到1:2.8。此外军队还参加地方上的政治运动,内部还出现派性斗争,许多人长期不重视训练而只专注于内斗内耗。

这一时期军队现代化建设出现一些倒退,反映出最高领导人在国防建设上出现了一个不可解的自我矛盾,即一方面也重视发展尖端武器,另一方面总担心搞现代化、正规化会出现"修正主义"。从深层次看,当时出现一些失误有着深刻的社会基础,主要是千年的农耕社会的传统习惯影响,使许多人对现代化的进程感到不适应。历史证明,国防现代化建设作为一项艰巨的系统工程,最终要靠全面提高全党、全军和全民的现代文明和科学素质来解决。

1975年邓小平主管军委工作时,曾提出军队要整顿,并要努

第八章 新中国军队变革的曲折和辉煌

画家刘宇一的这幅油画，描绘了邓小平同习仲勋谈论改革开放规划的场面。

力"消肿"，准备将全军员额压缩到450万人。1976年初"批邓"导致这一整顿中断，同年秋粉碎"四人帮"之后，才开始重新理顺被打乱的管理体制。1977年8月，邓小平在中央军委座谈会上强调军队的整顿要从教育训练着手，军队的教育训练就此被提高到战略地位。接着，全军恢复了在"文革"期间被取消和破坏的军事院校，至1979年达到117所，基本达到"文革"开始前的状态。

1978年末，中共中央召开了十一届三中全会，成为中国社会发展的一个重大转折点。以邓小平为核心的党中央确定了改革开放的政策，这是新中国成立后国家战略的重大调整。邓小平还具体规划了中国实现四个现代化的目标，强调以经济建设为中心，国防战略主要围绕国家经济发展这个中心任务来筹划进行，成为一个具有划时代意义的历史进步。

**军队以现代化建设为中心，对军工体系实现变革**

确定了改革开放的方针后，我国的国防建设突破了"空头政治"的束缚，又走向了健康发展的正轨，国防建设指导思想、部队编制体制和武器装备的军旅画家陈坚所绘的油画《你、我、她》，表现了边界作战锻炼了前一代军人。

发展方针都有了变化。

1979年初，中国在南疆进行了较大规模的作战，实战检验虽证明解放军仍然是一支能够有效保卫国家安全的劲旅，却也暴露出进行现代化作战的能力不高。当时军队一些战术思想仍停留在抗美援朝战争时期，甚至是国内战争时期，高级领导干部又老化严重，大军区级的领导许多人年近70岁，这些情况更催促军队要尽快实现思想观念和人才结构的全面现代化。

当时因国内出现了改革开放的新形势，中国同国外特别是西方国家的军事交流广泛展开，军队领导干部和科研部门也出现了"出国考察热"，一年内都有几十个访问团到西欧和美国考察。这些人通过"眼见为实"，打破了邓小平所批评的此前"思想僵化、迷信盛行"的思想状态，看到了我国军队同世界上军事科技发展的新水平的差距。

为尽快实现装备现代化，中国军工部门设想购买一批西欧的先进装备，如西德的"豹-2"坦克、英国的42型驱逐舰和"鹞"式垂直起降战斗机和法国的"幻影"战斗机等。西方军火厂商却要价甚高，技术转让又限制很严。曾是中国国防工业奠基人的聂荣臻元帅针对这一情况指出，像中国这样一个大国，不可能买来一个国防现代化。中国军队的领导人通过全面论证，认为提高本国军队装备的出路在于提高自研能力，若想靠买外国武器来装备部队必然长久受制于人，国家财政也不堪负担。

果然，1989年夏天出现政治风波后，西方马上对华实施军品禁售。许多人庆幸此前幸亏没有成批量采购欧美武器，否则在零件禁运后只能变成一堆废铁。

中国同西方为时 10 年的军事交流虽没有大批量购买武器，却引进了一些重要的技术，科研人员并通过交流开拓了眼界，对提高自身水平还有重要意义。

改革开放开始时，邓小平又提出军工体制要打破苏联模式。此前国防工业基本上还是游离于整个国民经济和国家建设之外，另成一套体系，其开发的新技术难以很快应用到经济建设中去。国防工业企业的产品对内无偿调拨，对外又无偿援助，自身没有经济效益而全靠国家拨款，这种全靠"输血"而没有"造血"功能的庞大军工体系缺乏自身发展能力，成了国家经济的沉重负担。如 1978 年统计，军队订货额只相当于军工企业生产能力的十分之一，而这些企业又对外封闭不生产民品，等于国家最好的工业设备的 90% 都处在

1980 年中国军事代表团访问美国时参观航空母舰，中间行走者为国防部长耿飚。

**脱胎换骨** ON THE REFORM OF
纵横古今谈军改 ARMED FORCES

军旅画家骆根兴的油画《青春年华》，描绘了 20 世纪 80 年代军事科研人员的英姿。

闲置状态中！

对这样过去只立足于"早打、大打"并不讲经济效益的军工模式，若不彻底变革，军工企业就没有发展后劲。根据邓小平的指示，国防企业开始实行军民、平战的"两结合"，在抓好军品生产的同时也大力开发民品生产，民品产值还很快超过了军品。

十一届三中全会结束后，邓小平便感慨道："看来不当军火商不行了。"从 1979 年初起，中国以对埃及出售歼-6 战斗机为开端，以有偿军售方式改变了过去"不当军火商"的无偿援助。20 世纪 80 年代，中国廉价、低档武器销售到许多发展中国家，如歼-7 战斗机便出口了千余架。中国火箭还为发达国家发射卫星，从中得到了相当利润，研制新一代武器就此有了经费支持。

军工企业实行"平战结合、军民结合"并打开国际军售市场，有力地促进了军工科研和生产由单纯消耗型转入增值型。过去中国建设国防工业要全靠国库拨款，也就是要人民勒紧裤腰带，军工业实现了对内对外的双重改革后，能靠自身收益发展，形成一种良性循环。

国家在压缩国防费时，还是保障了重点武器的研制。1980 年 5 月，中国从内陆向距离 9000 公里以外的南太平洋海域成功地发射了新型运载火箭，标志着中国洲际弹道导弹全程飞行试验成功，是国防力量增强的一个重要标志。随后，中国在导弹核潜艇、通信卫星等重点项目上还实现了突破，体现了收缩战线、集中财力搞重点的思想。

**实现军队建设的战略性转变，树立"空军第一"的观点**

20 世纪 80 年代以后，邓小平通过科学判断国际形势，得出了"世界大战不是不可避免的"论断。解放军的军事斗争任务变为主要应付局部战争。1985 年，邓小平还提出了"军队要忍耐"的要求，压缩国防费和军队员额以保障国家以经济建设为中心。

根据"忍耐"的精神，80 年代后期我国年度军费仅 190 亿至 200 亿元人民币，扣除物价上涨因素实际大幅下降。1985 年中央军委扩大会议提出了"军民合用""军地两用"的概念，形成一条军民兼容的国防发展新思路。不过随后提出军队"自我完善"和经商，却被证明是错误的，由此滋生了一些严重的腐败。进入 90 年代后，以江泽民为首的中央军委停止了军队的生产经商。

通过观察世界军事斗争的大趋势，1979 年 1 月 18 日，邓小平就特别强调："今后作战，空军第一。陆军、海军、空军，首先要有强大的空军，要取得制空权。否则，什么仗都打不下来。"（中共中央文献研究室编：《邓小平年谱》（一九七五－一九九七）第 472 页）这一要求，改变了从陆战起家的解放军的传统观念，是建军思想的一大变革。

"二战"后局部战争的事实证明，在现代海军行动中，制空权也等于制海权。现代化的陆军"头上没帽子"（空中掩护）也难以有效作战，自身还要靠直升机来机动。在核力量威慑下，国际上全面大战难以爆发，进行局部战争的"首战之军"便是空军（包括海军航空兵）。"无空防便无国防"成

**脱胎换骨** ON THE REFORM OF
纵横古今谈军改 ARMED FORCES

为世界共识,空中打击又成为远程攻击的主要样式。邓小平提出"空军第一"的观点,代表了国防建设的重点方向。

1986年,中国全新一代歼击机即歼-10的研制在国家削弱国防费时正式上马。与此同时,军委决定组建陆军航空兵、加强电子对抗部队,反映出建军建设思想有了划时代的跃进。

自1980年以后,解放军一再裁减人员,提升质量,从数量上可看出全军员额的变化:

1975年640万;

1979年603万;

1982年423万;

1986年320万;

1999年250万。

在军队的精简中,陆军是裁减的重点,同时又变传统的"军"为多兵种合成的"集团军"。1985年的百万裁军中,陆军原有的野战部队由35个军减为24个集团军,1992年又裁减3个集团军,此后又减少至18个集团军。许多传统的步兵师改成精干的旅,达到了兵员减少和火力、机动力增强。

在80年代前期和中期,国防开支的比例在大幅压缩时,贯彻了压缩"人头费"比例并着重加强装备技术的科研的方

解放军换装87式军服时的形象,1988年重新实行了军衔制。

306

针，而且"多研制、少生产"。此间军队没有大量装备新武器，国家却通过"863"计划等项目增强了科研实力。部队总体上还处于"维持型"，不过这时的决策却为后来的大发展打下了基础。

## 根据信息化时代的要求，推进新军事变革

进入20世纪90年代后，国际上的高技术信息化局部战争成为军事斗争舞台的主角，信息化战争时代的到来向中国国防事业提出了严峻的挑战，同时也展现了新的机遇。江泽民代表中央军委及时提出了科技强军的要求，大力推进中国特色的军事变革，使解放军在完成机械化补课任务时，也及时地抓住了信息化这一新契机。在胡锦涛担任中央军委主席的8年间，中国的国防现代化建设在加大投入时又得到快速发展。2012年以后，在以习近平为主席的中央军委领导下，军队建设又展现了全新的面貌。

艾民有、张庆涛创作的油画《检阅》，表现了江泽民和军委领导一起检阅海军的场面。

## 认清战争信息化的趋势，实现建军思想的根本转变

1991 年的海湾战争和 1999 年的科索沃战争，宣告了人类开启了信息化战争的时代。无情的作战事实证明，空天绝对优势导致了攻防双方一边倒的彻底失衡，信息化能力弱者真"如聋似瞎"，自己的飞机无法升空，地面坦克和其他装甲车辆也只能是一堆废铜烂铁。

国际军事斗争舞台上的划时代变革，对中国军界也形成了重大警示。从 20 世纪 90 年代起，解放军的建设开始实行两个根本转变——由数量规模型向质量效能型，由人力密集型向科技密集型的转变。

这"两个转变"的实质，是把提高战斗力的重点转到依靠科技进步的轨道上来，而不是靠传统的兵力优势。解放军开始把信息化作为现代化建设的发展方向，推动火力、机动力和信息能力的协调发展，加强以海军、空军和第二炮兵为重点的作战力量建设。

20 世纪 90 年代后期和 21 世纪之初，面对"台独"势力的猖獗，解放军进行了积极的反台独军事斗争准备。通过一系列远程打击武器相继列装，加上一些新战术在演习中成熟，对台独势力及其国外支持者形成了强有力威慑。

武警画家罗田喜的油画《登陆》，描绘了解放军为反台独斗争实行登陆训练的场面。

为适应信息化战争的需求，解放军的建设以科技强军为重点，指挥自动化建设成为重点，各级指挥机关和作战部队指挥手段明显改善，计算机等信息技术设备在军队日常业务工作中日益普及。

军旅画家孙浩的油画《大鸟归来》，表现了空军在装备三代机后抓紧训练的场面。

经过军事变革和国防建设的转型，解放军的各军种战略任务也有了变化：

陆军全域机动；

海军近海防御到远海防卫；

空军攻防兼备；

二炮核常并用。

作为历史最悠久的陆军的建设，根据信息化时代的要求向精干化、高效化转变。步兵的数量减少且实现了机械化，炮兵、装甲兵、工程兵、防化兵、陆军航空兵等兵种部队在陆军中所占比重已升至70%。陆军航空兵的扩编，使地面作战部队已经可以通过直升机在空中机动，"飞行陆军"在中国军队中的规模也日益扩大。

进入21世纪以后，中国的运载火箭技术、发射技术、测控技术均已达到或接近国际先进水平，其中在卫星测控、回收，静止卫星发射，低温材料火箭，大推力火箭，一箭多星技术等方面，已跻身于世界先进行列，成为世界上独立掌握航天技术的三个国家之一。

现代的军事斗争，归根到底是人的素质较量。随着新军事变革的发展，中国军队通过加强院校的教学质量和培训水平，大幅提高了官兵的科技文化素质和现代军事素质。解放军的数量虽然一再减少，遂行高技术条件下作战

**脱胎换骨** ON THE REFORM OF
纵横古今谈军改 ARMED FORCES

的能力却在不断增强。

为了进一步深入了解世界军事变革的大势并履行中国作为一个大国的国际义务，解放军在进入 21 世纪后增加了参加国际维和的力度，先后有上万军人走出国门，到国外执行制止冲突、人道主义救援等任务，并同外国军队进行了广泛交流和联合军演。中国同俄罗斯的军事合作，又上升到一个新水平，这些都促进了解放军的装备、训练水平同世界先进水平接轨。

**国家经济力大幅提升为加强国防建设创造了前提**

人类进入工业化时代之后，进行重大军事改革的基础都是国家的经济和科技水平，物质条件决定着军队的编制、装备和战术的变化，"国富兵强"是一个基本规律。中国近代军事上的落后，关键就在于自身是一个落后的农业国。解放后我国的国防工业建设和军队装备曾一度在苏联帮助下得到很快发展，然后在中苏破裂后又陷入长期停滞状态，其主要原因也在于中国自身的工业和科技水平在世界还比较落后，国家的财力和军费开支也非常有限。

在改革开放刚开始的 1980 年，中国的 GDP 即经济总量不过 3600 亿元人民币，折合 2200 亿美元，军费开支为 170 亿元人民币即折合 100 亿美元，只居世界第 8 位。相比之下，同年美国和苏联的 GDP 总量分别是 2.8 万亿美元和 1.2 万亿

穿着 07 式作训服的中国陆军形象。

第八章 新中国军队变革的曲折和辉煌

军旅画家李明峰的油画《女兵》，描绘了女军人换装 07 式新军装时的情景。

美元，军费开支分别为 1500 亿美元和 1200 亿美元。

当时中国不仅缺钱，常规武器的研究和生产能力也大都停留在苏联 20 世纪 50 年代援华时的水平。以战斗机水平而论，当时中国的主力战机歼-6 还属第一代喷气式飞机，此刻美军的主力战机 F-16 等已经是第三代，差距达到两代。

中国实行"军队要忍耐"的方针后，20 世纪 80 年代中期至 90 年代后期的国防费又长期排名在全世界上第 10 名左右。当时的国防科研主要集中于重点项目，如海军在十几年内只装备了 2 艘新建的排水量 4000 吨的驱逐舰，空军在本国新一代战机尚未列装时购买了俄罗斯的少量苏-27、苏-30 战斗机。随着国家经济的高速发展和科技水平提升，加上"台独"势力滋长，以及出现了 1999 年 5 月美国轰炸中国驻南联盟大使馆这一严重事件，国人普遍激发起增强国防实力的积极性，国防投入尤其是武器装备的投资才得到大幅增加。

从 20 世纪 90 年代末期起，中国的国防费与经济发展开始同步增长，至

2009年终于跃居世界第二位，仅次于美国，这是国家在近现代历史上从未有过的大好条件。

由于中国的GDP在世界上的位次不断上升，由2000年的第六位至2010年跃居第二位，国防支出虽增长较快，在国家财政支出中的比例却呈逐年下降趋势。例如2004年国防费用占全国财政支出比重的7.7%，到2014年下降至5%。中国国防预算所占国内生产总值的比重，长期都在1.25%到1.6%之间，而全世界各国的平均比例为2.5%。这种比例并不大的军费投入，不会影响国家以经济建设为中心的方针。中国的GDP已相当于美国的60%，军费开支只相当其四分之一，这说明了和平发展是既定国策，适当地发展国防力量只是为了争取一个安定的建设环境。

2015年世界国防费的开支排名（单位：美元），已清楚显示出中国已稳居第二位：

1. 美国，5850亿；
2. 中国，1458亿；
3. 沙特，819亿；
4. 俄罗斯，656亿；
5. 英国，562亿；
6. 印度，480亿；
7. 法国，468亿；
8. 日本，410亿。

2009年国庆阅兵时亮相的中国第二炮兵（现中国人民解放军火箭军）有强大威慑力的战略导弹东-31A。

中国有了充足的国防投入为保障，加上科研水平的提升，武器装备的研制发展进度之快也为过去所未有。天安门前的阅兵作为一个展示窗口向国内外充分显示出中国武器装备的发展进步。如1984年国庆35周年的阅兵中亮相的装备大都已落后于世界先进水平一代以上，1999年国庆50周年的天安门阅兵时亮相的新装备与国际先进水平的差距已在缩小。2009年国庆阅兵时便介绍亮相的装备大都同世界军事强国处于同一档次。2015年9月3日的抗战胜利

第八章 新中国军队变革的曲折和辉煌

日阅兵，所展示的装备又有了新的进步，其中有的已具备世界领先水平。

如今中国本着"科技强国"的原则，在发展国防工业时注重了军民技术通用，军工体制也进行了改革，改变了完全国营的"独此一家"局面，允许民营企业参加军品生产并建立竞标机制。中国军队的武器装备采购中也形成了激励机制，这种变革打破了过去中国军工体系延续了几十年的苏联模式，促进了军品研制的竞争和创新。

军旅女画家王睿所绘的油画《和平方舟》，表现了中国海军医疗船到非洲沿海为当地民众服务。

大连造船厂利用苏联"瓦良格"号的舰壳制造出的航空母舰"辽宁"号。

**脱胎换骨** ON THE REFORM OF
纵横古今谈军改 ARMED FORCES

表现网络信息战的图像。

## 推进军事改革，军队实施结构性重组

改革开放后，特别是世界范围的冷战结束后，面对世界上信息化大潮的到来，中国国防力量的发展既面临着一次机遇，又面临着一次挑战。对我们民族幸运的是，中国抓住了这次机遇，国防现代化建设终于从一个比较低的起点上实现了跨越式发展。

经历了20世纪80年代的"忍耐"期之后，自90年代后期起，解放军加速实现从数量规模型向质量效能型、从人员密集型向科技密集型的转变，发展成为一支较为精干、高效的现代化合成军，高技术军兵种成为战斗力的骨干力量。这一历史性跨越，使中国军队摆脱了延续百年多的技术落后面貌，现在中国被世界军界公认为战斗力和技术水平仅次于美国、某些领域与俄罗斯并列的处于国际第二档次的军事强国。

在2004年中国公布的国防白皮书中，第一次把"中国特色军事变革"

第八章 新中国军队变革的曲折和辉煌

2014年10月末，习近平主持新古田会议的照片，这是对新时期军队建设有重大意义的一次会议。（周朝荣摄）

单独作为一章进行阐述，强调"走复合式、跨越式发展道路，实施科技强军，深化军队改革"，这就说明了推进中国特色军事变革的基本方针原则。中国特色军事变革，已经成为解放军现代化建设中的核心问题。

根据科技建军为中心的方针，解放军在削减数量的同时不断增强质量，如军队员额在1999年降到250万人的情况下，2005年又降到230万人，军队的装备和信息化水平却得到大幅提升。不过从世界范围来看，如今军事科技特别是电子、信息技术的发展，已使指挥自动化水平大幅提升，"运筹帷幄之中，决胜千里之外"不再是形容词而成为事实。中国统帅部已经能够便捷地实施远程遥控指挥，这就应该设立"扁平化"的编制，以往那些机构大、层次众多的指挥机构也可以大大精简。

自2012年习近平担任中共中央总书记和中央军委主席后，领导人带头树立新风，开展了党的群众路线教育，强调继承发扬古田会议精神，党风建设和军队建设出现了新面貌。从2015年以来，中国军队又开始进行了前所未有的军改，主要表现为领导体系改革，实现了军委管总、战区主战、军种主建，这是符合世界军事变革潮流的应有之举。

信息化战场已经成为天空的主宰，谁能拥有天空谁就能控制这个世界。

这一次军队改革，不仅仅是简单的"瘦身"，还是一次"脱胎换骨"的结构改革。全面启动不仅牵涉到众多利益，而且需要解决观念问题。新一轮改革要解决"头重、脚轻、尾巴长"的长期痼疾，即领导机构过大、基层人员不充实、服务保障机构太多的弊病。取消了设立几十年的大军区，新设立五个战区司令部，而且新的领导体制突出扁平化、精干化、高效化、一体化，以优化组合。

在新一轮军改中，全军组合形成了五大军种，除原有的海军、空军外，新建了陆军司令部并之平行，改变了过去不单独设陆军而实际存在的"大陆军"观念。二炮变为火箭军，并新建了适应信息作战的战略支援部队。这一前所未有的改革，彻底改变了中国军队的传统结构。

如今的中国面向世界，2015年国防白皮书又首次提出"海外利益攸关区"，说明国家权益和国防范围在不断扩展。我国增强军力的目的，还是创造和平建设环境，军事准备的目标是遏制大战，打赢信息化条件下的高技术局部战争，从而确保国家的和平发展，军队的改革也要服务这一大局。

# 第九章
# 面对信息化时代的挑战

当中国军队建设尚未完成机械化阶段时,一场世界性的新挑战又出现在面前,那就是以美国为首的发达国家军队开始进入一个新阶段——信息化。此时,指挥伊拉克军队占领科威特的萨达姆对这一挑战浑然不觉,认为自己有陆军兵力和坦克都居世界第4的数量就能挡住美军的空中优势。他在1990年9月对军队打气说:"斗争最终将取决于拿着步枪和刺刀的士兵与战壕里的士兵之间的战斗……空军不可能决定地面战争,最后一个证明的是越南战争。"随后以美国为首的多国部队发起的海湾战争,却让伊拉克"拿着步枪和刺刀的士兵"在空地一体打击下毫无用途,美军仅战死了126人便毙伤伊拉克军队10万人,这充分显示出"信息化"同"机械化"的代差。在此之后,科索沃战争、伊拉克战争和各强国军事变革的实践都表现,现代尖端科学尤其是电子、信息技术广泛运用到军事领域,战争的样式和军队结构都会出现令人炫目的剧变。

**脱胎换骨** ON THE REFORM OF
纵横古今谈军改 ARMED FORCES

## 美军引领潮流，灭敌于未觉

1991年初，以美军为基本力量进行的打击伊拉克的海湾战争，为时42天，在38天的空中轰炸后只进行了"100小时地面战"，50万美军（还有近10万多国部队随同）4天内就以摧枯拉朽之势让装备了4000多辆坦克的40万伊拉克军队灰飞烟灭。美军事先准备了5000个装尸袋，这也是想定的死亡数，结果只用上四十分之一，说明如此悬殊的损失比也出乎自己预料。看到这一场景的军事评论家大都感慨："这真如同19世纪欧洲人用机枪同非洲拿长矛的土著战斗的损失比！"

这一评论恰如其分，因为美军同伊军的差距，与19世纪白人殖民者同非洲黑人的差距一样，都是存在"代差"，只是开始从表面上看不出来。因为人们用肉眼看到的是双方的坦克、大炮外貌相似，却难以察觉装备内部一个重要的内涵——信息。

在20世纪70年代中期，美军笼罩着从越战中狼狈脱身的阴影，苏联的许多主战装备如战略导弹、飞机、坦克的数量也超过美国，迫使美军不得不进行改革。在一些有前瞻眼光和科技头脑的美军高级将领大力推动下，70年代中期到80年代末美军进行了一场全面、系统、深刻的军事改革，涉及军事理论、体制编制、兵役制度、教育训练、武器装备发展等各个领域。这种大刀阔斧的改革的核心，不是增加部队和装备数量，而是提升电子、信息能力，这

描绘伊拉克军队在美军空中打击下丧失斗志和供应后意志崩溃而投降的画面。

318

使部队的战术技术在世界上率先迈进一个新时代。

海湾战争开始时,双方都有大量飞机、导弹、火炮,美军坦克数目还略少于伊军。萨达姆自吹本国为"世界第四军事强国"(仅次于美、苏、中)正是只看机械化武器的数量,却忽略了信息化这一新兴要素。

海湾战争首先成为一场由空中力量决胜的战争,美军掌握绝对的空中优势,使伊拉克空军没有一架飞机敢起飞迎战而是纷纷逃往伊朗。接着,美国空中力量展示出令人惊叹的打击能力,白天发现伊拉克军队的人、车一露头便出现"发现即摧毁"的效果,夜间也以红外夜视设备与激光制导炸弹的配合,以前所未有的效率将伊军打瘫痪。

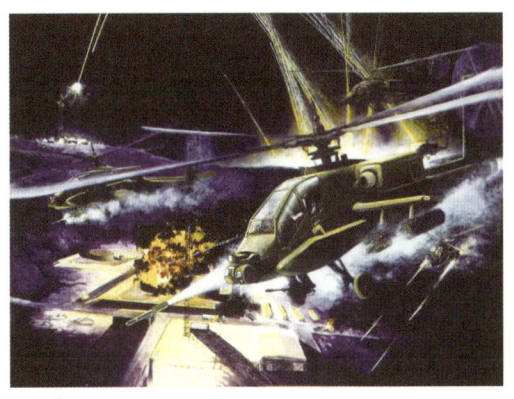

美军的坦克、战斗机这些单个平台虽有优势,却还不是决定性的胜利因素,出现"一边倒"的战场形势的关键,在于有伊拉克人乃至其武器供应者苏联人所未想到的信息优势。美军在海湾战场上空有几十颗卫星,有预警机、战场监视机,伊军坦克一开动就会被发现。另外,美军开战即夺取战场制电磁权,并以电子干扰让伊拉克的雷达几乎全部致盲,这种"软压制",导致伊军

1991年1月,美国陆军航空兵的阿帕奇直升机队夜袭伊拉克雷达站的情景,美军剥夺了伊军的信息获取能力,使其如聋似瞎。

预警机能实现空中指挥数字化,在网络中心战能力上大幅提升。

通信中断，空中搜索与反击能力丧失，从而为"硬摧毁"大开方便之门。

美军掌握了空中、地面战场的全面信息优势后，飞机夜间飞到巴格达上空看清地面目标如白昼一样，伊军防空导弹却找不到天上的目标等于废物，高炮只有对空盲目发射。美军坦克故意选择夜间进攻，3000米外就能靠夜视仪看清伊军坦克，而且绝大多数能首发命中，而伊军坦克根本看不到美军。这样，两军如同明眼人同瞎子打仗，美国若不是想留下伊拉克制衡伊朗，歼灭萨达姆的主力后直捣巴格达都易如反掌。

美军在海湾战争中打的是伊拉克，间接上也沉重打击了苏联。伊拉克军队的武器大部分来自苏联（还有少量中国出售的仿苏式装备），主要代表着苏军20世纪70年代至80年代的水平。这一仗标志着美军依靠全面领先的传感器技术，彻底击败了只注重机械化和火力的苏式武器。美军信息优势又得益于先进半导体工业，其武器的电子探测能力大大高于对手，全面达到了"先敌发现、先敌开火、灭敌未觉"。

现代武器装备是国家科技水平的结晶。在20世纪60年代至70年代之后，微电子元件的出现和广泛应用对生产力和军事技术产生了巨大作用，如晶体管、激光二极管和集成电路的发明就是技术上的引领项目。具有讽刺意味的是，苏联科学家若尔斯·阿尔费罗夫就是这些技术的发明者之一。可惜他的祖国虽拥有先进

海湾战争中美军坦克在夜战中轻易击毁伊军坦克的场面。

的前沿研究能力，研究成果却因为僵化的计划经济体制束缚，无法像西方那样高效率地进行工业应用和升级。若仔细考察，从20世纪60年代末期开始苏式武器装备开始逐渐落后于西方同类产品，差距最终在海湾战争中全面显

示出来。

除武器装备外，由于电子产业的落后，进入 80 年代后的苏联工业产品在国际市场上也几乎丧失了同西方产品的竞争力，在其国内外都成为"呆、大、粗、笨"的代名词，其主要外汇收入是出口石油等自然资源，经济上的困境最终导致苏联在政治上陷入危机。

在海湾战争期间，苏式武器面对美式武器而不堪一击，苏联政府又发挥不出干预影响能力，这更暴露出这个原来貌似军事强大的国家实则虚弱，其国内也进一步丧失了对政权和军队的信心。海湾战争结束的同年，苏联就走向瓦解，这也不是偶然的。

海湾战争被国际上普遍定义为信息化战争的开端，主要是这场战争证明信息优势的作用远胜于火力优势。这种信息优势使战争形态发生了巨大改变，人类在机械化战争基础上迈入了以信息致胜的新一代战争。

美国在人类工业化进步的"第三次浪潮"即电子信息产业兴起时占据了先河，再加上将其最先运用于军事科技变革，军队中提出了"空地一体战""先空中、再地面"等新理念，这使其成为冷战结束后世界上唯一的超级大国，军事上明显居于独霸地位。

## 新军事变革改变了战争形式

1991 年 2 月间，称为"高技术时代的军事改革成果"的信息技术，在 42 天的海湾战争落幕时得到检验，美军初尝了信息化"甜头"。在同年苏联瓦解，"两极"格局彻底终结时，美军却掀起更为深刻的"新军事革命"，核心是发展和应用信息技术，并对作战理论、体制编制进行全面而深刻的变革。由于美国拥有世界上最先进的军事科技和最雄厚的财力，有能力进行军事变革的试验，而且又充当"世界警察"，经常在海外使用武力，对外干涉的军事行动又成了变革的试验场。

**脱胎换骨** ON THE REFORM OF
纵横古今谈军改 ARMED FORCES

海湾战争结束和冷战终止后，美国军方不满足于已有的"一超独霸"的地位，又提出了网络中心战、"航空航天力量一体化作战""海空一体战"等联合作战理论。由于人类文明的进步加大了对不义之战的谴责，美国进行的战争又基本属于对外干预的战争，因此又强调信息化战争是人类迄今为止最文明的战争。美军要求，不仅必须速战速决，还要减少人员伤亡以及其他附带损伤，因而要改变"二战"、朝鲜战争和越南战争中那种"地毯式轰炸"，而采取"精确制导打击"。

美国网络战司令部标志

由于进行的不是保卫自己祖国的战争，美国对外作战最担心国内民众反对，降低本军伤亡甚至要争取"零伤亡"又成为政府的重要要求。为此，美军在实施军事行动时尽可能发挥空中优势，减少打"枪口对枪口"那种免不得会有自身伤亡的地面战。1999年，以美国为主体的北约部队对南斯拉夫联盟进行科索沃战争，只采取空中打击而不出动地面部队，真正实现了人类历史上罕见的自身无一伤亡而又能制服对方的作战形式。

科索沃战争使传统的陆海空三维战场空间发生了根本变化，全新空间中普遍引入了高科技对抗，如计算机对抗在"网络空间"中展开，电子战在"电磁空间"里角逐，新概念武器（隐形、生物兵器，集束、贫铀、石墨炸弹）在无形空间中逞威。美军作战的基本程式由空中侦察开场，50颗卫星为其服务，再以电子干扰介入，

表现美国空军远征联队飞往科索沃的油画，此战完全由空中实施打击。

第九章 面对信息化时代的挑战

接着巡航制导、远程打击、战机凌空、轮翻轰炸，完全压住了南斯拉夫人的头顶。

在以美国为首的北约 79 天的轰炸中，南联盟历史上有过抗击纳粹光辉战绩的陆军完全无用武之地，虽躲在过去修筑的大量坑道中损失不大，却只能挨打，既没有还手之力也无招架之功。南防空部队一共只击落了 2 架敌机（其中有一架为美国的 F-117 隐形轰炸机），跳伞的飞行员却都被救回。美军为避免国际谴责没有轰炸居民区，却以电力、炼油、供水、军工企业作为轰炸重点目标，使南联盟全国一半人口面临断水断电。居民难以生活的困境，迫使南联盟政府屈服，最终从自己的领土科索沃撤军，当地随后宣布"独立"，这又导致了北约原来的眼中钉南联盟瓦解。

美国《时代》杂志表现科索沃战争的封面，突出表现了美军获取信息的能力。

最令中国人愤慨的是，1999 年 5 月 8 日美国以 B-2 隐形轰炸机对中国

描绘英军同塔利班在阿富汗激战的场面，英国部队实际充当了美军的附庸。

**脱胎换骨** ON THE REFORM OF
纵横古今谈军改 ARMED FORCES

美军在阿富汗战场作战的场面。

美军进入伊拉克首都巴格达的画面。

驻南大使馆实施了精确制导炸弹的轰炸。外交人员的鲜血警醒了国人，中国只有大力发展军事高科技，才能使霸权主义者不敢欺凌！

2001年美国遭受"9·11"恐怖袭击后，为报复而向阿富汗塔利班政权发起进攻，自身主要采取空中打击并以特种部队攻击（英军也参加作战），并支持反塔利班的当地武装参加地面战。虽然美军在空中完全没有对手，它和英国盟军却仍然难以消灭在地面游击而难寻踪影的反美武装，而且作战效费比极差。当时美国舆论纷纷指责称："要用一枚价值200万美元的'战斧'巡航导弹摧毁一座仅价值10美元的帐篷，里面很可能还没有人。"战争持续了十多年，美军主要因遭受零星袭击而死亡了2200人，塔利班武装仍然存在，这也导致美国内部指责不断。

2003年3月，美国以伊拉克藏有大规模杀伤性武器并暗中支持恐怖分子为借口，出动20万军队并纠合4.5万英军，对其发动军事进攻。这次战争也被称为"第二次海湾战争"，不过目标改为占领伊拉克全境并更换政权。美军以绝对的空地一体的优势，实施"速战速决"的快速攻击，仅3个星期就长驱直入占领了巴格达和提克里特，伊拉克军队在空中打击下大部分溃散而未进行有效抵抗。不久，萨达姆也被活捉，美国看似轻易取得了胜利。

不过，伊拉克众多民众却坚决反对美英的军事占领，转而进行游击战，美国和英国军队的维稳行动久拖不决，面对一批如同"乌合之众"的武装民众深陷如同越南战争的泥沼。美国的高科技装备无法分辨军民不分

美军在伊拉克居民区作战的油画，这是以己之短对敌之长，不可避免会引致相当的伤亡。

的反美武装，以机械化步兵巡逻又总遭遇路边炸弹袭击，遭受伤亡后还找不到敌手。至 2008 年，驻伊美军死亡已突破 4000 人大关，另有大批人死于事故，引起美国多数人指责。2009 年奥巴马担任总统后，宣布结束伊拉克战争，而支持当地新政府来维持秩序，美军分批于 2011 年最后撤回。这场战争被多数美国人骂为"浪费钱的战争"，由于在伊拉克、阿富汗共耗费

表现网络中心战的画作。

了 2 万亿美元战费，引发了国内持续多年的政治争吵。

　　从军事上看，美军在阿富汗和伊拉克进行战争的技术水平较海湾战争有所提升，却仍然难以消灭进行非正规战的游击武装。美军在事后也检讨称，自海湾战争后自己过度看重高科技的作用，忽视了研究对手的心理和社会基础，对"非军事问题"没有很好把握。这一事实证明，科技装备在战争中不是万能的，失去人心的战争纵然有好武器仍难取得好结果。

　　总结伊拉克战争的教训后，美国在继续要求实施"新军事革命"时，进一步强调要提升空－天打击能力，尽可能避免再打地面的战争。美军的努力方向，是让各军种和新装备的信息化联合作战无缝对接，继续保持其在全球军事上的独霸地位。

## 新时代各国纷纷加快自身的军事变革

冷战结束后的世界格局有了重大变化，北约盟国中的英国、法国和德国等以追随美国为满足，自身的装备科研速度放缓，已经没有自身独立的作战体系。英国军队对外作战成了美军的"跟班"，法国军队在2011年空袭打击利比亚卡扎菲政权时也要依赖美军的信息支援。美国作为"老板"，树立了统辖北约其他盟国作为"伙计"的地位，这决定了西方军事集团在信息化进程中都只能仰美军鼻息。

苏联瓦解后，继承其大部分遗产的俄罗斯经历了近十年的工业严重下滑，在经济上已经沦为产值不如英、法、德等国的二流国家。20世纪90年代，俄罗斯海空军主战装备基本没有更新，很长时间内甚至没有采购一艘新型军舰，战机订购降到一年只有7架。进入21世纪初，俄军的军费只及美军的十分之一左右，财力的匮乏和人才流失导致武器研制能力同美国的差距日益拉大。不过，俄罗斯仍有重振雄风的愿望和计划，经历了阵营痛后又走向强军之路。

俄罗斯联邦成立之初，忙于裁减苏军留下的庞大部队和装备，积累了大量矛盾，在1996年的第一次车臣战争中面对反政府武装都久拖不决并吃了一些败仗，让世人都感叹："当年两周就能攻克柏林的强大苏军到哪

描绘美军实施指挥信息化的油画。

**脱胎换骨** ON THE REFORM OF
纵横古今谈军改 ARMED FORCES

描绘俄军在车臣作战的油画。

里去了？"俄罗斯面对常规军事能力急速下降，一再降低"核门槛"，放弃了不首先使用核武器的承诺，核力量威慑范围由美国、北约扩大到了恐怖组织，终于以一支有近万枚原子弹、氢弹的核武库守住了国家安全底线，使任何国家不敢正面挑战。

俄军改革的突破口，首先是改变了苏联留下的国防体制和作战指挥体制，大大精简了机构和部队，改变了原有军区制，建立了东、西、南和中央4个联合司令部。俄军只保留90万人左右，苏军部署在俄境的6万辆坦克中只留下2000多辆继续使用。俄军又引入现代管理理念，提高了军费使用效率。在装备费不足的情况下，俄军通过推动武器装备采购和军队后勤走社会化和商业化的道路，走出了一条具有自身特色的"军民融合"道路。俄军装备的发展不再像苏军那样全面同美军竞赛，而是突出重点装备，主要是增强远程精

第九章 面对信息化时代的挑战

2014年英国的宣传画,渲染俄罗斯同乌克兰冲突时已恢复强势,主张北约拟由英国和其他六国组建新联合远征军来对抗。

确打击能力。在2015年打击叙利亚境内的"伊斯兰国"时,俄军没有大量使用新武器,精确制导打击能力却有很大提高。西方国家也认为现在的俄罗斯的军事实力在重新提升,在世界上仍属于仅逊于美国之后的第二档次。

日本作为"二战"的战败国,按《和平宪法》规定应放弃国家交战权并不保留军队,不过战后在美国纵容下其"自卫队"实际已变为军队,不过却归美军指挥。冷战结束特别是"9·11"事件以来,日本原来以日美军事同盟为基点的"专守防卫"战略的内涵不断扩展,自卫队的军事改革不断推进,其国内的核武装言论甚嚣尘上,并想实现"正常国家""正常军队"的梦想。日本海上自卫队推进"舰艇大型化、远洋化"的方针,航空自卫队则同英军一起成为最早装备第四代战斗机F-35的美国盟国。日本自卫队的信息化水平,也已居世界前列,建设了性能先进的防卫综合数字通信网,同时大力发展卫星通信系统,本国卫星的水平也相当先进。

由于美国在"二战"后一直驻军日本,多年来采取了既利用又限制的方针。日本自卫队的作战数据链一直捆在美国的网络上,日方在利用美国"借船出海"的同时也想独立发展自己的军事力量,近来还开始自行研制新一代战斗机。由于日本有雄厚的科技潜力和世界上位居第三的经济总量,其军事上的发展动向是值得人们警惕的。

日本自卫队同美军联合演习的照片。

印度作为一个实力虽有限却有地区扩张野心的人口大国,为争当世界军事强国也在实行军队变革。由于一直没有能建立起本国独立的工业体系包括

印度空军的军事艺术画,表现其拥有各型飞机。

第九章 面对信息化时代的挑战

台湾陆军装备的 AH-64 "阿帕奇" 武装直升机

军工系统，过去的印军长期带有浓厚殖民地军队色彩，武器装备多数靠外购且已落后。印度为提升国家地位和军事慑力，努力研制核武器，并在 1998 年进行了能够达到武器化的核试验，成为事实上的核国家。在本国电子工业不发达、不配套的情况下，印度注重从外国引进各种信息系统，如引进俄罗斯的空中预警指挥飞机、以色列的雷达干扰设备、英国和瑞典的炮兵定位雷达等。印军还提出要打造出信息化部队，对现有武器装备进行改造，提高在信息化战场上的对抗和生存能力。虽然受本国科技水平不高的限制，印军的信息化水平还不算高，其军费却逐年增加，核武器、信息武器装备都在继续发展，在亚洲已算军事强国，其动向也值得关注。

台湾作为中国领土的一部分，因美国出兵"保护"国民党逃台政权，对大陆长期形成了对峙状态。自 20 世纪 80 年代蒋家政权结束后，台湾当局的军事战略有了根本变化，已公开放弃"反攻大陆"的梦想，以维持分裂局面为目标。国民党军逃台后，其装备基本靠美方供应，后来自行发展了一些武器却仍要依靠美国的技术。1979年美国同中华人民共和国建交并同台湾"断交"后，仍承诺"保卫台湾"并向其出售武器。在信息化成为军事变革大潮的主流时，台湾军队也在美国帮助下提升信息能力，其军事部门的数据链也同美军联网，实质上是一个没有盟军名义的事实上的附庸。

进入21世纪后，台湾经济在十几年内陷入基本停滞状态，军费开支长年徘徊在100亿美元。台湾当局在财力有限的情况下，对军队采取了减少数量、提升质量的方针，兵力从蒋家时代的50余万人精简至20余万人，还准备进一步裁减。与此同时，台军扩充了信息及网络作战部队，强调"飞弹与火炮都以计算机化操作，希望以科技取代人力"。台湾除继续向美国购买战机、作战舰艇、防空导弹和高功率雷达外，还利用美国技术自行发展"远距打击区域效应武器"，发展强化联合制海的不对称战力。

虽然台湾的各方面实力同大陆相比早已不在一个档次，然而台独势力仍很猖獗，他们想利用美国的支持分裂中国，在军事上以武拒统。祖国一天不统一，中国人民解放军就要做好反台独斗争的准备，对台湾军队的信息化进展也要密切注视。

# 后 记

## 面对信息化大潮，国人要抓住机遇

在世界军事舞台上，各强国尽管变革的步伐有快有慢，却都已面对信息化大潮的挑战思考应对之策。由于智能、隐形、纳米等战略性新兴技术又有了新突破，太空、网络、光学、动能、定向等全新武器又相继亮相，这为下一步的全球性的军事变革提供了条件。

未来的战争怎么打？今后的军队怎么建？这都成了传统的军人都难以找到现成答案的新课题。各个军事强国如今都在探索，美国凭借科学强势和进行过信息化战争的独有优势，无疑走在前头，不过后起者通过发挥"后发优势"，也可以"弯道超车"冲到前面。

根据国际上基本公认的定义，信息化战争是一种充分利用信息资源并依赖于信息的战争形态。在机械化军队的战场上，主导兵器主要是以化学能、机械能在战场能力释放。例如在"二战"中规模最大的坦克战——库尔斯克会战中，苏联和德国共投入了1万余辆坦克，数量和坦克炮、冲击速度的优劣比拼，最后决定了苏军以2.7倍于对手的损失量战胜了德军。海湾战争和伊拉克战争初期却不再出现这种武器"硬碰硬"的拼杀，而是"智胜"强于"力胜"，掌握了信息优势的美军可以在对手看不见自己的情况下，以明眼人打瞎子式的战法，用空中的反坦克导弹和地面远程坦克炮如同"开罐头"般地把伊拉克的坦克一辆辆敲掉，挨打者还不知道弹从何来。结果，美国以战损7辆坦克的代价，就击毁伊军坦克3800辆。

**脱胎换骨** ON THE REFORM OF
纵横古今谈军改 ARMED FORCES

  这就是信息资源占优势的威力，让拘守于"二战"、朝鲜战争和越南战争模式的军人瞠目结舌。掌握信息优势的一方，必然具有已经进入了信息社会的"柔性化"科学技术水平，其武器装备主要是由信息化作战平台、信息化弹药和单兵数字化作战系统等武器装备构成，以计算机技术实现对作战平台、弹药、单兵作战的控制，并建立起制导、打击等作战行动达成自动化、精确化、一体化的智能化武器系统。

  用句大白话讲，在信息化战争中，固然还需要武器弹药，"键盘"和"屏幕"的作用更重要。机械化战争主要是炸药和机械决胜负，信息化战争在很大程度上

苏联时代表现大规模地面战的油画，这种只重机械化、火力的模式在海湾战争中被证明已严重落伍。

后记 面对信息化大潮，国人要抓住机遇

是硅片决胜负。

信息化战争的特点又是战场的网络化，作战的核心是争夺制信息权。如果说机械化战争是打钢铁，信息化战争则是打网络。谁控制信息权，谁就拥有战场的主导权。

从20世纪70年代特别是80年代后，美国在西海岸斯坦福大学以南的海岸线上建设起电子工业科研中心"硅谷"，苏联恰恰没有同类产业。1992年，我在美国斯坦福大学做访问学者时，不止一次乘车从那片高科技园区经过，引发的感慨就是——上一年美军在海湾战争中的胜利源泉正是这里！

1991年2月26日，驻扎科威特的伊拉克军队试图沿80号公路撤回伊拉克境内。他们遭到了以美军为主的空中力量阻击，约2000辆伊方车辆被摧毁，残骸绵延36公里，该路段因此被称为"死亡公路"。

人类的冷兵器时代拼体力，在热兵器时代拼火力，在信息化时代则拼智力和创新力。在现代社会，科学技术是第一生产力，也是第一战斗力。美国引领信息化战争大潮，在于它在世界科技界特别是在电子技术、新材料技术、新能源技术、航天技术等领域占有领先地位。

现在有知识的中国人都知道了信息化的重要，军界也强调信息化的作用。有这些认识固然重要，更重要的却是行动能力。中国在高科技上必须奋起追赶，以至于在一些能起到"杀手锏"的技术上能够跃居世界先列，否则只能陷入坐而论道的境地。

空谈误国，实干兴邦。这一实干的体现，在于科研和生产部门在信息技术上不断创新，军事部门在掌握装备时不断提高自身的信息化水平。中国人不乏聪明才智，在当年研制"两弹一星"时就表现出让美国和苏联预想不到的创新力。近些年来，中国虽然在众多科技领域中同世界最先进水平还有差距，不过在部分项目上也后来者居上。2016年8月16日，中国在世界上发射了首颗量子通信卫星，引发了国际科技界的惊叹。这一成就说明，

我国强调建设信息化军队的宣传画。

中国在这一代表未来信息传输全新方式的领域中已经走到世界最前端。

在古代创造了人类四大发明的中国人，在现代信息化时代中肯定会再创辉煌。钱学森在1957年预测"两弹"研制时就预言，中国在这一领域会比西方国家走得更快，就是因为我们的体制有优势，不像西方那样松散，能集中力量办大事。

如今，面对全球性的以信息化为中心的军事变革大潮，中国面临着挑战，也面临着机遇，而且是机遇大于挑战。

抓住军事变革机遇的国家，便能跃居为世界军事强国。在冷兵器时代，中国人抓住过发展骑兵这一关键，曾创造了汉唐两朝横扫漠北的辉煌。进入了火器时代，中国人虽发明了火药，却在发展枪炮时滞后，因而在明清两代落伍，使自身在近代陷入被西方人和日本宰割的悲惨境地。新中国成立后，中华民族才改变了受尽欺凌的状态，却因底子差、基础薄，在军队机械化进程中追赶了几十年也未赶上世界最先进水平。

进入20世纪90年代以后，面对着信息化为标志的新军事变革的大潮，中国却有了一个超越机械化时代落后状态的机遇，那就是"复合"加"跨越"式发展。那就是一面补机械化时代的课，一面追赶信息化时代的最新水平。

自2015年起，以习近平为主席的中央军委领导开展了全面的军事改革，这也是中国军队在信息化进程中胜利前行的重要保障。有英勇奋斗传统和创新精神的中国军人，必将抓住信息化的历史机遇，从而豪迈地自立于世界之林。

徐焰

2017年2月于红山口

图书在版编目（CIP）数据

脱胎换骨 / 徐焰著 .-- 武汉：长江文艺出版社，2017.03（2017.07重印）

ISBN 978-7-5354-8919-7

I.①脱… II.①徐… III.①世界史－通俗读物 IV.① K109

中国版本图书馆 CIP 数据核字（2016）第 143964 号

## 脱胎换骨——纵横古今谈军改
徐焰 著

选题产品策划生产机构｜北京长江新世纪文化传媒有限公司
选题策划｜金丽红　黎波　孟通
责任编辑｜孟通　刘艳艳　徐若阳
媒体运营｜洪振宇　　责任印制｜张志杰　　封面设计｜知行兆远
内文制作｜北京兰卡绘世图文设计有限公司　　封面供图｜李明峰
法律顾问｜张艳萍

总发行｜北京长江新世纪文化传媒有限公司
电话｜010-58678881　传真｜010-58677346
地址｜北京市朝阳区曙光西里甲 6 号时间国际大厦 A 座 1905 室　邮编｜100028

| 出　版 | 长江出版传媒　长江文艺出版社 |
|---|---|
| 地　址 | 湖北省武汉市雄楚大街 268 号湖北出版文化城 B 座 9－11 楼 |
| 邮　编 | 430070 |
| 印　刷 | 北京尚唐印刷包装有限公司 |
| 开　本 | 710 毫米 ×1000 毫米 1/16　印张｜23 |
| 版　次 | 2017 年 3 月第 1 版　印次｜2017 年 7 月第 3 次印刷 |
| 字　数 | 316 千字 |
| 定　价 | 48.00 元 |

盗版必究（举报电话：010-58678881）

（图书如出现印装质量问题，请与选题产品策划生产机构联系调换）

　　我们承诺保护环境和负责任地使用自然资源。我们将协同我们的纸张供应商，逐步停止使用来自原始森林的纸张印刷书籍。这本书是朝这个目标迈进的重要一步，这是一本环境友好型纸张印刷的图书。我们希望广大读者都参与到环境保护的行列中来，认购环境友好型纸张印刷的图书。